◆杭州市教育局特色专业建设经费资助◆

餐饮经营与管理

Catering Operation and Management

吕红环 吕孝虎◉主编

ZHEJIANG UNIVERSITY PRESS
浙江大学出版社

图书在版编目(CIP)数据

餐饮经营与管理 / 吕红环,吕孝虎主编. —杭州:
浙江大学出版社,2011.10(2022.1 重印)
ISBN 978-7-308-09163-3

Ⅰ.①餐… Ⅱ.①吕… ②吕… Ⅲ.①饮食业—商业
经营—高等学校—教材 ②饮食业—商业管理—高等学校—
教材 Ⅳ.①F719.3

中国版本图书馆 CIP 数据核字(2011)第 200245 号

餐饮经营与管理

吕红环　吕孝虎　主编

责任编辑	宋旭华
封面设计	续设计
出版发行	浙江大学出版社
	(杭州市天目山路 148 号　邮政编码 310007)
	(网址:http://www.zjupress.com)
排　　版	浙江时代出版服务有限公司
印　　刷	广东虎彩云印刷有限公司绍兴分公司
开　　本	710mm×1000mm　1/16
印　　张	18.25
字　　数	338 千
版 印 次	2011 年 11 月第 1 版　2022 年 1 月第 5 次印刷
书　　号	ISBN 978-7-308-09163-3
定　　价	36.00 元

前　　言

随着我国经济改革的不断深化,各类提高人们生活品质的行业尤其是旅游服务业得到了迅速发展。餐饮业是旅游休闲业的重要组成部分,它从属于饭店业又独立于饭店业,餐饮业有它自己的企业结构、消费市场、经营方式和理念。为了满足大众对日常餐食、亲友聚会、商贸聚会和追求美食等菜品饮料的需求,享受餐饮环境并从中获得经营收入,餐饮业在实践中不断创新,衍生出多样的企业门类,丰富着经营理念和策略。餐饮理论研究也为业界所重视。在我国,社会经济高速发展,几千年传统的餐饮习惯在国外餐饮业的影响下悄然改变着。面对竞争激烈的餐饮市场,各地餐饮业界对餐饮管理人才和餐饮经营管理知识的需求很大。各大专院校的旅游管理专业、酒店管理专业及其相近专业对餐饮知识教育的需求也较大。为此,我们编撰了这本《餐饮经营与管理》。

该书是杭州市高等院校特色专业课题中的课程建设成果。在编撰过程中,作者结合了自己多年的餐饮经营管理课程的教学所得和在餐饮企业经营的体验,吸取了大量国内外酒店、餐饮先进的经营管理经验、理论与方法。因此,本书是旅游管理专业学生、酒店管理专业学生的一本较为实用的教材,也是餐饮经营管理人员的一本有指导意义的参考书。

由于餐饮理论界关于餐饮经营管理的编著、译著已较多,因此本教材在选材和列章布节中,注意围绕餐饮市场与餐饮企业"状况如何"、"怎样操作"两大问题,紧密结合当前国内餐饮市场的发展状况,力求精简实用;同时,本教材各章的知识体系也本着渐进性原则编写,即从概念导入,到管理原理阐述,再到管理技术介绍,其间选入一些案例,便于后学者直观理解和把握。

本书共分十章,由杭州师范大学旅游管理专业教师吕红环负责全书的大纲拟定事宜,并担任主编,负责第一、第四、第五、第六章的编写工作;该专业的吕孝虎老师负责第七、第八、第十章的编写工作;其他老师如彭洁琼等参加了第二、第九章的编写工作和各章的资料收集整理等相关工作。

该教材在编写过程中,研读和参考了一些国内外出版的饭店管理、餐饮管理教材、专著及译著等相关文献资料,其中也引用了一些文字、观点和数据,惠我极多,因此,在参考书目中署名列出,藉此深表感谢。另外该书在立项、编撰和出版过程中,也得到了我校院系领导、同行及出版社的老师们的热心帮助,在此也表示衷心感谢。

吕红环

2011 年 6 月

目　　录

第一章　餐饮经营概述

餐饮业是各地主要的服务性行业,它是由各类餐饮服务企业构成的规模巨大的行业。餐饮业的发展一方面为离家外出的人们提供各种饮食,满足人们的美食享受;另一方面,餐饮业经营水平的高低也反映了一个国家、一个地区的经济发展水平和开放程度。从经营活动角度讲,现代餐饮业可以分为三个部分:商业性餐饮企业、非商业性餐饮企业和居家餐饮。非商业性餐饮业主要是指企事业机构内部的食堂、餐厅等膳食制作部门,它们通常追求低成本制作、低支出消费,以解决企事业在岗职员及相关人员的日常饮食需要,一般不以盈利为目的。商业性的餐饮企业通过销售菜品酒水获取最大化的利润,类型众多,经营方式也各适其是,市场竞争激烈。

在现代餐饮业中,餐饮经营者应善于餐饮经营,这不仅仅取决于其敬业、勤劳,而更有赖于其智慧。首先应把握餐饮业管理的基本概念、基本理论和餐饮市场发展状况,熟悉各类餐饮的经营特点、原则和未来发展趋势,树立切合实际的经营理念。

第一节　餐饮业的发展概况

随着社会经济的发展,人民收入的提高,生活节奏的加快,消费观念的更新以及商务活动交流的增加,餐饮业的发展日益红火。为使大家对餐饮经营管理有较为深入的了解,本书在此对饭店餐饮业的发展概况作一简要介绍。

一、我国餐饮业的经营现状

据国家统计局、中国饭店协会等统计资料可知,自改革开放以来,我国餐饮业始终保持高速增长的水平,发展规模日益扩大。20世纪90年代以来,我国餐饮业零售额的年增幅始终保持在两位数以上。

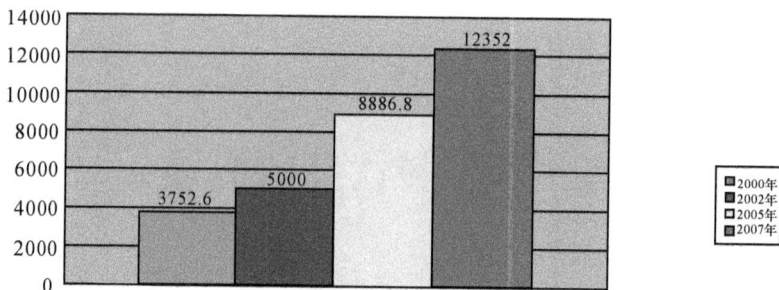

图1-1　2000年—2007年餐饮零售额对照变化表　单位:亿元

资料来源:国家统计局、中国饭店协会统计资料

由上图可见:在2000年,我国餐饮业的营业网点达到300万家,年零售额达到了3752.6亿元,从业人员1000万人;到2002年,我国餐饮业零售额突破5000亿元,同比增长16%左右,餐饮收入占国内生产总值的5.1%,占第三产业收入的14.5%,占社会消费品零售总额的12%左右;至2005年,我国餐饮业零售额达到8886.8亿元,同比增长17.7%左右,比上一年度净增1330多亿元,高出社会消费品零售总额增幅4.8%,占社会消费品零售总额比重的13.2%,对社会消费品零售总额的拉动率和增长贡献率分别为2.3%和17.4%,全年实现营业税金488.8亿元,同比增长17.8%;2007年,我国餐饮业零售额又创历史高峰,总额达到12352亿元,同比增长19.4%,我国餐饮业营业网点已经超过400万家,人均餐饮消费支出超过1000元。

可以说,餐饮业已经成为我国第三产业的支柱行业,在拉动内需、扩大就业以及增加财政收入等方面都起到了举足轻重的作用。据权威部门预测,未来五年,我国餐饮业仍将保持年均18%以上的增长速度,预计到2013年,餐饮业零售额将达到3.3万亿元,餐饮业从业人员也将超过2500万人。

(一)我国餐饮业的经营特点

1.餐饮企业经营向规模化、集团化、连锁化方向发展

近年来,随着我国餐饮业持续高速发展,一些在经营中具备品牌、资本及人才等方面优势的企业通过购买、兼并、连锁经营或特许经营等手段,形成超大规模企业,获得较高的市场份额和口碑。2006年度,我国餐饮百强企业利润总额达到60亿元,从业人员80万人,较2005年增长28.84%和33.33%,其增长率高于我国餐饮业的平均增长水平;2007年,我国餐饮百强营业网点达到14418家,零售总额达到998.38亿元。目前,全国营业额超过十亿元的超大餐饮企业已经有十家以上,营业额超过5亿元的企业也超过了三十家,其中前十强的营业额占百强营业额总值的一半,说明其行业集中度较以往有较大进步。另外,2007

年百年老字号餐饮企业全聚德成功上市,还有40多家餐饮企业也在积极争取上市,其中重庆的2家火锅企业已获得风险投资,另有四家火锅企业已经进入上市辅导期。可以说,在获得上市资本的支持下,餐饮业今后会有更大的市场发展力度。

现阶段,这些餐饮连锁集团主要集中在大城市和东部沿海地区,在2006年,东部地区餐饮连锁门店数已经达到5589个,占全国餐饮连锁门店数的65.6%,比2005年增长12.8%;但是在我国中西部地区,餐饮连锁集团的发展速度也在加快,2006年的门店数达到了2925个,增速还超过了东部地区3.3个百分点。

2.个人及家庭消费比重增加,已经取代公务商务消费,成为我国餐饮业的主要力量

根据我国商务部《2005年餐饮市场运行情况及2006年趋势展望》、中国烹饪协会《2008中国餐饮产业运行报告》以及中国社会科学院与中国烹饪协会联合发布的2009年《餐饮蓝皮书》等资料可知,我国居民人均餐饮消费支出从1978年的不到5.69元,增长到2004年576元、2005年680元、2006年800元、2007年950元、2008年1158元。这三十年间,我国居民人均餐饮消费增长了200多倍。(见下图1-2　2004—2008年我国居民人均餐饮消费支出变化表)

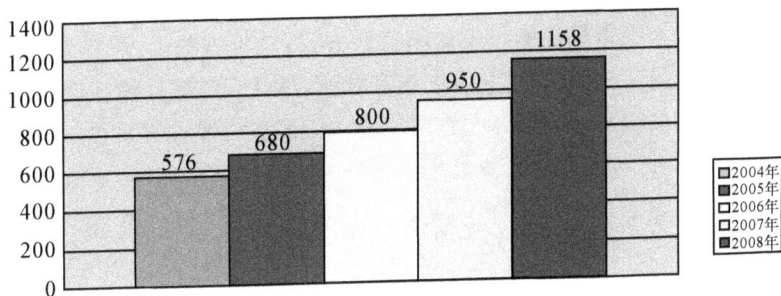

图1-2　2004年—2008年我国居民人均餐饮消费支出变化表　单位:元

资料来源:国家统计局、中国饭店协会统计资料

现阶段,由于国际金融危机的影响,公务和商务交际活动缩减,公务和商务餐饮消费在我国餐饮业零售额比重已经下降至40%以下;与此同时,随着我国人均GDP突破1000美元,并以7%以上的年增长速度向人均GDP3000美元的小康社会大步前进,家庭私人餐饮消费比例还将进一步上升。根据国际发达国家的发展经验,一个国家人均GDP突破1000美元的时候,其居民消费层次上升较快。对比国外发达国家的人均餐饮消费额,比如美国在1999年的人均餐饮消费支出就达到了1600美元、法国也达到了1050美元,我们还有较大的差距。因此,随着个人收入水平的进一步提高,生活工作节奏的持续加快,家务劳动社会

化和外出就餐频繁化等餐饮社会环境的转变,我国居民外出就餐习惯的逐渐形成,个人餐饮消费的空间还将持续扩大,依托于 13 亿人的餐饮消费市场还有非常广阔的发展空间。

当然,我国个人餐饮消费的地区分布还是不均匀的。长三角、珠三角、京津及内地的重庆、长湘株等地区个人餐饮消费市场较为旺盛;从城市来看,广州市近几年的人均餐饮消费高达 4100 多元,居全国之首,是我国居民人均餐饮消费支出平均值的七倍左右。可以说,广州人荷包的五分之一都花在了吃上,"食在广州"名不虚传。另外,上海、北京、天津、杭州、南京、重庆等大中城市的家庭私人餐饮消费也远远高出全国平均水平。

3. 餐饮业态多元化、餐饮企业主题化、餐饮产品个性化

随着我国社会经济的持续发展,人民收入的进一步增加,我国居民的消费层次不断上升。因此,餐饮消费需求不再满足于吃饱喝足,对餐饮消费体验或要有更强的视觉和心灵冲击;或要有新颖的服务表现手段;或要有可炫耀的餐饮环境和菜品等等。基于消费者的这一需求,目前的餐饮业出现了多业态蓬勃发展的局面。餐饮产品主题鲜明、个性突出。比如以社区餐饮、家常餐馆、网络餐饮、邮递餐饮等为代表的新形式的便民餐饮服务方式;以电脑酒吧、小规模西餐厅、电影餐吧等为代表的迎合现代人都市风尚的娱乐休闲餐饮方式;以生态餐饮、绿色餐饮、保健餐饮为代表的各色风味餐馆;以文化为要素和背景,贯穿于就餐环境和消费体验全过程的主题餐饮如红楼宴、知青餐厅、竹文化餐厅等都为消费者所熟悉。在许多餐饮业发达的城市或郊区、旅游区里业已形成了各种主题餐饮美食城、一条街、一个村。

(二)目前我国餐饮业经营所存在的问题

1. 餐饮行业集中度仍然较低、餐饮企业连锁化程度不足、综合实力偏弱

行业集中度也称行业集中率或市场集中度,即指某行业的前 N 家最大的企业所占市场份额的总和,是市场势力的重要量化指标。行业集中度主要量化指标有产值、产量、销售额、销售量、职工人数、资产总额等。餐饮行业集中度通常以营业额的市场份额来表示。根据我国商务部公布的数据显示:2004 年我国餐饮业百强企业的营业额为 537 亿元,仅占全国餐饮市场 7.2% 的市场份额;2005年我国餐饮业百强企业的营业额为 681 亿元,仅占全国餐饮市场 7.7% 的市场份额;2008 年我国餐饮业百强企业的营业额为 1019 亿元,仅占全国餐饮市场8.5% 的市场份额。而美国前 50 名餐饮企业的营业额占美国餐饮市场的比例高达 20% 以上,这说明我国餐饮业存在着行业集中度低的问题。

实行连锁经营的餐饮企业是将配送系统、工程建设及餐饮设施统一规划,制定相关运营标准,形成专业规范程度较高的实用技术,保证餐饮企业经营管理的

连续性、专业性、一致性。目前我国餐饮业的连锁化程度不足。根据《2005 中国连锁餐饮企业统计年鉴资料》，至 2004 年末，我国拥有大型连锁餐饮企业为 251家，门店数 6968 个，比上一年增加了 800 个，增长 13.7%；营业收入达到 399.7亿元，比上一年增长 55.5%；大型连锁餐饮营业额占全社会餐饮业营业额的比重由 2002 年的 3.6%、2003 年的 4.1%增至 2004 年的 5.3%。2005 年至今，我国连锁化经营发展的势头从行业总体上看其连锁经营程度仍然较低，综合实力相对较弱。从 2009 年、2010 年中国烹饪协会、中国商业联合会公布的《中国餐饮百强企业》看，半数以上的百强企业还未发展成为规模较大的连锁企业，其中的连锁企业如内蒙古小肥羊、上海锦江、杭州新开元等发展较好，但也存在着工业化生产、产品标准化等方面的问题。

2. 餐饮行业制度建设滞后、市场秩序缺少规范、企业竞争无序化

餐饮行业管理组织相对松散，行业制度建设滞后，缺乏统一的行业规范，生产经营标准和技术含量欠缺和老化，市场管理和行业管理流于形式，远远落后于形势发展需要。据中国烹饪协会 2006 年《中国餐饮产业运行报告白皮书》分析，现阶段，随着食品原材料成本持续上升、地皮价格日益昂贵，餐饮业经营成本也日益增长，餐饮企业盈利能力不断下降，导致餐饮行业竞争进一步加剧，企业微利状况普遍，经营态势不容乐观。存在着虚假宣传、价格欺诈和恶性竞争等行为。

目前，餐饮业市场秩序较为混乱。著名餐饮企业以及产品被随意"克隆"仿冒，生产经营特色被盲目跟风、无约束地复制；餐饮市场进入壁垒低；餐饮业布局失衡；餐饮企业规模仍然递延着小、散、弱局面，现代化水平较低。90%以上的餐饮企业是中小企业，由于餐饮网点缺少规划，不少店铺委身于临时建筑、违章建筑，"短期行为"非常严重。由于资金投入和经营管理经验的不足，加上市场准入制度不规范，餐饮行业也被称为"开关行业"，许多中小型餐饮企业食品安全隐患突出，无证经营现象仍然存在。

3. 餐饮企业经营管理流于经验化、菜品生产服务随意化、员工流动经常化

现阶段，大多数餐饮企业的管理经营模式流于经验化，缺乏系统的管理体系和战略规划。餐饮职业经理人和高级生产技术人员匮乏，从业人员素质不高，本土企业和外资企业的员工待遇不平等，以致于员工流动频繁，有"铁打的营盘流水的兵"之称；餐饮企业创新欲望不强，经营雷同化现象突出，可持续发展能力和抗市场风险能力不足，经营竞争力不强。

餐饮业上游供货商不成熟，农副产品初加工过于分散、物流配送体系不健全、进货渠道混乱。部分企业不到卫生部门指定的定点单位进购放心原材料，甚至是用变质的原材料加工食品，使用非食用原料添加剂等；餐饮生产缺乏标准，手工操作随意化程度高，部分餐饮企业生产场地的卫生情况令人担忧，如没有凉

菜间,生熟混放,公用砧板造成交叉污染等。

二、国外餐饮业的发展概况

众所周知,国外餐饮业的发展历经三个阶段,分别是:依附于小客栈的餐饮服务、独立餐馆的出现和发展、现代餐饮业的发展。本书在此就这三个阶段的发展概况、经营特点和表现形式作一简要介绍。

(一)依附于小客栈的餐饮服务

国外餐饮业起源于小客栈。在古时候,由于交通方式的落后,旅行者往往借助于步行、骑马、乘船等手段在各地穿梭往返,有时候,由于路途遥远,不得不在途中寻找临时的栖息地和就餐点,小客栈就因此应运而生。在最开始的时候,由于设施简陋,客栈的主人只能制作并供应一些简单的可以饱食果腹的餐饮食品,到了后期,由于经济的发展和竞争的需要,这些客栈也开始提供制作精美的食品和饮料,并配以相应的娱乐活动,以招徕客源。

国外早期的小客栈经营较为著名的是英国的客栈。在 15 世纪初,当时比较好的英国客栈已经拥有了酒窖、食品室和厨房,以及带有壁炉的宴会厅,成为人们社交往来、信息交流、娱乐活动的集聚中心。当时的英国客栈多位于城镇、码头和主要的交通干道附近。在中世纪,欧洲的很多客栈还依附于教会、寺庙和其他宗教寓所,主要为宗教朝圣者提供住宿和餐饮服务。

到了 18 世纪末期,由于世界政治经济中心的转移,美国的客栈取代英国成为世界上最为著名的客栈。其以普通平民为对象的大众餐饮理念的建立和推广也为后期餐饮业的发展提供了思路和方向。

(二)独立餐馆的出现和发展

所谓独立餐馆,是指以盈利为目标,不依附于任何住宿设施,有独立的场所,为离家旅行者提供餐食饮料,使其能得到充分的休息以恢复精神和体力的营业机构。虽然,于 17 世纪中期出现在英国的咖啡厅也可作为早期独立餐馆的一种,但是,一般来说,人们普遍认为最早的独立餐馆于 1765 年出现在法国巴黎。在 1765 年以前的欧洲,大众餐饮服务只有客栈或餐食包办商才能经营。据说当时出现了一个小汤贩,专门创制了一种"体力恢复汤"(le restaurant divin)进行推销,受到了旅行者的欢迎,结果被那些餐食包办商们告上法庭,然而法庭裁决该小贩经营得当,可以继续经营。这件趣事导致了餐馆(restaurant)这一名词的诞生,独立餐馆由此出现。

独立餐馆出现以后,由于经营理念的差异、运营资本的多寡以及客源需求的不一而渐渐分化。其中一部分餐馆注重高端客源,侧重于以昂贵价格提供高水平的菜品和服务来招徕客源,以举办豪华宴会和提供精致美食为荣耀,比如 1827 年在美国纽约建立的 Delmonico's 餐馆。另一部分餐馆则迎合大众客源的需求,倾向于为顾客提供简单而并不价廉的餐饮食品。到 19 世纪 20 年代,路边餐馆在美国出现,方便过往乘车人员就近用餐。直到 20 世纪中叶,快餐特许经营服务方式(Fast Food)开始出现并普及,并对整个餐饮服务业产生了空前绝后的影响力,其代表品牌麦当劳(McDonald's)、肯德基(Kentucky Fried Chicken)等以出售小圆面包、鸡肉和海鲜快餐为特色的快餐连锁公司很快在世界各地家喻户晓,盛极一时。

（三）现代餐饮业的发展

国外现代餐饮业起步于 19 世纪末 20 世纪初,发展迅速,至今已有相当规模,主要表现为以下两点:

首先,在国外现代餐饮业的形成和发展中,由于迅速发展的社会经济环境,特别是人民收入的大幅增加,消费理念的不断更新,各餐饮企业借助于特许经营、连锁经营等手段扩张,餐饮业迅速发展,扩张了经营版图。1987 年,美国餐饮业已拥有 70 万个分店,营业额达到 1975 亿美元,其中有 424000 个分店属于商业性分店。至 1998 年,美国餐饮业营业额达到 3540 亿美元。当时美国销售收入排名第一的商业性餐饮企业麦当劳(McDonald's)的销售收入已经达到 35979 百万美元(表 1-1)。麦当劳,作为全球最大的单品牌快餐连锁企业,已经在美国纽约联交所上市,至 2009 年 2 月 3 日,麦当劳公司的股票价格为 58 美元,市值 644 亿美元,每股收益 3.76 美元。目前,麦当劳在全球 118 个国家和地区拥有 31000 间餐厅。

表 1-1　美国前 10 名商业餐饮企业的销售收入　　单位:百万美元

1998 年排名	1998 年销售收入	企业名称
1	35979	麦当劳(McDonald's)
2	10333	汉堡王(Burger King)
3	8446	肯德基（KFC）
4	7800	必胜客(Pizza Hut)
5	5555	温迪(Wendy's)
6	5000	塔科贝尔(Taco Bell)
7	3454	赛百味(Subway)
8	3224	多米诺比萨饼(Domino's Pizza)
9	2698	奶业女王(Dairy Queen)
10	2476	哈迪(Hardee's)

（资料来源:Top 400: The Ranking, Restaurants & Institutions, July 15, 1999）

其次,在国外现代餐饮业相对短暂的发展史上,餐饮业也历经多次改造。20世纪以来,科学技术创新发展的速度前所未有,高新尖端技术的发展向传统的餐厅经营管理模式发起了挑战,目前,国外发达国家的餐饮业已经从传统的家庭手工艺型作坊发展成了现代加工工业:以生产流水线代替了手工操作;以高额资本投资和自动化运营模式代替了手工劳动模式;在生产管理中运用了科学手段,提高生产效率,节约生产成本。比如美国明尼苏达州有一家名为 Totem Pole 的餐厅,其餐厅经理在发现该餐厅处理食品垃圾的费用大幅上涨之后,便投资引进一套餐饮垃圾处理系统,对食品加工流程进行了重新设计,提高了食品原料的利用率,减少了 20% 的食品废料,又节省了餐厅一半的垃圾处理费用,而且由于该系统的投入运用,使得该餐厅能及时把食品生产过程中所产生的垃圾废料运走,从而减少了由于食品废料长期堆积而引起的其他各种问题,可谓是一举数得。再比如德国有一家国际快餐连锁集团,他们投资安装了一套能为餐厅循环供热的煤气型 CHP,由于该设备采用了特别设计,在它帮助之下,任何运行故障都不会对该餐厅的正常营业产生太大影响,保证了该餐厅生产和运营能源供给的稳定性,同时又对该餐厅的能源进行了有效管理,大大节省了能源开支,降低了生产成本。

三、国外餐饮业对中国餐饮的影响

我国餐饮业有自己的发展轨迹,始终蕴含中国传统餐饮文化元素。但随着中外交流的不断深入,世界经济一体化趋势的日益明朗,中国的餐饮业,无论是餐饮产品的生产还是消费,也越来越多地受到国外餐饮文化的影响。主要表现在:

1. 国外著名品牌餐饮企业在中国仍然有较大的市场号召力,尽管随着国内知名餐饮企业的涌现和成熟,昔日由西方快餐统揽天下、一枝独秀的局面已经不复出现。根据中国烹饪协会统计资料,2005 年中国快餐企业 10 强中,中外品牌各占一半,但其前五名均被海外品牌包揽,分别是肯德基、麦当劳、德克士、吉野家和味千拉面。而至 2008 年,前五强分别为肯德基、麦当劳、真功夫、丽华快餐和面点王,其中真功夫、丽华快餐和面点王是本土品牌。这说明:近年来,随着中国经济的发展,本土消费者收入的增加和消费观念的转变,人们对饮食的健康营养要求越来越高,从而促使一部分资本投资转入餐饮业。目前,中式快餐在规模、销售额和市场份额方面的增长速度日益加快,餐饮业内的本土知名企业已然出现,直逼国外著名餐饮企业,餐饮业品牌竞争加剧。

2. 受全球金融危机的牵累,国外本土餐饮消费需求萎缩低迷,而反观中国餐饮市场,由于其国内餐饮消费需求依然强劲,餐饮业仍保持快速增长的速度。中国餐饮市场的这种快速发展和资金回收周期短、回报利润高的特点,吸引众多海外资本或餐饮机构参与国内餐饮企业的风险投资。这种国际资金的加入为中国企业带来了优势资源和全球化的视野,有助于中国餐饮企业全面提升其竞争力。比如 2006 年,欧洲最大的投资公司 3i 集团以及知名投资机构普凯基金向"小肥羊"注入 2500 万美元,并获得"小肥羊"20%的股权。又比如日本著名餐饮企业吉野家也计划在 2009 年加快进军中国市场的步伐。该公司自 20 世纪 90 年代中期在中国设立第一家餐厅以来,每年在中国境内的新增店铺一直保持在近十家左右,该控股公司计划在 2009 年以中国为中心再增开 50 多家餐饮店铺。

3.随着中国餐饮业数十年的经营与发展,进军中国境内的国外著名餐饮品牌企业也日益丰富多样,为中国餐饮业添加了来自不同国别、不同餐饮文化的色彩,迎合了消费者追新求异的心理需求。比如北京著名的巴西烤肉店,无论从店面装饰、背景音乐,还是从员工着装,都体现着浓郁的巴西风情。透过玻璃窗可以看到跳跃的炭火在燃烧,以最地道正宗的巴西配料烤制出的牛肉、猪肉、鸡肉等正散发着诱人的芳香。又比如韩国知名餐饮企业韩美味国际连锁有限公司也已登陆中国餐饮市场,既汇集来自韩国的各式美味佳肴,又配以参鸡汤、凉拌菜、大麦茶等各种补养食品和饮料,以"药食同源"的理念受到了注重美味和营养的消费者的青睐。

四、我国餐饮业的未来发展趋势

1.我国餐饮行业集中度进一步加强,知名餐饮企业连锁化集团化趋势持续上升。随着我国餐饮业的迅猛发展,知名餐饮企业上市资格的获得,各种渠道的风险投资资本不断注入,这些餐饮企业将进一步扩大其市场经营份额,赢得消费者口碑,树立其品牌企业形象,从而使得餐饮业的高端需求逐步集中在部分知名企业名下,行业集中度加强。这些企业在汇聚大量投资资金后,会借助于集约化经营方式,扩张版图,进军国际市场,打响"食在中国"的消费口碑。与此同时,这些餐饮大鳄亦会寻求现代化管理手段,节约经营成本,提高生产效率,增加经营利润,这也会促使创新技术的诞生和餐饮行业管理模式的进步和变革。

2.便民中式餐饮规模化发展,与西式洋快餐品牌分庭抗礼。随着城市工作生活节奏加快,居民可支配收入水平进一步提高,社会主流消费观念的转变,家务劳动社会化的需求将大量释放。一些中式快餐企业,在汲取洋快餐先进的经营理念、严格的生产工艺、洁净的就餐环境等方面的经验之后,迎合消费者对饮食口味偏好以及相对实惠低廉价格追求的需要,集聚资金,利用现代化餐饮生产设备大批量生产餐饮菜品和饮料,为消费者提供了价廉物美的食品,把很多家庭从繁杂的家务劳动中解放了出来,受到消费者的欢迎和追捧,并通过大规模经营和薄利多销的方式,实现其良好的经济效益,夺取西式洋快餐的市场份额,与其形成分庭抗礼的竞争格局。

3. 健康饮食理念进一步受推崇,绿色食品、保健餐饮更受市场欢迎。随着社会经济的持续发展,人们对自身的健康意识也越来越强烈。在今后几年,无公害、无污染的绿色食品、保健食品日益受到人们的重视,很多餐饮企业也会顺应潮流,推出健康食谱、附设健康俱乐部提供健康设施、营造健康环境,以适应人们在消费观念上的变化及要求。比如药膳餐厅等以推出保健绿色食品为卖点的餐厅会不断增加。

4. 食客消费需求日益个性化,注重饮食过程的环境烘托和精神体验。随着人们生活水平的提高,餐饮消费者将不再满足于纯粹的吃饱喝足,炫耀性消费欲望出现,对餐饮菜品和饮食过程追求新颖刺激,以期这一就餐经历可以成为一种谈资,让人产生一种自豪感。各餐饮企业为迎合消费者这一需求,将尝试使用各种高科技手段和娱乐方式,营造或浪漫、或温馨、或热闹的就餐环境和气氛,以丰富就餐者的精神体验和视觉美感。

5. 餐饮消费迎合都市生活风尚,营造文化品味。追求高雅格调和时髦生活方式是很多现代消费者的心理需求,因此,将会有越来越多的餐饮企业提炼著名小说、电影电视作品的精髓,设计布置与此密切相关的餐厅环境,生产制作出该作品中提到的精美菜品,营造诗情画意的想象空间,使消费者闻雅音而生慕心,在天马行空的美妙幻觉中,如痴如醉的就餐体验就此留下深刻的印象。

第二节　餐饮的概念和经营理念

一、餐饮的概念及其作用

俗话说:"民以食为天",饮食是人类最重要的生存条件之一,它与人类本身发展的历史一样久远,中国是一个文明古国,饮食文化从低档到高档,从简单、粗糙到科学、精良的方向发展。今天,餐饮是一种行业,主要是指餐饮组织(如餐厅、酒店、食品加工厂)或个人,对食品原料通过不同的餐厨工艺流程进行加工处理,满足离家消费者就餐的需要,从而获取相应的商业利润作为回报的过程。由此可见,餐饮活动的进行首先必须拥有一定的生产场所,提供接待消费者就餐和餐饮食品的加工及生产的地点;其次要有懂得餐饮服务的员工,能根据餐厅的规模及消费者的需求为其提供周到细致的服务;最后,餐饮企业所有的生产和经营活动都必须以餐厅的经营利润为根本,任何生产经营活动都必须围绕获取餐厅的经营利润这个宗旨来展开。

二、餐厅的分类

一般情况下,我们根据企业的盈利与否,把餐饮分为商业性餐饮和非商业性餐饮两种,本书内提到的餐饮主要指商业性餐饮。而餐厅是指通过各种菜品生产的工艺和流程,在一定的餐饮营业场所,利用相应的经营设施设备,对一般离家消费者提供菜品饮料的地方。

那么从餐饮业服务设置和场地选择来讲,餐饮业又可分为饭店餐饮和社会餐饮两种形式。饭店餐饮主要服务对象是星级酒店住店客人或前来星级酒店就餐消费的社会大众,而社会餐饮主要是为一般普通大众提供饮食服务的不依附于任何住宿设施的独立餐馆。对于饭店餐饮而言,餐饮部门是星级酒店的主要收入来源之一,是反映星级酒店水平高低的重要标志之一。一般而言,餐饮收入占到星级酒店收入的20%—40%,并且弹性很大,往往是酒店挖掘盈利和创收的主要落脚点。其次,餐饮部门也是满足星级酒店客人需求的重要部门之一,是星级酒店吸纳员工就业最多的部门,是星级酒店在竞争中取得优势不可或缺的重要筹码,是吸引顾客、打出品牌的重要手段来源之一。下面,本书着重讲述星级酒店餐饮部门所设置的不同餐厅及其分类方式介绍。

(一)从服务功能进行分类

1. 大堂吧

一般靠近星级酒店总服务台,一方面为方便住店客人登记入住时临时等待提供休息场地之用,另一方面为方便住店客人住店期间日常会客时之用,场地占地面积不多,可提供少量餐饮食品。

2. 多功能大厅

星级酒店内占地面积比较大的厅堂,可以是星级酒店内各种大型会议和节日活动的举办场所,也被用来承办星级酒店各种大型酒宴、茶宴等活动的场所。

3. 宴会厅

类似于多功能厅,适用于举办星级酒店内各种高级酒宴和大型会议的场所,比如举办各式中餐宴会和西餐宴会的功能场所。

4.各地风味餐厅

星级酒店内提供各地风味美食的专门性餐厅,主要有各式中西餐厅,如日本餐厅、法国餐厅等。

5.咖啡厅

星级酒店内一种简易的非正式西餐厅,主要供应各种餐食小吃和酒品饮料,四五星级以上饭店必设咖啡厅,经常 24 小时对外营业,以满足住店客人的需求。

6.酒吧

星级酒店内专门为客人提供酒类饮料及其服务的场所,主要是销售各种酒类饮料及一些佐酒小吃,一般不提供正式用餐服务。也有独立存在的专业酒吧。

7.扒房

星级酒店内为高消费客人提供扒烤类食品和名酒的专门性餐厅。

(二)以服务方式分类

1.桌边服务形式

这是星级酒店使用最多的餐厅服务方式,从客人点菜、上菜、分菜及席间服务等均由相关服务员围绕餐桌进行,服务要求较高。

2.自助服务形式

主要是指客人支付规定数量的钱款后,从星级酒店内某餐厅预先布置好的餐台上自己动手任意选择喜爱的菜肴,然后在餐桌上享用的一种用餐形式,整个过程都依靠自我服务,就餐方式相对自由随意。

3.客房送餐服务形式

主要是指星级酒店内,部分住店客人为方便起见,不愿到各餐厅就餐,而宁愿在自己所住的客房内用餐,为满足这部分消费者的需要,酒店会根据客人的相关要求送餐到客人所住的客房,使其能在客房中随意享用餐饮食品。

另外,餐厅外卖外送服务也是目前较为流行的社会餐饮形式。

(三)根据餐厅经营的菜品风味分类

1.中餐餐厅

星级酒店内各式中餐餐厅主要经营全国各地风味各异的菜肴饮品,有山东菜、江苏菜、四川菜、广东菜、浙江菜、福建菜、安徽菜、湖南菜等菜系。

2.西餐餐厅

星级酒店内各式西餐餐厅以世界各地主要风味菜系为基础,选择并经营受消费者喜爱的菜系,如法式大餐、英式西餐、意式大餐、美式菜肴、俄式大餐、德式菜肴等。

（四）社会餐饮的主要业态

其实,餐饮业进入 20 世纪以来,各种形式的社会餐饮模式也对餐饮服务产生了巨大影响。从经营模式来看,各种创新性的快餐连锁经营和传统中西餐馆已经是家喻户晓;从经营的业态来看越来越多的路边和社区饮食店以及百货商场内、长途汽车站、火车站、飞机场附近等也提供大量的方便饮食;从订餐方式来看,电话预订、传真机和邮件等通讯和网络资源预订也大大提高了消费者就餐的效率和方便程度。社会餐饮主要表现为以下几种业态:

1.各类早餐小吃店

主要经营各式中西早餐餐点,店面较小,常选址于交通要道旁边或居民区内,方便来往客人或小区解决早餐问题,以薄利多销为盈利原则。近年来,像永和豆浆这样的餐店不仅供应早餐餐点,也提供一些制作简易方便、价廉物美的正餐食品和饮料。

2.各类快餐店

主要经营各式中西快餐,店面也不大,往往位于交通繁忙、人员过往众多的地方,如城市中心商业区、机场车站和学校机关附近,以方便附近客人就餐为主要经营思路,经营餐食以价廉物美、迅速快捷、干净卫生为宗旨。

3.各类正餐餐馆

主要经营各类风味迥异的中西正餐餐食饮品,有一定营业面积,注意店面装饰和环境布置的美观大方,经常以某种风味菜系为特色,以经营该菜系食品为主、其他餐食食品为辅,注重消费者的就餐体验和心理感受,以扩大餐饮市场份额和盈利为主要经营目标。

4.各类茶馆、咖啡厅、酒吧

主要以休闲的形式,提供各类特色的休闲餐点和饮品,借助于格调高雅温馨的环境布置和背景音乐的烘托,方便消费者前来消遣聚会或洽谈公务要事。

5.各类单位附属食堂

主要设立于各企事业单位内部,方便该单位内部职工就餐的非赢利性餐饮机构。

三、餐饮的生产经营特点

餐饮业的经营如同其他服务性行业一样,也具备一些该行业独有的生产经营特点。

（一）餐饮产品生产上的特点

1. 餐饮产品生产即时性要求高，储存难度大

餐饮菜品和饮品的制作和出品过程要求要即时操作，操作时间又很短暂，往往从点菜到上桌只给予几分钟到十几分钟的时间。烹调阶段必须现场制备、即时操作、马上销售，否则，菜品一旦被搁置冷却，其色香味形都会受到破坏和影响。此外，餐饮产品一经制作，往往难以储备，因为经过冷藏储备的菜肴会失去新鲜度和口感，隔夜的菜品原料容易变质。所以，餐饮产品一旦制作出来，必须立刻提供给消费者，绝不能将今天的成品菜肴留到明天来销售。

2. 餐饮产品的生产环节多而复杂，干扰因素多，生产有时候不可预估

餐饮产品的生产制作涉及原料辅料采购、粗加工处理、精细加工处理、冷热菜烹制等过程，受季节和原材料价格和可获得性影响大，零点餐厅客人点菜菜点分散、生产批量小、规格多、烹制方式不统一，餐厅当天客源难以预估，因此对消费者前来就餐的时间、人数、消费要求难以提前准备，生产随机性较强，管理难度较大。

（二）餐饮产品服务上的特点

1. 餐饮服务无形性、同步性要求高

与其他服务产品一样，餐饮服务质量无法定量考核，只能在就餐客人购买并享用了餐饮产品之后，凭其对该产品和该服务过程的心理感受来判断并评估其服务质量的高低，因此具有明显的无形性特点。此外，餐厅就餐者的消费过程和餐饮服务员工的餐饮产品供应和服务实施过程是同步的，因此，服务要求较高，员工在服务过程中的一言一行都至关重要，直接关系到企业口碑的塑造和回头客源的形成。

2. 餐饮服务的差异性

不同档次和类型的餐厅对餐饮服务有不同的要求。餐厅的档次越高，餐饮服务的项目就越多、服务要求也越高、服务质量越好。比如快餐店一般只提供柜台服务，不提供桌边服务，而高档的餐厅无论在服务项目设置上还是从服务员工素质要求上都较为严格。

（三）餐饮的其他经营特点

1. 餐厅营业额受营业面积和营业时间的限制

一个餐厅接待客人的人数和营业额要受到餐厅营业面积大小、餐位数多寡的限制。而餐饮业由于其就餐时间有明显的集中性和间歇性特点，在进餐高峰

时间,餐厅内宾客盈门、人满为患,但进餐高峰一过,客人马上席终人散、门可罗雀。这一经营特点,使得餐厅对客人接待的数量和规格都受到了其营业场地和时间的约束。

2.餐厅经营毛利率高、资金周转回收速度快

餐饮业的综合毛利率一般都比较高,普通饭店的综合毛利率在百分之三四十左右,星级酒店餐饮部门的综合毛利率则更高一点,其中四五星级酒店的综合毛利率高达百分之七八十以上,因此,只要餐饮企业做好食品生产和制作时的成本控制,其经营利润还是很可观的。而且,在餐饮业的经营管理中,其销售收入主要是以现金的方式收取,因此其资金回笼的速度也很快,这有利于餐饮企业盘活资金、扩大再生产。

3.餐厅经营具有易受干扰、脆弱性的特点

餐饮业和其他第三产业一样,易受社会政治经济等因素的影响,行业波动性较大,表现出脆弱性的特点,比如2003年非典流行期间,各种餐厅就餐客人数骤减,营业额急剧下降,不少餐厅因此裁减员工,甚至关门大吉。一般来说,餐厅经营的易受干扰性和脆弱性与其档次规模成正比,越高档的餐厅,其面向的商务公务客人就越多。这些客源越易受各种社会政治经济因素的影响,一旦有些风吹草动,其销售收入波动就表现得较为明显,反而一些立足于便民服务的大众餐饮,其主要的客源是由本地居民组成,抗干扰能力相对较强。

四、饭店餐饮的经营理念

我国餐饮业经过了数十年的经营和积淀,探索出一套自成体系的经营管理理念,主要表现为以下几点:

(一)坚持传统的"顾客第一"的经营理念

这是餐饮业最基本的服务和管理理念。它要求经营者掌握不同消费者的就餐需求,设计和制作满足消费者期望的餐饮食品饮品,把握餐饮菜品和饮料的优质生产标准,精心策划餐饮菜品和饮料的各种组合。当然,在这些有形的餐饮产品的策划外无形的餐饮附带产品也是餐饮业提供的另外一项重要要素,因此还要格外注重员工服务的态度和技巧以及消费者就餐的环境和氛围,从而确保消费者获得舒适愉快的就餐体验和精神享受。

"顾客第一"的经营理念是基于消费者是餐饮企业的衣食父母,是餐饮企业客源和利润保证的基础。这一经营理念要求餐饮企业的各位员工要急顾客之所急,尽最大可能满足其需求。当然,在面对不同的消费者时,餐饮企业的员工也

要讲究服务和接待技巧,因人而异,采取不同的接待方式。

1.对于脾气较急躁的客人,一般要求服务快捷、迅速。因为这些客人往往以自我为中心,以自己的要求为标准,并且喜欢服务员使用肯定明确的语言回答自己的问题,服务员不能对其使用欺骗的语言,如果这些客人对服务不满意,那么他们就会异常生气并大声斥责服务员,立即爆发不满情绪。但是这些客人往往也心直口快,发泄过后就忘,因此在出现问题后,只要服务员迅速解决,语言简练,就可以及时转危为安,就能使这一类型的客人转怒为喜。例如,客人点菜之后,服务员应该说:"先生,您好,您的要求我记下来了,上菜时间需要15分钟,请您稍等。"过了15分钟后,如果上菜来不及,还要拖延几分钟,服务员若立即上前解释消除客人着急并疑惑的心理,说:"请您稍等,您的菜马上就到",这样做可能使事情更糟糕:客人本来还没意识到这个问题,经服务员提醒反而想起来了,结果不仅没有起到安慰客人的作用,反而更加激化客人的急躁心理,使得事情处理棘手。因此,在接待这一类型客人时,服务员需要有比较强的应变能力,要格外小心,尽量注意多为客人做点事情,比如客人进餐厅就座后协助放置衣帽物件;就餐过程中,不待客人提示,主动及时添加酒水;离开餐厅时,提前准备好客人的物品。当客人享受到这样额外超值的服务时,他会给予夸奖和回报,成为餐厅的忠实客户。

2.对于性格活泼、风趣幽默健谈的客人,服务员应该采取较为积极的推销方法:比如推荐本餐厅最富特色并且价格实惠的菜品,介绍本地一些旅游景点和民俗、交通等。面对服务员敬业的工作态度、精美可口的食物、温馨优雅的就餐环境时,这一类型的客人一定会对这家餐厅产生好感,并且将自己的就餐感受传递给身边的朋友和亲人。因此这种类型的客人对市场宣传的作用很大,对于餐厅口碑的建立和形象的塑造有很大的影响力,餐厅服务员应重视对他们的服务质量。

3.对于性格老成持重、矜持寡语的客人,服务员应该了解这些客人的个人修为很高,往往不轻易流露情绪,即使对就餐服务很不满意也能很好地控制自己的情绪,把握分寸。其实,他们内心对服务的要求是很高的,虽然这一类客人不轻易提要求,但他们心里对服务有相应的评判标准。因此,在接待这一类型客人时,服务员应该举止端庄稳重,进退合乎礼仪,尽可能使用敬语;要严格参照并执行餐饮服务程序与标准,兢兢业业地完成各项专业服务操作,及时观察客人用餐的情况并体察客人就餐心理。万一遇有投诉,这一类客人肯定是忍无可忍才出此下策的。服务员需要分外重视,小心处理,最好请餐厅经理出面解决,以表示对投诉的重视,保证问题的解决,从而确保这一类型客人的满意。

（二）"控制成本、提高效率、追求口碑、实现利润最大化"的经营理念

获取利润是商业性餐饮企业的立身之本。餐饮企业须根据餐饮市场动态、餐厅的接待能力,力求在菜品制作和餐饮服务方式上创新以增加餐厅的营业销售量,完成营业指标。同时又须严格制定相应的餐饮产品生产和经营成本控制规程,节省开支、减少浪费,监督实施,提高餐饮企业的盈利率。

一般来说,餐饮企业在设立之初,往往先搁置其对企业经营利润最大化的追求,而以尽快树立企业市场口碑和塑造企业市场形象为宗旨,在此期间,为吸引消费者的注意和青睐,这些餐饮企业往往不惜成本和代价,以创新各类菜品的制作和丰富消费者的就餐体验为己任,以求企业在尽可能短的时间内达到一定的知名度和美誉,获得消费者的肯定和追捧,占领和扩大餐饮市场份额。但是,归根结底,餐饮企业的这些做法是不能持久的,任何企业的长期经营都必须建立在盈利的基础上,在餐饮市场尽快树立品牌之后,面对日益庞大的各式中西餐饮企业的有力竞争,他们必须不断更新经营思路和管理理念,摸索餐饮消费市场的特点变化规律和动态,寻找经营突破口,降低经营管理成本,达到其"利润最大化"的经营目标,实现市场和经营双赢。

（三）"注重提升消费精神体验,努力营造餐饮文化"的经营理念

在国际著名餐饮企业的经营管理中,其企业文化理念始终受到高度重视,以国际知名品牌"星巴克"为例。20世纪70年代初,虽然咖啡的消费人群在减少,但三个美国大学生还是建立了星巴克公司,并在今后的几十年得以飞速发展,今天的星巴克已经成为商业奇迹,在美国和加拿大共开了4247家分店,而且还在迅速的扩张中,几乎每8个小时就会开一家咖啡馆。2000年的营业额为22亿美元,利润9460万美元,2001年营业额为26亿美元。其成功的原因无他,主要是星巴克咖啡馆所渲染的氛围是一种崇尚知识,尊重人本意识,带有一点小资情调的文化,在星巴克咖啡馆里强调的不再是咖啡,而是文化知识,它是"满足客户体验性服务经济"的典型代表。

早期的星巴克和当时众多的其他餐饮企业一样,只关注其核心餐饮产品——咖啡,而忽视该产品的受众——顾客的需求。等到其中一位名叫斯库尔慈的经营者在1983年去了意大利,喝到纯正的意大利卡普西诺咖啡后,他才下定决心要完全改变星巴克公司的运营模式,卡普西诺咖啡给他情感上的弥足享受,让他第一次感受到了客人和咖啡师之间、客人和客人之间的真诚互动,这给他不小的震动,于是回到美国后,星巴克被重新定位为一间真正要做到推崇顾客

利益至上的咖啡馆,把满足消费者就餐消费过程中情感上的体验和心理感受放在第一位,从此迈向其经营长盛不衰之旅。

"One customer,One partner,One cup at a time"是星巴克的企业文化,表达了顾客至上的精神。而"星巴克"这一名称本身的文化韵味就相当浓厚,"星巴克"是美国电影《白鲸》中一位酷嗜咖啡的大副的名字,用这个充满象征意味的名字来对咖啡吧命名,体现出全球第一大连锁咖啡店对饮食文化追求的那份用心和刻意。在电影《网络情缘》里,男主角汤汉斯这样评价 Starbucks 的咖啡:"只要花 2.95 美元,你就可以得到属于自己的咖啡。"

在星巴克里,顾客不再去关心咖啡原产地、原料、配料、工艺等原本在咖啡的产品经济模式中最直接的竞争要素,顾客要的是精神享受上的体现,星巴克店内的现场背景轻音乐和带有小资情调的环境氛围。"Hear Music"是星巴克在全美连锁店成立的音乐品牌,包括"沙滩男孩"夏日精选、法兰克辛那屈的爱的选辑、诺拉琼斯,还有自己的一些出版物,对众多的音乐家和名作有陈列和介绍播放。

可见"星巴克"的成功在于关注顾客在消费中的体验和感受,符合了当前"体验经济"时代消费者的需求。塑造了一种咖啡文化,建构了一种良好的消费环境,并将咖啡消费和高尚的音乐结合起来,使顾客在品味高品质咖啡饮品的同时得到精神放松、个性张扬、文化陶冶、知识增长等多种服务体验。

那么,中华民族有着悠久而独特的饮食文化,中餐作为一种有着国际认可度的重要的饮食资源,我国国内各本土餐饮企业又应如何秉持饮食文化开发的合适理念,已经成为餐饮业经营的新课题和新理念。目前,我国餐饮业虽然非常红火,但各餐饮企业在生产经营过于追求"短、平、快",要求企业经营立竿见影,马上出成果,餐饮产品差异性设计创造滞后,餐饮市场上同质化产品泛滥,饮食文化的经营理念尚未渗入一线管理决策者这一层次,导致国内著名餐饮品牌无明显特色,产品和经营模式容易被复制,竞争力不强。进入新世纪以来,随着消费者可支配收入的提高,消费层次的升级,对餐饮消费体验的精神要求日益上升,各中式餐饮企业为求建立消费者对该企业产品的品牌忠诚度,势必会在企业文化理念上大下功夫,可以说,这一经营理念目前和今后很长一段时间将成为各餐饮企业的指路名标。

思考题:

1.现阶段,我国餐饮业的经营特点和发展趋势如何?

2.国外餐饮业的发展分几个阶段?现阶段,国外餐饮业在哪些方面对我国餐饮业产生影响?

3.餐厅应该如何分类?不同种类的餐厅具体有哪些业态形式?

4.餐饮经营的特点有哪些?

5.餐饮经营管理的成功理念有哪些?

第二章　餐饮部门的组织设计和人员编制

餐饮企业的顺利运营有赖于内部高效的组织机构、人才的合理利用和健全的规章制度。在我国大中型的餐饮企业中,组织机构又有行政(管理)组织和业务组织两类。本章主要介绍餐饮企业的业务组织机构和员工编制,涉及组织机构设置的原则、设计理念、组织模式、岗位设定、各主要岗位的职责及人员数量编制方案等。

通过本章学习,理解餐饮管理组织机构的概念内涵、设置原则和方法步骤;明晰餐饮管理的内部分工、岗位职责、人员编制的影响因素和基本方法;掌握餐厅和厨房人员编制的计算技巧和一般方法。

第一节　餐饮部门的组织设计

餐饮部门管理的前提是建立一个严谨高效的组织管理体系,合理配置企业员工,充分调动各种人力资源的运用。可以说,这一体系的设置成败与否直接关系到该餐饮部门的经营成败得失和经济效益的高低。因此,餐饮部门组织设计的主要任务是根据该部门的经营管理目标,组织和设计有关餐饮产品从采购、生产到销售服务整个环节的专业性餐饮业务管理机构。

一、餐饮部门组织机构的设置原则

1.机构精简、保障效率的原则

餐饮部门的组织机构是服务于餐饮经营业务活动的,其组织机构的设置必须建立在人员精简和保障效率两个前提下。在满足餐饮经营业务需要的前提下,餐饮组织机构的规模、层次和形式都必须满足以最少的人力去最好地完成相关业务的原则,力求将人员减少到最低限度,减少内耗,提高效率。

2. 专业性和灵活性相协调的原则

餐饮部门的产品生产是一个专业化程度非常高的过程,因此其组织机构的设置也应专业化,其组织机构涉及的各级管理人员和从业员工必须接受过专业知识和技能的培训,具有相对独立的专业管理和操作水平,使其在自己的职责范围内能独立开展工作。当然,在该餐饮组织机构的设置过程中,还应注意保持相应的灵活性,即餐饮部门组织机构的大小同其所在企业等级规模相适应、该组织机构的内部专业分工程度同其生产接待能力相适应、管理人员和从业人员的专业水平和业务能力同其工作任务和市场环境相适应。

3. 授权明确、权责分明的原则

餐饮管理是指管理者在授权时,首先根据该餐饮部门的经营目标把其分解委派给不同职位的各级管理和从业人员,明确这些人员各自的职责范围和权限,并将其在岗位描述中列出;其次遵循权责分明的原则,理解责任是权力的基础,权力是责任的保证,也就是有权必有责,有责必有权,使这些管理和从业人员互相协调配合,有效地从事企业的各项业务工作,从而确保企业的经营目标得以最后实现。

二、影响餐饮部门组织机构设置的因素

餐饮部门组织机构的设置受多种因素和条件的制约和影响,一般来说,这些影响归纳起来有以下两个方面:

1. 餐厅的类别、档次和经营规模。餐厅的档次越高、规模越大,则产品的制作和服务要求就越高,其生产制作的专业化精细程度就越高,管理的组织层次就越多,相关部门和机构设置就越多。餐厅的类别决定其生产产品的制作工艺和流程。一般来说,中餐的制作较为复杂和繁琐,牵涉的工序较多,其组织设置也相应复杂。西餐的制作一般标准化程度较高,涉及的生产流程相对简单有序,因此与之相配备的机构设置也相对精简。

2. 餐厅的市场经营状况。餐厅的市场经营前景越光明、盈利越多,餐厅的客源就越多,所需的从业人员也越多,其管理层次和组织机构设置也越多。普遍讲,当餐饮业处于良性运作的市场环境时,各餐饮企业的就餐客源丰富,餐厅的餐位周转率大大提升,企业用人量也相应大幅增加,其机构设置也随之复杂;反之,当市场运营情况艰难时,企业的就餐客源就会大幅回落,餐厅门可罗雀,大量员工闲置,企业被迫裁员,组织层次和机构设置规模缩减。

三、餐饮部门组织机构设置的主要模式

一般来说,餐饮部门组织机构的设置主要根据其经营规模分为以下四种模式。

1. 大型饭店餐饮组织机构模式

根据国际惯例,拥有 600 间以上客房数的饭店属于大型饭店,其餐厅数目相对较多,一般有 5—8 个,个别大型饭店甚至有多达数十个餐厅,其中各式中西式餐厅、宴会厅、酒吧、咖啡厅、客房送餐等部门设置齐全,配备以与之配套的专业化程度高的各式厨房,各个厨房分别负责自己所对应餐厅的食品制作和加工。(图 2-1)

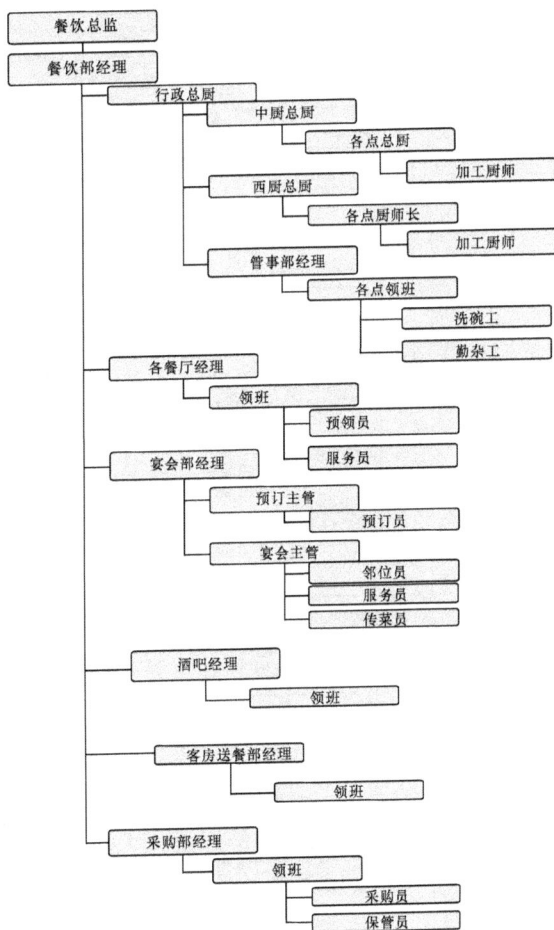

图 2-1　大型饭店餐饮部组织机构图之一

当然,也有一些大型饭店的餐饮部门设置中心厨房辅以卫星厨房的管理模式,由中心厨房统一为各卫星厨房加工食品原材料,供各卫星厨房使用,而各卫星厨房则负责餐食的炉灶烹制,现场加工制作一些需要的特殊产品。(图 2-2)

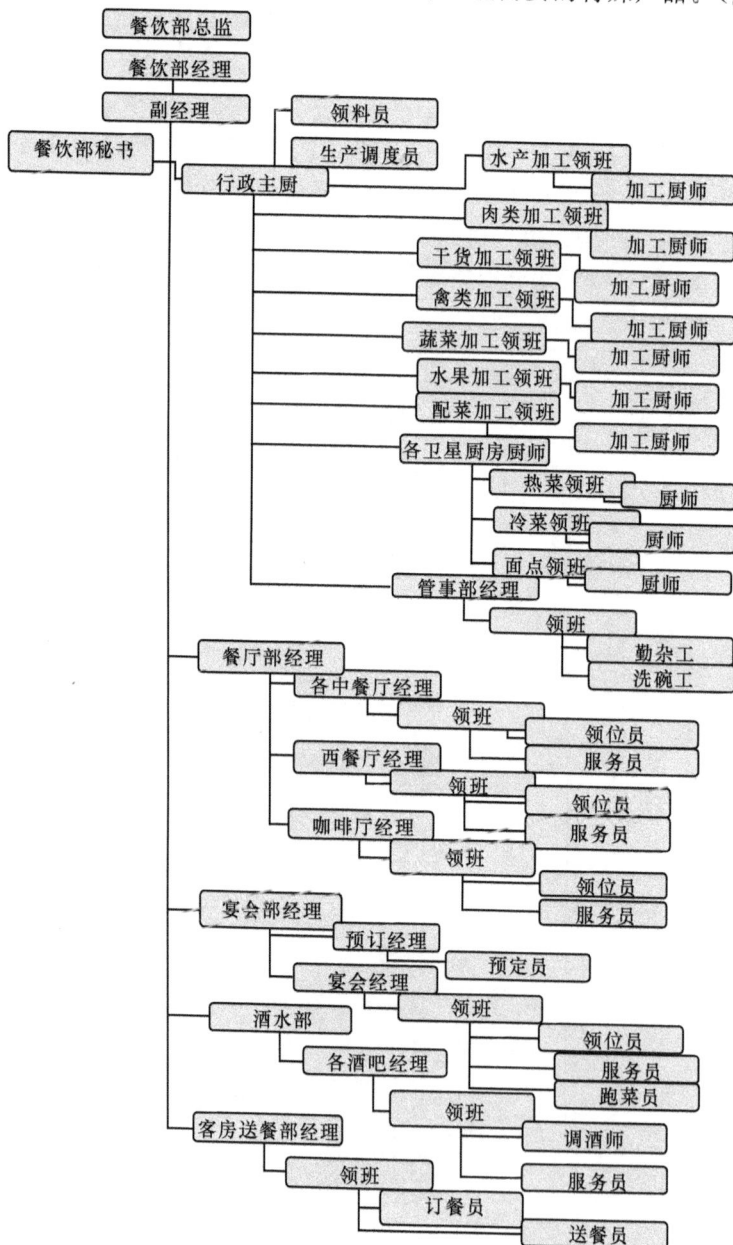

图 2-2　大型饭店餐饮部组织机构图之二

2.中型饭店餐饮组织机构模式

客房数目在300—600间的饭店被称为中型饭店。中型饭店虽然经营规模要小于大型饭店，但由于其类型相对齐全，厨房与所从属餐厅配套，内部分工仍然较为细致，其餐饮组织机构设置也相对全面和复杂。（图2-3）

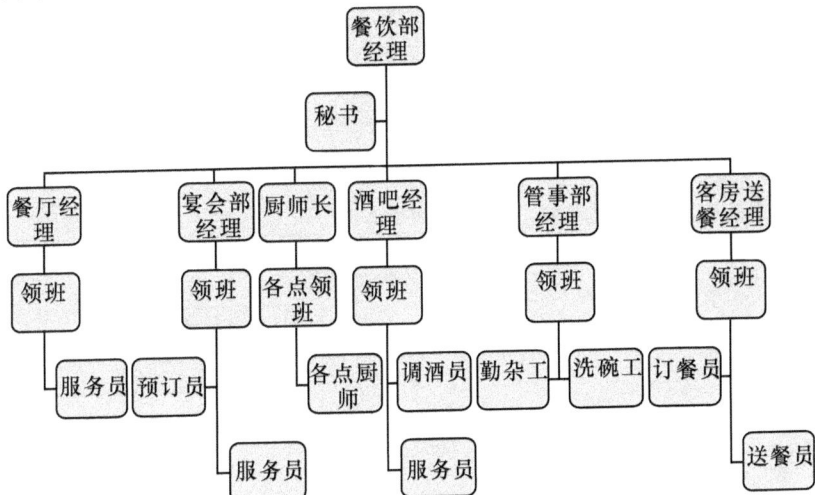

图 2-3 中型饭店餐饮部组织机构图

3.小型饭店餐饮组织机构模式

客房数目在300间以下的饭店被称为小型饭店。小型饭店拥有的餐厅数目少，类型单一，分工也不那么细致，因此其餐饮组织机构设置也相对简单。（图2-4）

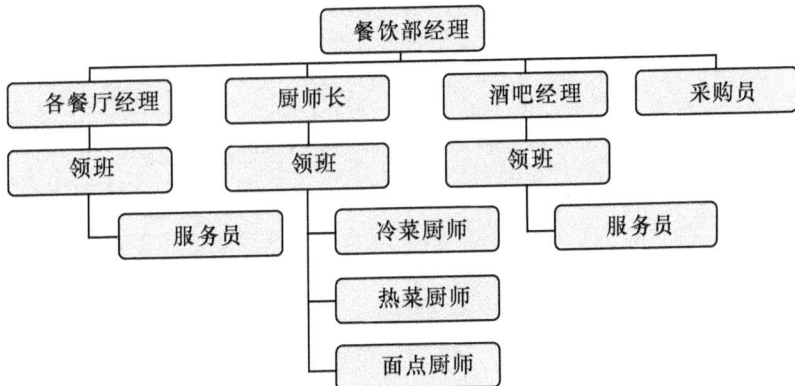

图 2-4 小型饭店餐饮部组织机构图

4.社会餐馆、酒家的组织机构模式

社会餐馆、酒家是属于独立经营的餐饮企业，其组织机构设置与饭店餐饮部的机构设置有很大的不同,目前,这一类型的餐饮企业也占据了我国整个餐饮行业的半壁江山,其中一些高档社会餐馆酒家在豪华程度、餐饮产品质量及服务方面与四五星级高档酒店相比,毫不逊色。当然,由于各类社会餐馆和酒家在企业规模、档次高低、接待能力、菜品类别等方面均有显著差异,其组织机构的布局和设置势必也会有着较大的差异。以下是这一类型的社会餐馆酒家的基本组织机构图(图 2-5)。

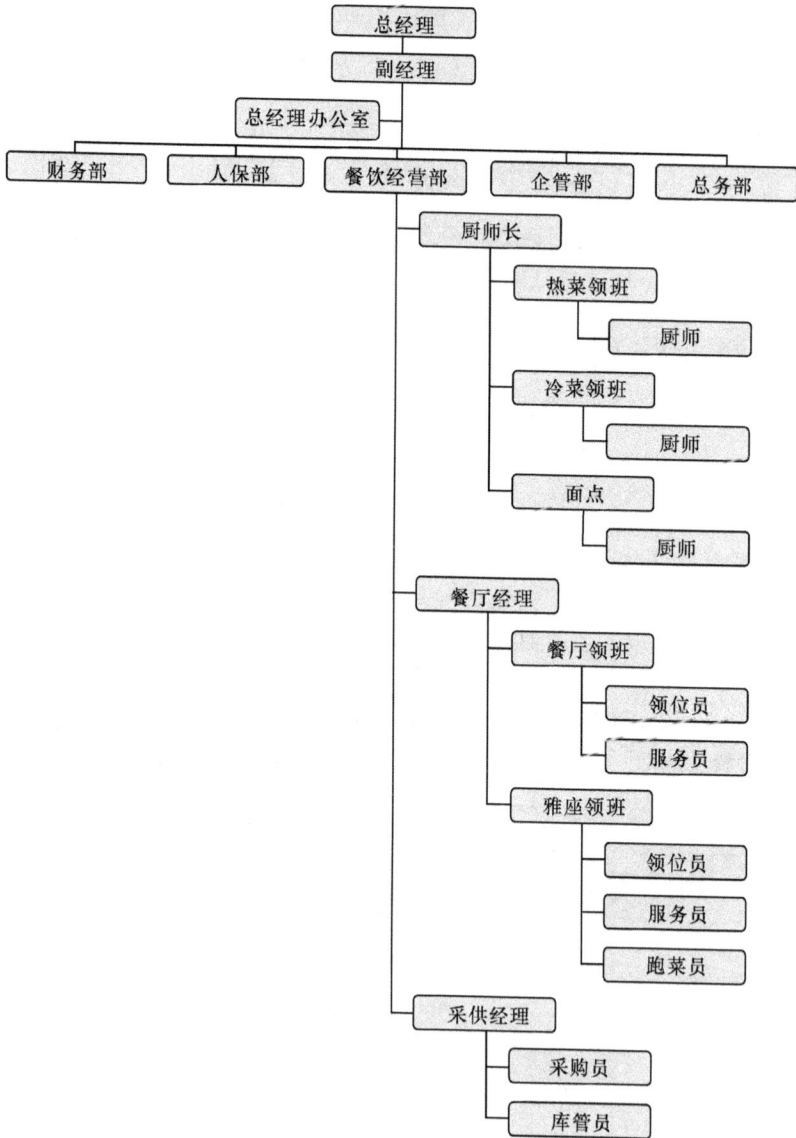

图 2-5 社会餐馆、酒家的组织机构图

第二节　餐饮部门的机构设置和主要岗位职责

餐饮部人员的编制和配备是餐饮企业经营管理中的一项重要任务,它的科学性直接影响餐饮经营的效率和人员成本。餐饮部人员配置主要包括了岗位编制和人员配备两个环节,其中餐饮业外部市场的变化、企业档次的高低、员工素质的好差都在某种程度上影响着餐饮经营和管理的整个过程。那么,在确定餐饮部门各岗位编制和配备之前,我们有必要对其所属机构和部门的主要分工和职能作一简单介绍。

一、餐饮部门所属机构的主要分工和职能

1. 餐厅

餐厅是餐饮企业或部门对外营业的场所,是通过各种服务向就餐客人供应食品饮料以满足其需求的以盈利为最终目标的场所。餐厅的主要职能是:

(1)按照规定的标准和规格程序,用娴熟的服务技能、热情细致的服务态度,为客人提供服务,同时根据客人的个性化需求提供针对性服务。

(2)扩大宣传推销,强化全员促销观念,提供建议性销售服务,保证餐厅的经济效益。

(3)加强对餐厅财产和物品的管理,控制费用开支,降低经营成本。

(4)及时检查餐厅设备的使用状况,做好维修保养工作,加强餐厅安全管理。

2. 厨房

厨房是餐厅的生产部门,负责菜肴、面点等产品的加工制作。厨房是餐厅管理的中心环节,必须确保产品质量。主要职能包括:

(1)根据客人需要,为其提供安全、卫生、精美可口的菜肴。

(2)加强对生产流程的管理,控制原料成本,减少费用开支。

(3)对菜肴不断开拓创新,提高菜肴质量,扩大销售。

3. 宴会部

宴会部通常设有多种规格的宴会厅,在酒店经营中起着创声誉、创效益的重要作用,宴会部主要负责各类宴会及重大活动的组织实施。其主要职能包括:

(1)宣传、销售各种类型的宴会产品,并接受宴会等活动的预订,提高宴会厅的利用率。

(2)负责中西宴会、冷餐酒会、鸡尾酒会等各种活动的策划、组织、协调、实施

等项工作,向客人提供尽善尽美的服务。

(3)从各环节着手控制成本与费用,增加效益。

4.管事部

管事部是保证餐饮部门正常运转的后勤保障部门,负责提供餐饮部所需的餐具用品,清洁餐具、厨具以及后台区域卫生等。其主要职能包括:

(1)根据事先确定的库存量,负责为餐厅及厨房请领、供给、存储、收集、洗涤和补充各种餐具,如瓷器、玻璃器皿及服务用品等。

(2)负责银器及机器设备的清洁与维护保养。

(3)负责收集和处理垃圾。

(4)负责区域卫生。

(5)控制餐具的消耗及各种费用。

5.采购部

采购部是餐饮部的物资供应部门,主要负责餐饮部生产原料的采购与保管工作。其主要职能包括:

(1)及时做好食品原材料的采购工作,保证餐饮部所需原料供应。

(2)负责餐饮原料的验收与保管工作。

(3)做好采购价格控制及仓库存货控制工作。

二、餐饮部门主要岗位职责

岗位职责也称为工作描述,是在工作分析的基础上制定的、针对于某一岗位的责任书。它规定了该岗位的特点、主要工作任务及任职资格等方面的内容。以下是餐饮部主要职务的岗位职责说明书:

1.餐饮部经理的岗位职责主要是:

(1)负责餐饮部的经营管理工作,制定本部门营业计划,领导员工完成接待任务和工作指标,分析报告本部门经营情况。

(2)负责领班以上人员的班次安排、考勤和绩效考评;制定餐饮部各项工作的服务标准和操作规程;督导员工执行各项服务标准和操作规程,保证楼面卫生和餐饮生产及服务等工作的创新和提高;与人事部配合招聘、奖励、处罚、晋升、调动、开除餐饮部员工,并负责组织餐饮部员工的业务知识培训工作。制定和实施餐饮部门发展规划和员工考核计划,抓好员工队伍建设。

(3)检查和落实餐厅的整个业务流程的预订等情况,保证重大餐饮活动的业务分工并检查过问其落实情况,巡视餐厅、厨房、仓库等安全卫生清洁情况,做好财产管理,严格财务制度,制定经营预算和成本控制计划。

（4）负责客人的投诉，与客人定期交流，对重要客人和宴会客人予以特别关注，注意现场管理，协助与监督主管、领班执行正确的服务规程，维持餐厅的正常程序。

（5）主持日常和定期（每周一次）的餐饮部会议，经常分析市场动态和业务经营状况，掌握原材料波动行情、客源动向及竞争对手的促销手段，及时调整、完善经营措施，确保各项经营指标的完成。

（6）抓好餐饮设备设施的维修保养，确保各种设施处于完好状态，同时防止事故发生。

2.中餐厅经理的岗位职责主要是：

（1）督导完成中餐厅日常经营工作，编制中餐厅员工出勤表，并检查其出勤情况、个人仪表及卫生、制服、头发、指甲等是否符合要求。

（2）提高管理艺术，负责制定餐厅经营销售策略、服务规范和程序，并组织实施，业务上要求精益求精。

（3）重视下属员工的培训工作，定期组织员工学习服务技术技能，对员工进行酒店意识、推销意识的培训，定期检查并做好培训记录。

（4）热情待客、态度谦和，改善服务质量。加强现场管理，及时发现和纠正服务中出现的问题。与客人建立良好的宾客关系，主动与客人沟通。处理客人投诉，并及时采取有效措施，必要时报告餐厅经理。

（5）加强对餐厅财产管理，掌握和控制好物品的使用情况，减少费用开支和物品损耗。

（6）负责餐厅的清洁卫生工作，保持环境卫生，负责餐厅美化工作，抓好餐具、用具的清洁消毒环节。

（7）及时检查餐厅设备的情况，建立物资管理制度，做好维护保养工作，并做好餐厅安全和防火工作。

（8）根据季节差异、客人情况配合厨务部研究制定特色菜单。

（9）定期召开餐厅员工会议，分析研究近期客情情况，公布质量控制（QC）小组工作考核记录。

（10）参加餐饮部召开的各种有关会议，完成餐饮部经理下达的其他各项任务。

3.各餐厅主管的岗位职责主要是：

（1）编制每日早、中、晚班人员，做好领班、迎宾员的考勤记录。

（2）每日班前检查服务员的仪表仪容。

（3）了解用餐人数及要求，合理安排餐厅服务人员的工作，督促服务员做好清洁卫生和餐具、酒具的准备工作。

(4)随时注意餐厅就餐客人动态和服务情况,要在现场进行指挥,遇有 VIP 客人或举行重要会议,要认真检查餐前准备工作和餐桌摆放是否符合标准,并亲自上台服务,以确保服务的高水准。

(5)加强与客人的沟通,了解客人对菜品的意见,与公关销售员加强合作,了解客人情绪,妥善处理客人的投诉,并及时向中餐厅经理反映。

(6)定期检查设施和清点餐具酒具,制定使用和保管餐具酒具的制度,有问题及时向餐厅经理汇报。

(7)注意服务员的工作表现,随时纠正他们在服务中的失误和偏差,做好业绩记录,作为评选每月最佳员工的依据。

(8)负责组织领班、服务员参加各种培训和竞赛活动,不断提高自身和下属的服务水平。

(9)积极完成餐厅经理交办的其他任务。

4.各餐厅领班的岗位职责主要是:

(1)检查餐厅服务员的仪表仪容,凡达不到标准和规范要求的不能上岗。监督服务员的具体操作,发现问题及时纠正,保证服务工作符合饭店标准。

(2)明确餐厅主管所分配的工作,领导本班服务员做好开餐前的准备工作,着重检查用品、物品是否齐备、清洁和无破损。

(3)检查桌椅的摆放是否规范,菜单、餐具、酒具是否卫生并无破损。按照领班检查表逐项检查,发现问题及时报告主管。

(4)开餐后注意观察客人用餐情况,随时满足客人的各种用餐需求。遇有重要客人或服务员人手不够时,要亲自服务。

(5)督导服务员向客人推荐特别菜点、饮料,主动介绍菜单。

(6)积极完成餐厅主管交办的其他任务。

5.迎宾员的岗位职责主要是:

(1)上岗时要求衣冠整洁、端庄大方、笑容可掬、彬彬有礼。

(2)熟知当天订餐的单位(或个人)的名称、时间、人数及台位安排等情况,注意记录客人的特别活动(如生日庆祝会),如有重要情况,应及时向主管汇报。

(3)替客人存取保管衣物,并询问有无贵重物品,贵重物品提醒客人自行保管。

(4)整理、准备菜单、酒水单,发现破损及时更换。

(5)迎接客人,引导客人到预订台位或客人满意的台位,为客人拉椅,铺好餐巾,递上菜单。

(6)客满时,负责安排好后到的客人,使客人乐于等位。

(7)留意常客姓名,以增加客人的亲切感和自豪感。随时注意听取客人的意见,及时向上级汇报。

(8)注意接待工作中的各种问题,及时向上级反映并协助处理。

(9)掌握和运用礼貌用语,如:"先生(小姐)您好,欢迎光临"、"欢迎您到我们餐厅就餐"等。

(10)负责接听电话,客人电话订餐应问清楚姓名、单位、时间及人数,做到准确、快捷。

(11)向客人介绍餐厅各式菜品、饮品和特色菜点,吸引客人来餐厅就餐。

(12)客人用餐后离开餐厅时,站在门口目送客人,征求客人意见并向客人表示感谢,欢迎客人下次光临。

(13)积极完成餐厅主管交办的其他任务。

6.传菜员的岗位职责主要是:

(1)负责开餐前的传菜准备工作,并协助值台服务员布置餐厅和餐桌、摆台及补充各种物品,做好全面准备。

(2)负责将厨房制作好的菜肴、食品准确及时地传送给餐厅值台服务员。

(3)负责将值台服务员开出的饭菜订单传送到厨房出菜口。

(4)严格把好食品质量关,不符合质量标准的菜品有权拒绝传送。

(5)严格执行传送菜品服务规范,确保准确迅速。

(6)与值台服务员和厨房保持良好的联系,搞好前台(餐厅)与后台(厨房)的关系。

(7)负责协助值台服务员做好客人就餐后的清洁整理工作。

(8)负责传菜用具及出菜口的清洁卫生工作。

(9)积极参加各种业务培训,提高服务水平,完成上级交办的其他任务。

7.酒水部经理的岗位职责主要是:

(1)根据各酒吧的特点和要求,制定各酒吧的销售计划、酒水品种及价格。

(2)制定各种鸡尾酒的标准配方及调制方法。

(3)制定各种酒水的服务规范。

(4)制定各酒吧的工作规程和要求。

(5)熟悉各酒水的货源、品牌及规格,控制酒水的进货、领取、保管和销售。

(6)控制酒水、饮品的规格和数量,检查饮品的质量,减少损耗,降低成本。

(7)检查和督促下属员工严格履行职责,提高工作效益,保质保量,按时完成工作任务。

(8)培训本部门的领班及员工的管理意识、服务技能和调酒技术。

(9)合理安排人力,检查各项任务的落实情况,对重要宴会、酒会要到场指挥和督导。

（10）定期举办、策划酒水促销活动,促进酒水销售。

（11）掌握各酒吧的设备、用具和其他财产,定期清点并及时进行维修保养。

（12）负责所属范围内的消防安全工作及治安工作,确保其安全运行。

（13）与其他各部门的人员保持良好合作,互相协调配合。

（14）积极完成餐饮部经理交办的其他任务。

8.调酒员的岗位职责主要是:

（1）按照饭店的服务标准和客人具体要求,负责吧台酒水及饮品的制作和供应工作,负责按程序补充酒吧酒水。

（2）负责掌握饮品的领取、保管和销售工作,每日进行一次清点和整理。

（3）负责为客人调制鸡尾酒工作,并负责管理酒吧玻璃杯、器皿和设备。

（4）将水果切成片,挤压水果汁,供装饰或客人饮用。

（5）负责填报酒水销售盘点日报表,做到报表和吧台库存实物相符,销售数和账目金额相符。

（6）负责工作区域的卫生,包括设备、用具的卫生,必要时协助服务员工作。

（7）积极参加各种技术培训,不断提高技术水平。

（8）积极完成酒水部经理交办的其他任务。

9.宴会部经理的岗位职责主要是:

（1）进行调查研究,注意客源分析,掌握客人的消费心理,广泛开展宣传工作,善于组织客源,留住老客户,广交新客户,不断扩大经营对象。

（2）了解食品原材料价格,掌握本酒店各种食品,特别是鲍翅、燕窝和海鲜、野味等名贵食品原料的库存、池养情况,注意对高档菜品的推广和销售。

（3）注意协调有宴会订单的宴会厅安排,分派及指导工作人员制定宴会菜单,若是重要宴会要亲自过问并制定菜单。

（4）熟悉和掌握本饭店和其他竞争饭店的食品供应情况和花色品种,经常与餐饮部经理、行政总厨和大厨研究和创新菜品和改变所供应的菜品的花色品种,编制新的菜单,满足客人新的需求。要建立食谱档案,对老客户要注意其口味特点,经常变换品种,使客人感到饭店的菜品品种丰富,百吃不厌。

（5）接待前来订餐的客人,一定要热情大方,服务周到,对他们的提问要耐心讲解,向他们介绍情况时,一定要认真细致,为他们着想,使客人感到亲切、有信心。

（6）对饭店内部各部门人员的接待也要注意热情搭档,谦虚谨慎。对各部门的协调与沟通要注意方法,争取得到各部门对宴会部工作的配合、帮助与支持。

（7）负责宴会部工作的组织和安排。注意抓紧宴会部工作人员的培训工作,不断提高他们的业务水平。

(8)积极完成餐饮部经理交办的其他任务。

10.行政总厨的岗位工作职责主要是：

(1)全面负责厨房的生产与管理工作,筹划操办各种食品节活动,适时推出时令菜、特选菜。

(2)负责菜品的质量管理及成本控制,亲自为重要客人掌厨。

(3)根据客情及食品原料的库存情况,提出食品原料的采购计划,验收食品原料,把好食品原料质量关。

(4)出席餐饮部门例会,协调厨房与餐厅的关系。

(5)负责对各厨师长的考评和厨师的技术培训工作,合理调配员工。

(6)制定厨房生产的运转程序、生产流程和各项规章制度,并组织实施。

(7)负责制定厨房设备、工具、用具的更换、添置和维护计划。

(8)负责与相关部门合作,做好菜品的销售、成本核算等工作。

(9)检查厨房卫生环境和生产过程的消防安全工作。

(10)负责厨房生产任务的安排和各作业业点的协调工作。

(11)定期征求餐厅对菜品质量和生产供应方面的意见,处理客人对菜品质量的投诉。

(12)负责菜单的筹划和更新,负责菜品制作规格或标准食谱的制定及新品种的开发。

(13)完成餐饮部经理交办的其他任务。

11.管事部经理的岗位职责主要是：

(1)直接向餐饮部经理汇报工作,全权负责管事部的运转,制定与实施管事部工作计划,招聘、培训管事部的员工并督导其每日按正确的工作程序完成本职工作,进行绩效评估并实施奖惩。

(2)确保管事部管辖范围内环境的清洁卫生,餐具及服务用品卫生要达到国家卫生消毒标准,负责宴会厅各种用具物品的保管。按规定处理餐饮食品的垃圾。

(3)负责每日、每月、每季、每年餐具、用具的盘点工作,统计和记录各餐厅及厨房餐具、用具的使用情况,控制各餐厅餐具、用具的留存量,合理控制餐具、用具报损量。

(4)维护保养有关设施设备,控制各项成本费用。

(5)积极完成餐饮部经理交办的其他任务。

12.采购部经理的岗位职责主要是：

(1)制定本部门各级人员的岗位职责和食品原料验收标准、仓库管理程序及条例等。负责下属员工的业务培训工作,不断提高员工的业务水平与能力。

(2)安排食品原料采购员的日常工作任务,督促和检查采购员完成任务的质量。

(3)掌握各种货源信息和价格行情,分析、比较行情,确定采购方案,努力降低采购费用和成本。根据食品原料的市场供应和饭店的消耗情况调整采购任务和交货期,经餐饮部经理确认后实施。

(4)掌握次日就餐客情和宴会情况,以及部门计划,根据计划组织货源,检查当日到货情况,保证正常供应。

(5)加强食品仓库管理,防止原料变质、积压。严格控制资金的使用,掌握库存情况,坚持存货先出原则,做到开源节流。

(6)积极完成餐饮部经理交办的其他任务。

第三节　餐饮部门的人员编制和配备

对于餐饮部门的人员配备而言,主要还是要确定从餐饮部整体到下属各机构所需人员的数量。但餐饮部门人员的配备不是一劳永逸、一成不变的,它要随着客流量和菜品种类及烹饪复杂程度的变化,而及时地变更数量,比如根据每天变化的营业额确定劳动定额,进行班次的重新编排以及人员数量的重新安排;比如目前有些新建饭店出现客房数量减少住店客人就餐比例下降、社会娱乐餐饮扩大的趋势,针对此情况也应该对餐饮部人员有相应的调整等等。在处理餐饮部门人员编制和配备的问题时,也要关注企业人力资源成本的设定是否合理。餐饮部门各机构岗位设置的合理性和高效性、各岗位工作量和休假时间配置的均等性、对临时工和实习后备人员的使用和其高流动性、高培训成本等特点也是近来餐饮部门面对人员编制和配备工作时非常敏感的问题。

一、影响餐饮部门人员编制和配备的各种因素

(一)餐厅的类别、档次和接待能力

不同类别的餐厅会因其提供产品和服务的方式的不同而有所变化,一般来说,以经营快餐、自助餐等为主的餐饮企业只提供简单的柜台服务,所用员工偏少;而高级中西餐厅则因其服务的档次和质量要求较高,分工较细,因此所涉及的员工也较多。菜品品种少的餐厅,所需生产加工和服务人员也较少,而那些制作考究、菜品种类较多的零点餐厅以及宴会厅,其所需生产和服务员工数目就

较多。

　　另外,餐厅的接待能力越高,意味着餐厅的座位数和包厢数越多,餐厅的就餐客人就越多,所需的服务接待人员和生产人员也就越多。

　　(二)餐饮市场经营动态

　　餐饮业务的经营有季节性波动以及每星期甚至每天都有清淡时间和高峰时间的变化。在旺季或营业高峰时段,餐厅的客流量大,对餐厅接待能力的要求也高;而在淡季或营业清淡时间,餐厅的客流量就少,对餐厅接待能力的要求也就低。因此,其人员配备也必须与其时段的客流量相符合适应。

　　餐饮市场的经营动态也会影响到餐饮企业员工的配备。比如竞争对手的加入会加剧对客源的争夺从而导致部分客源的流失,致使餐厅客流量变少,减少了对用人的需求;再比如金融危机的出现直接或间接导致了商务以及公务客源的减少甚至流失,使得区域内出外就餐客人数目大大下降,因此各餐厅接待客流量也会相应减少,相应地,其对生产服务员工的需求量也会随之下降,反过来,若社会经济形势很不错,商务公务交流的密度和频度也会大大增加,区域内出外就餐客人数目也就大幅增加,各餐厅所接待的客流量也相应增加,对员工的需求也随之增加。

　　(三)厨房生产能力和员工技术熟练程度

　　厨房生产能力主要涉及厨房设备投入和员工生产技术熟练程度两个方面。

　　第一,现代化的厨房设备可替代传统的手工劳动,有效提高劳动生产效率。比如,用切肉机切肉只需 5 分钟,而用手工切同样的肉则要 15 分钟。因此可以说,厨房的机械设备越现代越齐全,厨房的生产能力就越高,其接待能力也越高。

　　第二,厨房从业人员的专业技术越熟练,其劳动效率也会越高,厨房的生产能力也随之加强。一般来说,厨房的生产能力是以炉灶多寡作为主要标志的,厨房的设备越先进,员工的生产技术越熟练,其劳动效率就越高,生产能力就越强,炉灶数目也随之增加,相应地餐厅的接待能力也大为增加。

　　(四)班次安排和员工出勤率

　　在日常的零点餐厅或宴会餐厅的经营运作中,餐厅员工一般安排两个班次,即中餐和晚餐两种,早餐一般不经营。若是自助餐厅或其他要经营早餐的餐厅,则要安排三个班次,所涉及的员工数量就要相应增加。另外,员工休息时间的多寡和员工出勤率的高低也会影响餐厅人员的编制。比如,安排员工每周工作 5天的餐厅就要比安排员工每周工作 6 天的餐厅所用的员工数要多得多。

　　目前,许多餐饮企业聘用院校实习生来解决人员编制配备偏紧的问题。因为实习生工资待遇低,可大大节省企业运作成本。但是,在实践操作过程中,实习生由于缺乏工作经验,所学知识和技能偏向理论化,生产和服务技术熟练程度不高,会影响企业的劳动效率,甚至会造成客人的不满,导致客源的流失。

二、餐饮部门人员编制和配备的方法

无论是饭店餐饮还是社会餐饮,其员工的配置无非分为两类:即涉及固定成本的员工和涉及可变成本的员工。前者与餐厅的营业量高低无关,也就是说,不管餐厅规模大小和客源多寡,这些岗位如餐厅经理、厨师长、采购员、验收员、保管员、收银员等是必须设置的;后者的数量配备与餐厅的营业量高低就有很大关系,如餐厅服务员、点菜员、传菜员、厨师、洗碗工、勤杂工等岗位设置就必须满足餐厅营业量的需求,随之增加或减少。

一般来说,对于任何规模的餐饮企业,按其工作需要,设置餐饮部经理、行政总厨各一名,其余如副职、主管、领班及普通从业人员,则要根据企业经营规模以及工作班次和员工每周工作时间等来安排。这些岗位的设置与餐厅的营业接待量密切相关。因此,在配备这些岗位的员工之前,需要对餐厅每日及各时段的营业量作一分析,以便合理配置员工。

(一)每日营业量分析

在餐饮经营的日常管理工作中,餐饮管理人员必须安排人员对每天的客人数、各式菜品点击数以及菜品单价等做好精确的统计,以便决策者根据这些数据对餐厅前期的经营状况进行总结分析,并利用这些数据对餐厅今后的经营作出较为客观准确的预测。当然,对餐厅前期营业数据的采集不应停留在几天或一两个星期,必须连续收集相当一段时间内每天的数据,来找出其变化规律,并以此作为配备员工的依据。表 2-1 是某社会餐馆晚餐客人人数统计。

表 2-1　某社会餐馆晚餐就餐客人人数统计　　　　　单位:人次

日期	周一	周二	周三	周四	周五	周六	周日
3.1—3.7	94	132	142	171	184	254	203
3.8—3.14	116	145	130	161	200	237	191
3.15—3.21	120	165	158	156	186	247	208
3.22—3.28	150	125	135	115	154	204	167
3.29—4.4	111	120	114	156	196	206	201
中位数	116	132	135	156	186	237	201

从上表可知,该社会餐馆五个星期从周一到周五每天有五个数据,现在去除其分别的最高的两个数据和最低的两个数据,取中位数。中位数不等同于平均数,它是几个数据居中的那个数据,不受最高数据和最低数据的影响,可排除某些偶然因素如天气、节事活动等影响,能合理反映餐厅通常状况下的营业量趋势。因此,餐饮部管理人员即可根据一段时间来餐厅营业量中位数的取值,来预估餐厅今后就餐客人的数目,并以此作为依据来配备相应的员工。

(二)每天不同时段营业量分析

根据餐厅的经营状况,餐厅每天的营业量在不同时段也有高低,因此,有可能出现员工在营业高峰时期由于人手配备不足而忙不过来,在营业清淡时间又由于客人数较少而无事可干的情况。所以,有必要对餐厅尤其是整日营业的咖啡厅、酒吧统计其在不同时段的就餐客人人数,并配备相应的员工数。

餐厅对不同时段的就餐人数的分析是基于这些不同时段的销售记录,目前有两种常见的统计方法:餐位引领员记录每小时客人到达数或离开数;由收银员根据客人就餐完毕后的结账账单统计客人人数。对于餐厅每天不同营业时段数据的采集也不能集中于几天或一两个星期的数据,必须要连续统计较长一段时间,找出其营业规律,并根据所得出的规律性数据来安排相应的人手工作。表2-2是某社会餐馆不同营业时段就餐客人人数的统计。

表 2-2　某社会餐馆不同营业时段就餐客人人数统计　单位:人次

	营业时段	就餐人数
早餐	6:30—7:30 7:30—8:30	120 80
中餐	10:00—11:00 11:00—12:00 12:00—13:00 13:00—14:00	30 100 80 50
晚餐	17:00—18:00 18:00—19:00 19:00—20:00 20:00—21:00	70 110 90 60

(三)确定人员配备的方法

1.餐厅等营业场所服务员的劳动定额和配备

餐厅、咖啡厅、酒吧等营业场所的服务员工的配备必须考虑以下因素:不同餐别、不同时段、不同季节的就餐客人人数;菜单的类别和菜品的种类;营业收入;生产和服务的复杂程度等。一般来说,餐厅引领员、传菜员、桌面服务员和酒水员的劳动定额要根据其每餐以及每时段服务的客人人数来判定,据蔡万坤编著的高等教育出版社出版的《餐饮管理》,其编制方法是:

(1)确定可接待人次

根据不同类别的餐厅等级规格,通过经验积淀和考察测定,每位相关服务员所能接待的就餐客人人数。一般来说,零点餐厅的桌面服务员每餐可接待散客20人左右,团体会议餐厅服务员每餐则可接待40至50人左右,宴会厅等高级餐厅因其服务规格要求较高,其餐厅服务员每餐可接待1桌客人,高级西餐厅如西餐扒房则要每两名服务员才服务一桌客人,可见不同档次、不同餐别决定服务员的接待人数也是大有不同的。其计算公式为:

$$Q = Q_x / (A + B)$$

其中:Q——接待人次;　　　Q_x——测定客人数;

　　　A——桌面服务员数;　　B——其他服务员数。

(2)编制餐厅定员

在确定了服务人员的可接待人次后,考虑到餐厅人员配备的各种影响因素,确定餐厅服务人员的人员编制,其计算公式为:

$$n = (Q_n \times r \times F) / (Q \times f) \times 7 \div 5$$

其中:n——定员人数;　　　　r——上座率;

　　　F——计划班次;　　　　Q——定额接待人次;

　　　f——计划出勤率;　　　Q_n——餐厅座位数。

案例:

某社会餐馆餐位数达180个,餐馆淡季上座率61.4%,平季上座率81.3%,旺季上座率为98.5%。其中,餐馆传菜员劳动定额为50位客人,桌面服务员为20位客人,另配每班次酒水员、引领员共3人,平均1.5个班次,每周5天工作制,员工计划出勤率为98.7%。请为该餐馆编制一份员工配备表。(案例解答见表2-3)

表2-3　某社会餐馆的员工配备表

上座率	61.4%(淡季)	81.3%(平季)	98.5%(旺季)
客人数/班(人/班)	111	147	178
桌面服务员/班(人/班)	5.6	7.4	8.9
传菜员/班(人/班)	2.2	2.9	3.6

上座率	61.4%（淡季）	81.3%（平季）	98.5%（旺季）
酒水员、引领员/班（人/班）	3.0	3.0	3.0
合计/班（人/班）	10.8	13.3	15.5
全部班次所需人数（人）	16.2	20.0	23.3
在编人员（人）	22.98	28.37	33.05
进位（人）	23	29	34

注：在编人员＝全部班次所需人数×7÷5÷98.7%

2.厨房生产工作人员的劳动定额和配备

厨房生产工作人员的劳动定额要受就餐客人人数，菜品制作的份数、种类和复杂程度以及劳动班次、每周工作天数以及员工出勤率等因素影响。据蔡万坤编著的高等教育出版社出版的《餐饮管理》，对炒菜厨房的厨师和其他加工人员采用看管定额定员法；而对冷荤厨房、面点厨房、管事部等很难制定劳动定额的部门的员工采用上岗人数定员法。

（1）看管定额定员法

这种方法主要适用于炒菜厨房，其具体编制方法为：

（i）核定劳动定额：

选择炒菜厨房的厨师和其他加工人员，根据经验积淀和考察测定，确定每一位上灶厨师需要配备多少名加工人员，才能满足生产业务需要，即确定炉灶看管定额，由此核定平均劳动定额，其计算公式为：

$$Q = Q_x / (A + B)$$

其中：Q——看管炉灶定额数；　　　Q_x——测定炉灶台数；

　　　A——测定上灶厨师数；　B——为厨师服务的其他加工人员数。

（ii）核定人员编制

在确定炒菜厨房平均劳动定额后，考虑到厨房劳动班次、员工计划出勤率和每周工作天数等因素也会影响该厨房的人员配备，其人员配备的计算公式应为：

$$n = (Q_n \times F) / (Q \times f) \times 7 \div 5$$

其中：Q_n——厨房炉灶台数；　　　F——计划劳动班次；

　　　f——员工计划出勤率；　　　n——定员人数；

　　　Q——看管炉灶定额数。

案例：

某社会餐馆有餐位180个，每周工作5天，每天2班制，员工计划出勤率为

98.7%。根据惯例,该餐馆所属厨房每 30 个餐位配备一台炉灶,上灶厨师和其他加工人员按 1:1 的比例配比。问该厨房的劳动定额和员工配备人数应该为多少?

案例解答:

厨房定额=(180÷30)/(6+6)=0.5(台/人)

厨房定员=(180÷30×2)/(0.5×98.7%)×7÷5=34.04≈35(人)

(2)上岗人数定员法

此类方法主要适用于冷荤厨房、面点厨房、管事部等难以制定劳动定额的部门,它是依据某一部门或工种的日平均工作量来测定每天需要上岗的人数,而其上岗人数的确定是以每人每天的工作量饱满、基本没有空闲时间为原则,然后根据排班和休息的需要来确定其劳动定额,其计算公式为:

$$n=D×h×7÷5$$

其中:n——定员人数;　　　　　　D——每班上岗人数;

　　　　H——每天班次数。

案例:

某社会餐馆冷荤厨房经上岗测试后,确定其人员配备为:1 名厨师长,冷荤加工和炉灶领班各 1 人。旺季日上岗人数为 4 人。而该餐馆面点厨房的人员配备为 1 名厨师长,面点加工领班 1 人,旺季每日上岗人数为 4 人。每天 2 班制,员工计划出勤率为 98.4%。请问该冷荤厨房和面点厨房该配备多少员工?(案例解答见表 2-4)

表 2-4　某社会餐馆冷荤和面点厨房的人员配置表

管理岗位设置	定编人数	员工岗位设置	每日上岗数	班次	定员人数	合计人数
冷荤厨师长 领班	1 人 2 人	冷荤间厨师	4 人	2 班	11.35≈12 人	15 人
面点厨师长 领班	1 人 1 人	面点间厨师	4 人	2 班	11.35≈12 人	14 人

注:定员人数=每日上岗数÷98.4%×2×7÷5

思考题:

1. 餐饮部门组织结构设计应遵循的原则是什么?

2. 画出大、中、小型餐饮企业的组织结构图并了解其组织分布情况。

3. 影响餐饮企业员工编制和配备的因素有哪些?应该如何对餐饮企业员工进行编制配备?

4.餐饮企业各主要岗位工作的名称与职责是什么?

5.某社会餐馆有餐位 300 个,每周工作 5 天,每天 2 班制,员工计划出勤率为 98.7%。根据惯例,该餐馆所属厨房每 30 个餐位配备一台炉灶,上灶厨师和其他加工人员按 1:1 的比例配比。问该厨房的劳动定额和员工配备人数应该为多少?

第三章 餐厅的设立和菜单策划

任何一家餐厅的成功经营都离不开其合适的选址、对客源市场准确的需求分析、对企业本身合理的发展定位以及对竞争对手经营状况和经营态势精准的研究分析。因此,在这一章节里,我们重点讲述餐厅设立的步骤、程序和应注意的环节,以及根据不同餐厅的发展定位所相应编制的不同菜单及其特点和作用。

第一节 餐厅的选址和设立

饭店行业中流传着一句话,即"Location,location,location is the most important thing"。这句话也同样适用于餐饮业,一般认为,一个好的选址对餐厅今后的经营是起到了事半功倍的作用,从某种程度上来说,一家餐厅的成功经营在很大方面取决于其地点的选择和与该地点所在区域的目标顾客对象的确立。

一、餐厅的选址评估

通常,我们认为,影响一个餐厅选址评估的因素主要有以下几条:该地点所依附的区域及其周边人口总量和人口布局特征;该地点是否位于商业区、居民区或交通干道附近;该地点的停车便利性以及交通进入的便捷性如何;该地段地皮的价格和可获得性如何;该地段现有的餐饮市场情况及同类型的竞争对手的经营状况如何;以及任何可能吸引顾客或限制顾客前来就餐的其他因素。

因此,在对一个餐厅选址做出合理的评估之前,有必要对其所在市场区域特征、市场需求与经营状况和未来发展动态以及对现阶段竞争形势和潜在竞争对手进行可行性分析和研究,方能准确预估企业在这一地点选址的合理与否以及未来可能会出现的经营结果。

（一）市场区域特征分析

这里对餐厅所属市场区域的特征分析主要是指该市场区域中目标顾客的分布特征和该市场区域的交通便捷性特征两部分,其余如市场社会经济发展状况等分析我们放在后面论述。

对市场区域中目标顾客的分布特征进行分析是指要了解整个市场区域内目标顾客的人口统计资料,包括这些顾客的年龄、性别、职业、婚姻状况、家庭收入、居住地点以及从此经过的目的(居住、上学、工作、购物等)和通行频度(即每周或每月经过此地的次数)、家庭结构、子女数量、处于家庭生命周期的哪个阶段等等。

对市场区域中交通便捷性特征的分析包括该地点是否处于主干道、离主干道的距离多远、停车的便利性和是否收费、是否有限制顾客前来就餐的因素存在(如禁止调头转弯、单行道、修路等)、周边是否有便利的公交停靠车站、平时和节假日期间的交通流量如何、是否在中晚就餐高峰期经常出现交通堵塞的状况等等。

（二）市场需求与经营分析

对市场需求分析主要是指对该地点所在城市或区域的社会经济形势的宏观背景分析、对目标顾客的需求习惯和特点分析、对区域内主要企事业单位的商务公务交流活动特点、频度以及总量等进行分析。

其中,对社会经济形势的宏观背景分析要依托整个市场的景气程度、经济活跃程度和分布情况来展开,侧重于了解整个经济动态的走势和布局来设计有关餐厅的选址和经营宗旨。对目标顾客的需求习惯和特点分析则旨在了解其个人的消费习性,如偏爱什么样的食品和饮料、外出就餐的频度和人均每餐消费金额、是倾向于步行就餐还是驾车就餐以及可接受多远的路程去到达就餐餐厅、经常光顾哪家餐厅以及这家餐厅所在位置和喜欢这家餐厅的理由、平时外出就餐的动机主要是什么(如私人宴请、公务宴请、充饥、美食等)等等。对区域内主要企事业单位的商务公务交流活动的分析旨在掌握各单位公务或商务宴请的规律和特点、其重大节庆活动的举办时间和规律、单位主要负责人及其下属员工的个人消费偏好、目前这些单位选择哪家餐厅进行消费及其原因等等。

（三）市场竞争分析

俗话说:商场如战场。要在餐饮行业的激烈竞争中掌握先机并保持不败,除了了解企业自身的特点和优劣势之外,还要在选址前对区域内同类型同档次同地段的竞争对手进行市场摸底和研究分析,才能知己知彼,百战不殆。那么,对潜在或现有竞争对手的了解侧重于该竞争对手何时开业以及到目前为止共经营了多长时间、在当地的影响力和市场号召力如何、目前的市场份额占有情况、是否盈利及其原因、主要的餐食品牌和目标顾客来源、经营是否符合当前的市场需求、与其他竞争的产品或营销差异、有否任何具有特色的营销方式和手段、营业时间长短等等。

虽然说,餐厅选址评估可有助于经营决策者获取大量有用的行业与市场信息,并根据这些信息做出准确合理的经营预测,决定是否进行投资和经营。但是,我们必须牢记:任何市场都是处于不断变化的经济形势下,餐饮行业的经营态势每时每刻都在变化调整之中,因此对于餐厅选址所做的评估和可行性分析也有强烈的时效性,若时间过长,则难以判断这些数据是否已经起了变化。

二、餐厅的设立

在经过了严格的科学论证,确定了餐厅设立的地点之后,便进入到餐厅设立的其他环节,即确定餐厅经营的市场涵盖区域、确定餐厅面向的目标顾客、确定餐厅未来的经营宗旨。

(一)确定餐厅经营的市场区域

餐厅的市场区域是指外出就餐者能通过某种便利的交通方式并愿意为前来该餐厅就餐而步行或驾车一段距离的旅程范围。它以该餐厅为中心,以近向外辐射,一般来说,餐厅的名气越大,辐射的范围就越大,餐厅的名气越小,该餐厅所涵盖的市场区域就越小。比如杭州的著名酒楼楼外楼,它的市场区域辐射范围就很大,可以延伸至全省、全国乃至整个华人世界。而一些中低档次的餐馆则面向附近过往的即时性消费者,他们的就餐目的可能仅在于充饥饱食,因此,这些就餐者往往会处于便利的考虑而就近用餐,并不会大费周折为填饱肚子而坐车或步行较长的路程。

餐厅所处的市场经营区域会因其档次类别及地理位置而有所变化。一般来说,处于城市繁华地区的餐厅,虽然,过往餐旅客人密集,但因商业区内各式餐饮企业云集,加之很多商业街都为步行街,其交通进入和停车均不太便利,因此这些位于城市商业中心的餐厅的市场经营区域反而比普通的社会餐馆要小,根据台湾餐饮管理专家的分析,大商场餐厅的市场区域范围即在本商场内,以此为其第一商圈;而那些布局于商业街两旁的餐厅则是以该餐厅为中心,以 200 米距离为半径向附近辐射。业内认为,那些选址于郊外僻静的餐厅,因其过往客源流量较少,往往几公里内只有一家餐厅,其市场区域也要覆盖方圆几公里内外,从而避免因多家餐厅争夺有限客源而引起恶性竞争的局面。

有时候,有些餐厅的经营者会无视本市场区域内早有多家餐厅在此经营运作,反而愿意在这些餐厅的近旁建造新的餐厅,借靠这些原有餐厅的口碑,招徕客源,即所谓店多隆市,形成特色餐饮一条街的美誉,拓宽其市场区域,使各餐饮企业达到多赢的局面。

一般来说,餐厅的市场区域可分为消费者步行市场区和驾车市场区两种。步行市场区是指外出就餐者一般在行走 15—20 分钟的距离即可到达餐厅或以餐厅为中心、以周边 3—4 个街区为半径向外辐射的市场范围。驾车市场区则是指会搭乘交通工具或自行驾车前来餐厅就餐的就餐者分布的市场范围,一般坐车时间在 20—30 分钟之内的空间范围是这些餐厅的重要市场区域。业内认为,驾车市场区往往是针对那些档次较高、市场美誉度较好并具有一定特色经营的餐馆,能给前来就餐者带来炫耀性消费的心理体验。

(二)确定餐厅面向的目标顾客

餐厅在确定其经营的市场区域之后,应该要着手调查、梳理、汇总并分析该市场区域内该餐厅将会面向的潜在目标顾客群。根据餐厅在先前的选址评估中所做的市场调研,分析该市场区域内竞争对手的客源情况,寻找相应的市场空隙,出台针对性经营措施,确定其将要面向的目标顾客群。

根据专家意见,出外就餐的消费者就其就餐动机可以分为以下几类:

1.社会地位较高、经济收入可观的消费者。他们会因其炫耀性消费或美食消费的目的,不断寻找新近开业的餐厅就餐以满足其心理需求。这些消费者应该成为新设立的餐厅的第一批顾客,并借助于他们的社会影响力,为刚开业的餐厅作口碑宣传,以便迅速打开该餐厅的社会知名度。当然,由于这些消费者不断寻找猎奇性消费的特点,他们也很难保持对任何一家餐厅的忠诚度,成为这家餐厅的常客。因此,一旦餐厅进入稳定经营的阶段,必须寻求其他类型的消费者作为目标顾客的主要来源。

2.经济收入较好,品牌忠诚度较高的消费者。虽然对新近开张的餐厅不敢贸然尝试吸引这类消费者,但当这些餐厅在经营了一段时间拥有了市场美誉之后,这类就餐者会选择光顾这些餐厅,并且,一旦该餐厅供应的菜品和服务能使这些消费者满意的话,他们会成为这家餐厅的回头客,并带来新的客源。一般情况下,这类消费者轻易不愿意改变其消费习性,只要他们认可了这家餐厅,就不会轻易离去而选择其他餐厅就餐。这类稳定性高的客源,应是一家餐厅赖以生存和发展的基础性客源。

3.经济收入一般,不常外出就餐,只在生日庆祝、个人或家庭主要纪念或庆祝事件发生的特殊时间外出就餐。尽管,这类消费者的餐饮消费具有时间、地点、就餐伙伴的特定性,但随着社会经济的发展和社会交流的日益深入,餐饮顾客的节日消费或者说事件消费现象越来越多。这些客源虽然光顾餐厅的频度不高,但因其在整个市场区域内的总量较大,其消费支出已可成为一些餐厅的重要收入来源。这些消费者往往会通过身边亲戚朋友的介绍,选择市场知名度较高的餐厅就餐。因此,餐厅一旦设立,必须兢兢业业经营,认真对待每一位顾客,力求提升消费者心目中的口碑和形象,扩大市场占有率。

餐厅在选择好要面向的目标顾客群以后,应估算这些目标顾客在该市场区域内的数量,并根据前期对同类型竞争对手的调查,确定餐厅的经营规模,即餐厅的营业面积和餐位数。

业内认为,餐厅潜在目标顾客数量可以根据以下公式估算:

潜在目标顾客人次数=市场区总人口数×目标顾客群体比例×(1-非消费者比例)×人均每月外出就餐次数÷30×(1+流动人口就餐比例)

案例:

某社会餐馆所在市场区域总人口数为104700人左右,该餐馆的目标顾客群体为市场高端客户,该群体目前在该市场区域内占据总人口23%的比例,平均家庭人口为2.6人,平均0.6人为非消费者,该目标顾客群体平均每人每月外出就餐9.5次,该市场区域内流动人口就餐比例占市场总量的33%。问:该餐馆每天潜在目标顾客人次可以达到多少?

案例解答如下:

该餐馆每天潜在目标顾客人次数=104700×23%×(1-0.6/2.6)×9.5÷30×(1+33%)=7809.4人次

餐厅的经营管理者在经过了选址评估、对所在市场区域潜在目标顾客人数的预估之后,应针对所调查的竞争对手的目标顾客人数,分析这些竞争者的优劣势,再根据本餐厅的经营资源和优劣势,确定相应的目标顾客群、经营风格和档次、营业面积和餐位数。

(三)确定餐厅未来的经营特色

餐饮企业经营者分析和确定餐厅的目标顾客群,其目的是根据这些目标顾客的消费需求,设计餐厅的规模、环境风格、产品风味和服务项目,从而真正确定该餐厅的未来经营特色。一般来说,确定餐厅的经营特色主要是指确定该餐厅的经营类别、档次规模、餐饮文化特色和风格,并设计出相应的产品和经营服务项目。

餐厅的经营档次和规模取决于餐厅投资人的投资预算和其所在市场区域内目标顾客群的经济可支配收入水平及其外出就餐所愿意支付的消费金额。餐厅的经营档次和规模决定了该餐厅的建筑环境、装潢档次和风格特色、所属厨房和各营业餐厅需购置的设备以及家具档次。餐厅的档次高低的分类中,最显现的依据是餐厅的硬件投入多少。习惯上,餐厅的档次分为高档、中高档、中低档和低档四种。高档餐厅的建筑和装潢需要较高的投资预算,其设计的餐厅气氛豪华、菜单讲究、食品饮料制作精细、服务项目门类众多且严格规范,当然,其产品价格也昂贵,主要是迎合高端客户对美食环境及菜品的苛刻要求。中高档餐厅对建筑环境和室内就餐环境很讲究,并且菜肴品种齐全,口感美味,服务全面,价格也偏高。中低档餐厅的建筑和装潢则较为平常,一般面向经济收入一般的实惠型顾客,其餐饮器具和厨台设备较为普通,菜品制作相对简单而市井化、桌边服务一般不讲究,价格也相对经济实惠。低档餐厅一般指的是街边小吃店或外卖店,环境干净简洁、基本无桌边服务、以顾客自我服务为主、菜品品种较少,价格较为便宜。

餐厅的经营类别、文化特色和风格取决于该餐厅所在地区餐饮市场的流行时尚、目标顾客的群组偏好、市场内竞争对手的经营风格和经营项目,以及该餐厅所拥有的员工队伍特别是厨师的擅长特点。一般来说,餐厅的文化特色和风格是根据国别、地区或民族菜品烹调的特色,以某一种口味的菜肴或某一种烹饪技法为中心(也有以某一个事件甚至是人物为主题)而设计的产品和相应的服务项目,并以具有同样特色的餐厅环境进行烘托的。

第二节　菜单的种类和设计原则

菜单是餐厅向来店就餐消费的客人出示并详细介绍其生产制作的各式菜品饮品的一种书面目录,就餐客人可以通过菜单的描述,了解各式菜品的价格、类别、规格以及制作方法,以便知道可以如何选择自己喜欢的菜肴和饮品。菜单是整个餐厅业务活动的核心,餐厅必须通过菜单来了解该采购哪些食品原料辅料,并根据消费者对菜单上的菜品的偏好及点菜意愿组织厨房进行加工生产。菜单的种类和表现形式繁多,一般可以按以下几种分类形式对菜单进行了解。

一、菜单的种类

菜单的划分有不同的方法。在这里,我们对它的几种主要分类方法略加介绍。餐厅菜单可以按其使用时间的长短及特点、价格的制定和服务方式、提供餐饮产品的地点以及提供的餐饮产品的品种来划分。

（一）按使用时间的长短及特点划分

按菜单使用时间的长短及其更换的频率来分，菜单主要可以分为固定性菜单、循环性菜单和即时性菜单三种。

1. 固定性菜单

固定性菜单是指在一些就餐客人流动量大的餐馆如旅游景点或车站附近的社会餐馆中，较长一段时间内（一年或一季度）每天给就餐客人提供相同菜品的菜单。这种菜单由于菜色品种每天一成不变，生产工艺模式单一，食品制作过程易于控制和实施标准化，当天采购所剩余的食品原料因其菜单的固定，可以继续被利用而大大减少浪费。这类菜单所示的菜肴品种在生产过程中，经营者易于进行成本控制和原料的储存与保管。同时，餐厅和厨房所需的设备用具也相对单一和经济，人力和物力的调配也较为方便。

当然，这种菜单不适用于就餐客人相对稳定的居民区、企事业单位等附近的餐馆。这些经常光顾餐厅的就餐客人会因每天面对同样的菜单和菜品而感到单调厌烦，因此，这种固定性菜单只适用于就餐客人流动量大的餐馆，因为其就餐客人来去匆匆，每天的客人都不一样，也无所谓菜品的重复生产供应。

另外，固定性菜单因其菜色品种一成不变，有时候也会导致一些日常经营的不利因素。比如，当菜单上的菜品原料价格大幅上升时，餐厅会因其菜单的固定不变而不得不继续采购高价的食品原料，并按照菜单上制定的固定价格出售，从而导致餐厅的盈利率下降。再者，由于菜色品种的固定不变，也会使餐厅生产和服务人员在工作中感到缺乏创新和挑战，易于产生厌烦和懈怠感，从而降低餐厅的工作效率。更不利的是，由于菜单的固定不变，其菜色品种、制作工艺和服务方式都一成不变，餐厅的就餐风格会表现出单一和缺乏活力的特点，以至于餐厅逐渐流失就餐客源。

2. 循环性菜单

循环性菜单是指制定若干套由不同菜色品种组成的书面目录，在相对较短的时间内（如一周或两三周）可以由头至尾反复循环使用的菜单。这种菜单往往适用于面向经常性光顾的就餐客人的餐厅，如机关单位的食堂、主要接待长住型客人的餐厅等，由于其菜色品种每天翻新，丰富多彩，消费者前来餐厅就餐时会产生新鲜感，增加食欲，从而使餐厅对顾客的无形吸引力大大增加。再者，由于要在一定时期内面对多套不同的菜单制作各式菜品，餐厅的生产技术人员和服务人员也会产生因为工作的多样性而产生兴趣，加大创作的欲望，提高菜品制作的创新性和劳动生产效率。

但是,循环性菜单也有其缺点。一是由于要制作多套不同菜单,其编制和印刷成本较高,同时因为其某一天的菜单仍然是固定的,因此仍然不能根据食品原料市场供应的变化和消费者饮食风格的千变万化而有所变化,对菜单的调整相对滞后而且成本巨大。二是由于每天要调整菜单,会造成前一天菜单上的菜品原料剩余并无法在第二天的新菜单中得到利用,从而造成积压或浪费。

大部分餐厅的循环菜单的使用周期为1—4周。这是较为恰当的使用周期。如果菜单使用周期过短,就会造成餐厅在原料采购和储存等经营环节的成本过大,而菜单使用周期过长,则与固定性菜单区别不大,会造成那些经常光顾餐厅的消费者的不满、厌烦和单调感。在经营过程中,一般位于机关单位的餐厅都以7天为一个循环周期,轮换使用7种不同的菜单,制作7天不同的菜色品种。在一些消费者逗留期间相对较长的疗养院或度假区,则菜单的使用周期可更短一点,因为这样可以给消费者带来每天进餐的兴味和食欲,使其产生美好的度假体验,加大度假区或疗养院对其的吸引力。

3.即时性菜单

即时性菜单是指没有固定或正式的书面形式,是餐厅经营者采购并制作能反映既有时令特色又能避免采购那些价格上涨的食品原料,并通过餐厅陈列的各式菜品的展示样品,由就餐客人即兴点取食品饮料的菜单。这类菜单所示的菜品的制作要考虑季节不同、消费市场需求的变化、食品原料的可获得性、原料的质量和价格状况以及餐厅所属生产加工人员的烹调能力等因素。

即时性菜单有许多优势。每天更换菜品饮品,随行就市,灵活性强;可充分利用餐厅每天剩余的食品原料和库存物品,降低生产成本;可调动生产一线员工的烹饪创新能力和工作积极性,制作推陈出新的各式新菜;为经常光顾餐厅的消费者带来新鲜感,稳定客源。

但是这种菜单也存在一些缺点。因为它每天提供的菜品可能变化太大,使得餐厅经营管理人员对这些菜品的原料采购及储存极为困难,经常造成较大的浪费和餐厅经营成本的上升;同时由于每天的菜品品种繁多,会使这些菜品的生产制作和管理过程变得难以标准化,因此,使用即时性菜单的餐厅日常能提供的菜品品种较少。现阶段,有些城市,如浙江的温州和台州地区的一些城市较为流行采用即时性菜单的形式。餐饮消费者在点菜时不再面对单调且缺乏想象力的书面形式的菜单,而可以直接面对餐厅陈列的各式菜品样品进行点菜。因为这样的点菜方式既直观又经济,深受消费者欢迎。当然还可以节省餐厅编制和印刷书面菜单的成本。

（二）按其价格的制定和服务方式分

根据菜单上各式菜品价格的制定方式和这些菜品供应的服务方式，我们可以将菜单分为三种：即零点菜单、套菜菜单和混合菜单。

1. 零点菜单

零点菜单主要适用于各类零点餐厅。在这些餐厅里就餐的消费者，往往会根据自己的口味偏好、菜品的价格自由选择自己中意的各式菜品和饮品。一般来说，零点菜单的设计顺序是根据消费者点菜的先后顺序，即先冷菜、再热菜，先主菜、再蔬菜，先点菜、再点主食和饮品的顺序，一般会注意菜单上各式菜品原料、价格和烹饪方法的搭配均衡，将一些餐厅的特色菜或主菜放在菜单上引人注目的地方。

零点菜单上的菜品一般是现点菜现制作的，因为这些菜品是小锅炒制，工艺要求高，烹制精细，所以这些菜单上的菜品价格要相对高于套菜菜单和团体菜菜单上的菜品价格。

2. 套餐菜单

套餐菜单是指餐厅将一个人或几个人吃一餐饭所需要的几种荤素主菜（有时也加饮品）组合在一起，以一个统一的单价销售的菜单。这种菜单上的菜肴是由餐厅组合安排好的，价格往往比零点的菜品要便宜，客人对菜品的挑选余地较小。比如消费者只能在餐厅所提供的两种饮品中选择一种等等。套餐菜单可以分成两类：即普通套餐菜单和团体餐菜单。

普通套餐菜单往往是基于各类消费者的不同需求，根据荤素及营养搭配均衡的合理，选取一些制作简单迅速的菜品组合，以经济实惠的价格提供给就餐者。团体餐菜单则是针对各类会议、旅行社或旅游公司所组织的团体客源的，往往由于就餐者是集中用餐的，需要餐厅大批量同时生产和供应集体套菜，因此，团体套菜往往是大锅菜，做工不求精细，价格更为经济实惠。此外，由于有时候大型会议或旅游团队需要在同一家饭店住宿两天以上时间，餐厅会多准备几套团体餐菜单循环使用，以确保团队客人在饭店就餐期间每餐菜品不重复，有新鲜感。

3. 混合菜单

混合菜单是指将套餐菜单和零点菜单组合在一起印制的菜单。前来餐厅就餐者既可根据自己的个人喜好自由选择中意的菜品食用，又可因为便利或经济实惠的缘故而选择包价套餐。

另外，西餐的套餐菜单上的价格通常是标在主菜后面的。有些餐厅会在菜单上明确注明该菜单为套餐菜单。有的餐厅却将价格列在主菜后面，然后再注明可供消费者随意选择的各式主食饮品等,这样的菜单虽然未直接注明是否为套菜菜单,但是消费者完全可以从其菜品的组合内容中辨认出这是一份套餐菜单。

(三)按其提供的餐饮产品的地点分

根据餐厅提供餐饮产品的地点或对象,可以将菜单分为餐厅菜单、酒吧菜单、咖啡厅菜单、客房用餐菜单和自助餐菜单等。

1.餐厅菜单

适用于各类中西零点餐厅,常以零点菜单或套餐菜单的形式出现,主要通过各式风味菜品,反映该餐厅的菜品制作水平和特色,体现该餐厅的经营档次和风格的菜单。

2.酒吧菜单

适用于各类酒吧,常以酒水饮料单的形式出现,主要供应各式酒水饮品、佐酒小吃零食及简单餐食的菜单。

3.咖啡厅菜单

适用于各类咖啡厅,提供各式制作方便简单且价格经济实惠的中西式食品饮料的菜单。由于咖啡厅营业时间较长,部分消费者会选择在非正式就餐时间光顾咖啡厅洽谈公务商务或私人事宜,因此,此类菜单的重点仍然是各式咖啡及饮品和小吃零食。当然,一般来咖啡厅就餐的消费者往往对就餐时间和价格较为敏感,所以在此类菜单上提供的菜品并不讲究精细,只要简便快捷实惠便可。

4.客房用餐菜单

客房用餐菜单是指饭店为方便那些因为某种原因不能或不愿去餐厅用餐、或在错过餐厅营业时间要求用餐的客人,提供可以让客人在其所住客房用餐的菜单。一般来说,选择这种方式进餐的客人对菜品的价格不太敏感,但是由于这些菜品经餐厅送往客房的过程需要一定的时间,会影响菜品质量,而且在客房进餐时要避免用餐导致客房卫生的破坏,所以,此类菜单一般选择质量较高、加工不太复杂、不受放置时间影响的菜品。

5.自助餐菜单

适用于自助餐厅,提供数量众多的各式冷热荤素菜肴以及水果饮品,选取颜色搭配鲜艳和形状可人的菜品,以精巧美观的方式陈列展示出来的菜单及就餐形式。这些菜单上的菜品能大批量生产制作且放置以后质量下降度小,可以加热保湿并反复加工使用。自助餐菜单上的菜品往往是适合大众口味的居多,也经济实惠,深受消费者喜爱。

（四）其他分类方法

除了上述几种分类方法外，菜单还可以按以下方式分类，比如根据餐饮产品的品种，可将菜单分为餐食菜单、饮料单、酒单等；根据餐厅提供菜品的营业时间，可将菜单分为早餐菜单、午餐菜单、晚餐菜单和宵夜菜单；根据餐厅供应菜品的类别，可将菜单分为中餐菜单、西餐菜单以及各个国家的分类菜单如法国菜单、韩国菜单、墨西哥菜单等；根据餐饮产品提供的对象，可将菜单分为儿童菜单、老人菜单等。

二、菜单的设计原则

一份好的菜单可以让消费者对餐厅的经营态势、经营风格和特色一目了然，能紧跟消费市场需求的最新动态和流行趋势，反映本餐厅的烹调制作能力及其独特性菜品，并且在设计上具有美观时尚大方的特点。一般来说，一份好的菜单的设计要基于以下几条原则：要符合现代饮食潮流趋势并迎合目标顾客需求的原则；要突出餐厅烹饪制作和服务风格的独特性原则；要根据时令节气、保持食品原料品种搭配均衡和多样化的原则；要选择高利润并受就餐者喜爱的菜品，确保餐厅盈利能力的原则；要符合国家及地方有关法律法规的原则；要制作设计精巧美观并具有文化艺术特色的菜单的原则。

（一）符合现代饮食潮流趋势并迎合目标顾客需求

任何成功的菜单都必须立足于对现代饮食潮流趋势和目标顾客的市场调研和分析，准确反映并倡导先进的饮食理念。这是餐厅设计菜单的先决条件。

随着消费者可支配收入的大幅增加以及消费理念的转变，现阶段餐饮消费市场出现了一些新的饮食潮。这种饮食潮流应该在菜单的设计中得到反映。比如出外就餐的消费者主体逐渐从公务商务转向私人消费，以往动辄10人以上的大酒席宴请渐渐让位给2—4人的小型化餐饮消费主体。因此，小餐桌的分餐制开始流行，那么在菜单的设计中也应反映这一变化趋势，在菜品分量的额定时也应有大小份之别。再比如目前受西方健康饮食理念的影响和冲击，中西合璧式的烹制方式渐渐受到市场欢迎和追捧，这种既以传统的中餐美食口味为基础，又融入了西餐烹制时强调保持食材原料的原始风味的特点，避免了中式烹饪大油大火的炒制方式，又回避了味精等化学调料的添加，保证了食物本身营养成分的完好，这一饮食动向也应在菜单中有所体现等等。

可以说，菜单是餐厅组织经营生产销售活动的依据和起点，菜单的设计必须以餐厅目标客源的需求为基础。只有及时并详细深入地了解目标客源市场的各种群体性特点和需求之后,餐厅才可以取其中一部分具有消费共性的消费群体作为餐厅的主要目标客源市场,并在菜单的制作过程中,根据这些消费群体的饮食需要,就菜色品种、营养成分、烹制方法、菜品价格和规格水平进行设计和组合,力求能使这些目标顾客达到满意。

(二)突出餐厅烹饪制作和服务风格的独特性

菜单的设计不仅要反映本餐厅员工在烹调和服务方面的业务水平和实力,还要注意要突出菜单及其所涉及的菜品烹制的独特性和新颖性原则,任何一份以简单模仿其他餐馆而设计的菜单,都会因为它的同质性和滞后性而失败,使得餐厅在经营之初就落入被动挨打的竞争局面。

在突出菜单设计的独特性原则中,要格外注意与竞争对手的较量,要采用差别化产品策略,研究市场空隙,与竞争者错位发展,尽可能设计一些对方短期内或者不经大举改造无法模仿的菜品和饮食模式。比如深圳广州一带风靡传统粤菜,深圳凯逸酒家意图在传统的粤菜经营上有所突破和创新,大胆尝试中西饮食文化的融合,积极创导高雅的红酒文化,引导就餐客人一律品饮红酒,并且在其粤菜菜单中,吸收了不少如日本刺身、韩国烧烤、上海小笼包等国内外菜系品种成为其粤菜菜单的内容。该餐馆利用现代科技的先进发展以及交通的快捷性引进外地乃至外国的各式新鲜瓜果蔬菜、肉类和海鲜原料如紫椰菜、凤尾菜、韩国泡菜、美国肥牛、澳洲羊仔、银雪鱼、三文鱼等品种大大丰富及发展了粤菜新制的思路和手段,在餐饮经营中一举赢得先机。

(三)根据时令节气、保持食品原料品种搭配均衡和多样化

由于食品原料种植培育的季节性特点,任何餐厅的菜单必须根据时令节气的变化,设计调整当令食材,迎合消费者追求新鲜菜品的就餐需要,同时又避免顾客因为菜单上的菜品无法供应而不满的情况出现。再则,餐厅若坚持使用同一份菜单不变的话,势必会大量购买反季菜品的原料以保持菜单上菜品供应的稳定性,这样,餐厅的经营成本就会大大增加,不利于餐厅的发展。

一般来说,就餐客人来餐厅就餐时喜欢菜肴荤素搭配、营养口味互补,所以餐厅在设计菜单时还要注意保持菜品品种搭配均衡,而且,还要利用就餐者追求新奇的心理体验的需求,在菜单的设计中要组合各种口味、形状、色彩、质地的不同菜品原料以及辅以不同的烹制手法或服务方式,使消费者的饮食过程丰富多彩从而极大程度地满足其消费欲望。就拿菜品的颜色来说,如果菜单上的菜品多半采用白灼清蒸等烹制手法,那么经厨房炒制出来的菜品多半保持了食物原

料的本色,过于素淡了;而反过来,若菜单上的菜过多地采用红烧酱烤等烹饪手段,那么餐厅供应的菜品颜色也会过于深重,破坏就餐者的食欲。正确的方法应该是:根据各式菜品原料本身的颜色及其调配辅料的烘托,利用不同的烹制方法和手段以及装饰点缀来造成一些色彩对比,形成视觉美感,引起消费者的食欲。

（四）选择高利润并受就餐者喜爱的菜品,确保餐厅盈利能力

任何餐厅的最终经营目标都是赢得利润。因此,菜单的设计也必须以帮助餐厅获取利润为出发点,必须了解和把握餐厅经营的目标成本比例和目标盈利额,根据市场上食品原料价格的波动情况,回避选择那些高成本的菜品。

在菜单的设计过程中,应考虑各式菜品的原料成本、销售价格和毛利率。有些菜品的受顾客欢迎程度以及它们的销售可能会对同类其他菜品产生的影响。为此,餐厅应注重选择那些既畅销又为餐厅带来高利润的菜品作为餐厅菜单上的主打菜品。在这基础上适当辅以一些不畅销但利润高的菜品,摒除不畅销且低利润的菜品,点缀并控制部分虽畅销但低利润的菜品。因为这些低利润的畅销菜只能成为"诱饵",作为吸引消费者进餐厅就餐进食的手段,并且这些菜品在菜单上的数量不宜过多,否则会造成消费者大量点取这些低利润的畅销菜,导致顾客盈门但盈利很低的局面产生。

（五）符合国家及地方有关法律法规

菜单的设计要符合国家及地方有关法律法规,倡导健康科学的饮食理念,避免为追求暴利而迎合部分消费者的病态饮食需求的情况出现。比如有些餐厅为满足个别高端消费者猎奇心理,大肆采购并生产以国家保护的一、二类野生动物为原料的菜品如果子狸、穿山甲等,违反了国家野生动物保护法规。再比如,我国各地政府都有明确禁令,禁止各餐厅经营销售河豚,因为河豚的血液和内脏均有剧毒,只要4.8毫克就足以致人死命,若饮用不慎会带来严重后果,但是由于河豚的美味天下闻名,仍然有不少食客为了满足其美食的需求,不惜冒险尝试,因此,有些餐厅为了迎合这部分顾客的需求,视国家地方禁令于不顾,仍然销售河豚以获取暴利。

（六）制作设计应精巧美观并具有文化艺术特色

菜单是餐厅面向消费者的门面之一,菜单设计的精美与否直接关系到餐厅的经营档次。因此,在一些高星级的饭店餐饮部或以经营高端客户为主的社会餐馆,菜单的设计举足轻重。很多餐厅的经营者求助于广告设计公司,让设计者充分了解并体会餐厅的经营风格和特色,再根据菜单上的各式菜品饮品数量,按

照经营者所要达到的视觉直观效果和设计预算,提出富有创意的菜单文案设计和布局。

在餐饮经营的实践中,菜单的布局是按照消费者进餐的顺序进行的,即冷菜、热菜海鲜类、家禽类、炒菜类、面点主食类、饮料酒品类等;也有的餐厅为突出宣传其经营风味和特色,将其拳头产品以文案加图片的形式放在菜单的最前面,以引起消费者的重点关注。西餐菜单的顺序则是开胃品和汤类、主菜、甜点,酒类饮料不列入早餐菜单,但可以列入晚餐菜单的最前面。西餐菜单上一般都明码标价,并配有简单的文字说明,介绍其原料和辅料的组成及规格或有特色的烹制方法。

菜单的制作要精巧美观。字体不能过小、行距不能过密,要留有空白,不要给人一种过于拥挤的小家子之感,也避免给视力不好的消费者带来阅读菜单的困难,当然字体的选择也没有必要过大,造成浪费和粗糙的印象。高级餐厅的菜单一定要注意其制作材料的选取,质地考究的纸张和精美的印制才能确保菜单的档次观感符合其高档酒店的身份。另外,菜单上也可采用一些具有文化艺术特色的图片来烘托餐厅的经营风貌,给消费者带来视觉冲击和美感享受。

第三节　菜品的选择

前面我们已经提到,菜单的设计很大一部分离不开菜品的选择。我们在设计菜单时应有意识地对各式菜品饮品进行选择扬弃,确保餐厅经营的最大效益和市场口碑。接下来我们就菜品选择的原则和步骤程序进行介绍。

一、菜品选择的原则

菜单上的各式菜品是菜单的主体内容所在,是反映并帮助消费者了解餐厅生产供应产品的信息所在。由于餐厅的经营范围不能无限扩大,菜单的版面设计也有一定的空间限制,餐厅经营者不能将所有的菜品饮品都往菜单上添加,因此,就要求经营者在各式菜品饮品的选择上有所取舍。那么,菜品选择的原则主要有那几条呢? 一般认为,菜品的选择要考虑以下几个方面:选取能迎合市场饮食潮流、满足目标顾客的需要的菜品;优先选取在原料采购和烹制服务方式上有独特性的菜品;菜品选取要与餐厅的烹制能力和就餐风格相一致;菜品品种数量适当、搭配均衡;主要选择高利润能给餐厅带来高盈利的菜品等等。

（一）能迎合市场饮食潮流、满足目标顾客的需要的菜品

菜单上的菜品要迎合市场饮食潮流以及满足餐厅所选择的目标顾客的需要。比如目前市场上推崇健康饮食理念，那些营养丰富的黑色食品、五谷粗粮、有色蔬菜甚至野菜等食材已经以其丰富的膳食纤维、蛋白质、多种维生素以及人体所必需的矿物质和微量元素成为具有健康饮食理念的消费者的首选，因此，在选择菜品时，也要考虑这一饮食潮流，主要添加绿色健康食品，保证这一部分消费者的需求。

菜单上的菜品要满足餐厅不同目标顾客的需要。比如餐厅所面对的顾客以北方客人为主，那么在菜单上要多添加一些口味浓重的菜品，如扒鸡、烤鸭、涮羊肉等；但若餐厅面对的顾客以江浙地区的客人为主，那么在菜单上要多添加一些制作精致、口味清淡偏甜的菜品，如龙井虾仁、油焖春笋、腌笃鲜等。再比如若餐厅面对的是高端居民区内的餐饮顾客，则餐厅要提供一些制作精美、色香味俱全的高质量菜品，以迎合这些习惯于美食的食客们的需要；而若餐厅面向的是普通大众所居住的居民小区的顾客，那么要注意在菜单上多提供一些口味不错但又价廉物美、经济实惠的菜品。

（二）在原料采购和烹制服务方式上有独特性的菜品

菜单上的菜品需要有一定的创新。餐饮企业只有提供在原料采购和烹制服务方式上有新意的菜品，才会在餐饮市场的激烈竞争中脱颖而出，创出口碑，赢得市场较高的美誉度。所谓"一招鲜吃遍天"，任何一家餐厅只要善于钻研和创新，在某一个新菜的推出或某一种烹制方法的首创或某一种新颖的对客服务方式的提出领先于同行，并且这种领先是同行竞争者短期内无法简单模仿和超越的，这家餐厅的经营就成功了一半。比如杭州张生记推出的老鸭煲、北京全聚德的北京烤鸭、杭州楼外楼的西湖醋鱼、上海大厦的鳝鱼宴等等，均因为该菜品的选料、烹制及服务过程有独到之处，而称誉一方。

（三）与餐厅的烹制能力和就餐风格相一致

在安排菜单上的各式菜品时，还要从实际出发，考虑本餐厅所属员工队伍的生产技术和服务技能。餐饮经营管理者要尽可能利用员工的烹调特长，选取能充分发挥这些员工烹制能力的菜品，避免选取那些本餐厅一线生产制作人员不擅长烹制的菜品。另外，菜单上菜品的选择，要和整个餐厅的就餐环境和就餐风格相一致。比如在高星级饭店的餐厅里，一般不会供应家常餐馆中经常出现的酱爆螺蛳，可能会供应原料相对高级的浓汤田螺，既迎合消费者对这一部分菜品

的喜爱之情，又保持了高档餐厅的格调和档次。

（四）菜品品种数量适当、搭配均衡

根据经验，菜单上的菜品品种总量要适当，不宜过多。若菜单上的菜品品种过多的话，会使消费者在点菜时面对不胜枚举的菜品难以取舍，延长点菜时间从而延长其在餐厅的进食逗留时间，降低了餐厅的餐位周转速度和频率，减少餐厅的营业收入。此外，若菜单上的菜品品种过多的话，会增加餐厅采购和供应的难度，容易导致供货不足现象的产生，使得消费者有可能在点菜后面临多种菜品已经售完的尴尬局面，使消费者产生不满的情绪，影响餐厅的声誉。再则，若菜品品种过多，还会占用一定量的周转资金和产生高额管理费用，易于产生浪费和差错，同时也不利于餐厅经常调整菜单更换菜品，给消费者带来新鲜感。

各家餐厅虽然有各自主要的目标顾客群，但是事实上，餐厅每天前来就餐的客人也是三教九流、各式人等不同的。因此，在选择菜品时，务必要针对不同消费层次，根据不同消费者对菜品价格、原料、口感、营养、烹制方式和服务方式的不同需求，对各式菜品进行合理搭配，拉开价格档次、注意口味差异，给予消费者更多的挑选余地。

（五）选择高利润能给餐厅带来高盈利的菜品

我们在前面的介绍中已经指出，菜单上的菜品要尽可能选择能受消费者喜爱的、能产生高利润并给餐厅带来高盈利的菜肴。有的菜品虽然消费者十分喜爱，顾客欢迎指数极高，但是给餐厅带来的利润却不高，因此，若过多选取这一类菜品，会使餐厅虽生意兴隆，但实际上只是微利或亏损经营，得不偿失。而那些毛利率虽然很高、但是价格过于昂贵的菜品也不宜多采纳，因为这些菜由于不太受顾客欢迎，所以销售周期很长，会造成占用流动周转资金过多和长期搁置导致食品原料的变质和浪费，造成餐厅的损失。不过，有时候，也有必要在菜单上添加少量的这一类菜品，一为突出餐厅的品位和档次，二为万一有消费者点此类菜品的话，餐厅盈利还是很可观的。当然，那些在很长一段时间内一直是零点击率的菜品，即使其有可能为餐厅带来高额利润，也应毫不犹豫地剔除。

二、菜品选择的程序

在了解了菜品的选择原则之后，我们有必要介绍一下菜品选择的步骤或程序。一般来说，菜品选择的程序可以分为以下几个步骤：了解餐饮市场菜品销售的动态；菜单分析；确定各类菜品的价格范围。

（一）了解餐饮市场菜品销售的动态

选择菜品之前要首先阅读各类餐饮的专业期刊杂志和报纸的餐饮专栏,访问业内知名学者和企业家;其次,在风味各异的各式餐厅里通过考察、品尝等方法了解各种菜品的受欢迎程度和销售状况,从而来判断当时饮食市场的流行菜品和发展趋势,把握当地或目标顾客群体最偏好的菜品品种,以此为根据编制或修订餐厅菜单上的菜品品种。

（二）菜单分析

菜单分析是指根据顾客欢迎指数,对菜单上所列出的各式菜品的销售情况进行定量分析,分析哪些菜最受顾客欢迎,哪些菜销售不佳,无人问津;并根据销售额指数,分析菜单上的各式菜品哪些盈利最大,哪些盈利不佳而应该淘汰。

顾客欢迎指数是指将某种菜的已售百分比除以同类菜中每份菜的应售百分比,用以表示顾客对这道菜的喜爱程度。即:

顾客欢迎指数＝某种菜已售百分比÷同类菜中每份菜应售百分比

每份菜应售百分比＝1÷被分析项目数

销售额指数是指将某种菜的销售额百分比去除以同类菜中每份菜的应售百分比,用以表示其销售后带来的利润高低。即:

销售额指数＝某种菜销售额百分比÷同类菜中每份菜应售百分比

根据餐厅经营经验,不管涉及要分析的同类别的菜品项目有多少个,这一类菜品的顾客欢迎指数和销售额指数的平均值总是1,超过1的顾客欢迎指数一定是受顾客欢迎的,超过1越多,越受顾客喜爱,反过来,不到1越多,就越不受顾客喜爱。同样,销售额指数也是如此,销售额指数超过1的菜一定是销售额和毛利率都高的菜,超过1越多,所带来的利润就越高,而低于1越多,所带来的利润就越低。

案例:

某社会餐馆菜单上拥有鱼类品种共有六个,根据近期一段时间内这六种鱼类的销售状况,对其作了销售份数、顾客欢迎指数和销售额指数的统计分析,结果见表 3-1。

表 3-1 某社会餐馆六种鱼类销售情况分析

菜名	销售份数	销售数百分比	顾客欢迎指数	价格（元）	销售额（元）	销售额百分比	销售额指数	结论
酸菜鱼	300	33.3%	2.0	78	23400	31.9%	1.9	畅销、高利润
西湖醋鱼	120	13.3%	0.8	48	5760	7.9%	0.5	不畅销、低利润
红烧包头鱼	150	16.7%	1.0	48	7200	9.8%	0.6	平销、低利润
大汤黄鱼	80	8.9%	0.5	128	10240	14.0%	0.8	不畅销、低利润
石斑鱼	180	20.0%	1.2	118	21240	29.0%	1.7	畅销、高利润
汪刺鱼	70	7.7%	0.5	78	5460	7.4%	0.4	不畅销、低利润
总计/平均值	900	16.7%	1		73300	16.7%	1	

根据经验，畅销且利润高的菜如酸菜鱼、石斑鱼，要予以保留，不畅销且利润低的菜如汪刺鱼等一般应予以剔除。但若出于菜单上其平衡各式菜品价格、原料和营养作用的目的，则又当别论。像红烧包头鱼、西湖醋鱼这些利润低但是顾客欢迎指数等于或接近1的菜品，可以去除或留作诱饵吸引顾客，因为虽然这些菜的盈利情况不太理想，但它们能带动其他菜品的销售，当然，如果这些菜过多，会转移消费者的注意力，从而影响那些高利润的菜品的销售；而大汤黄鱼虽然顾客欢迎指数不高但是销售额指数接近1，可以保留用于吸引高端客人或去除。

（三）确定各类菜品的价格范围

在确定了菜品品种之后，还有必要对菜单上的各式菜品进行定价。餐厅一般会通过对餐厅的目标利润进行计算，对目标顾客进行调查以及对餐厅现有销售状况进行分析（若为新近开业的餐厅，则调查分析其同类型的竞争餐厅的销售状况），从而判断在本餐厅就餐的目标顾客愿意并且实际支付的人均消费额是多少，然后由餐厅的经营管理人员根据这些信息，确定本餐厅的人均消费额标准，确定其各式菜品的定价范围。

在制定餐厅各式菜品的定价范围前，有必要先将菜单上的各式菜品分为几个大类，根据餐厅积累的相关统计数据，得出各式菜品占销售额的百分比以及其订菜率。

案例：

已知某社会餐馆就餐者愿意支付的人均消费额为80元人民币，将菜单上的各式菜品按冷盘、热炒、汤类、主食类和饮料类五个大类分类，该餐馆每类菜的销售额百分比和就餐者的订菜率如表3-2所示。

表 3-2　　某社会餐馆的各大类菜品的销售情况分析表

菜品大类别		占销售额百分比	订菜率	计划平均价格(元)	价格范围(元)
冷盘		14％	28％	40	25—55
热炒	鱼虾类	56％〈16％	100％〈20％	64	40—90
	家禽类	16％	25％	51.2	30—80
	肉类	14％	25％	44.8	25—65
	蔬菜类	10％	30％	26.7	15—35
汤类		12％	60％	16	10—20
主食类		10％	85％	9.4	5—15
饮料类		8％	60％	10.7	8—16

上表中各式菜品的平均价格＝消费者愿意支付的人均消费额×该菜品所占销售额百分比÷订菜率。

在计算出各式菜品的平均价格之后,上下浮动其价格,从而确定该类菜品的价格范围。在确定该类菜品的价格范围时,根据每类菜品高、中、低档的不同消费需求,就每类菜品进行高档菜、中档菜及低档菜的分类。

思考题:

1.影响餐厅的选址评估的因素有哪些?

2.如何确定餐厅经营的市场区域和目标顾客?

3.菜单的种类有哪些? 不同种类的菜单分别有哪些特点?

4.菜单的设计原则是什么?

5.菜品选择的原则以及菜品选择的步骤程序是什么?

6.某社会餐馆所在市场区域总人口数为 125000 人左右,该餐馆的目标顾客群体为市场中端客户,该群体目前在该市场区域内占据总人口 34％的比例,平均家庭人口为 2.6 人,平均 0.6 人为非消费者,该目标顾客群体平均每人每月外出就餐 5.5 次,该市场区域内流动人口就餐比例占市场总量的 28％。问:该餐馆每天潜在目标顾客人次可以达到多少?

第四章 餐饮企业的销售管理

我们前面已经提到,任何一家餐饮企业的最终经营目标是盈利,因此,餐厅菜单的设计和编制、餐饮产品的生产和组织、餐厅营业场所和生产场所的布局等等,其根本目的是为了该企业将餐饮产品销售出去从而获取经营利润。所以,在这一章节里,我们要对餐饮企业的销售环节加以梳理,帮助大家了解:餐饮企业是如何对其经营现状进行分析、如何组织目标客源、如何对其产品制定销售计划以及确定其销售价格、如何组织推销活动的。

第一节 餐饮企业的经营分析

为了便于了解餐饮企业的销售管理过程,我们首先要对该餐饮企业的经营状况进行分析。对餐饮企业的经营状况的分析主要基于对该餐饮企业所在市场供求关系现状和变化趋势的分析以及对该企业经营现状的分析。因此,在这里,我们将对这两种分析加以简要介绍。

一、对市场供求关系现状和变化趋势的分析

对餐饮市场供求关系现状和变化趋势的分析主要包括这三个方面:对市场需求要素的分析、对市场供给要素的分析、对其他可能出现的变化因素的分析。

（一）对市场需求要素的分析

对餐饮市场需求要素的分析主要包括对市场餐饮消费者总量、结构、偏好及饮食习惯、可支配收入水平以及人均餐饮消费金额的分析。

1.对市场餐饮消费者数量及结构的分析

对一个城市或地区来说,其人口总量和社会经济发展水平决定了其外出就餐消费者的总量,虽然就一定时期来说,该城市或地区的人口数量是相对稳定

的,但随着社会经济水平的持续发展、地区经济水平存在着巨大反差以及全国户籍管理制度的进一步宽松,大量内陆人才涌入沿海地区,因此,市场人口总量也在不断变化之中。一般来说,一个城市或地区的市场餐饮消费者总量的多寡取决于该市场人口总量、公务商务活力、当地旅游发展的吸引力、消费者个人收入水平和消费观念等等。

市场餐饮消费者的来源不外于这两个渠道:即私人或家庭消费、公务商务消费。对私人或家庭消费要掌握其消费者的年龄、性别和职业结构分布情况、所处于的家庭生命周期,从而可以分析并把握其消费特点,制定相应的产品策略来迎合这部分消费者的需求。比如有的城市或地区是属于新近开发的区域,拥有大量的外来移民人口,这些人年轻、富有冒险精神,喜欢夜生活和丰富多彩的业余文化娱乐活动来缓解其工作的紧张和压力,那对于这些消费者,各餐饮企业就要制定符合他们饮食需求的产品来满足他们的需求欲望。而对公务商务消费则要调研市场内各机关企事业单位、公司、私人企业等单位总量、规模大小及分布状况,了解这些单位每年、每季或每月例行的公务商务活动的举办时间和宴请情况,掌握其主要大型会议或活动组织等等。

2. 对市场餐饮消费者偏好和饮食习惯的分析

一个市场内,消费者所处的社会文化环境尤其是民风民俗极大程度地影响着消费者的个人偏好和饮食习惯,从而主导餐饮市场需求潮流的定向和发展。当然,在有些地区,随着旅游资源的深度开发以及社会经济水平的大幅提高,会有大量外来移民包括商务会务旅游者涌入。这些外来人士的出现也会对当地的社会生活带来冲击,其较为新潮或富有特色的生活方式特别是饮食方式会潜移默化地影响着当地居民的饮食偏好和饮食习惯,比如在沿海地区,目前有大量的中西部地区的移民来此就业,他们的饮食口味往往偏重偏辣,像重庆火锅就是他们所偏好的饮食方式,如今这一别具一格的饮食方式在沿海各大城市也渐渐地受到当地消费者的喜爱和追捧。

俗话说,"青菜萝卜,各有所爱",就每一个消费者个体来说,确实是酸甜苦辣、咸淡清香,各有所好、众口难调的。一般来说,由于各地自然地理环境的不同宗教信仰和风俗习惯的差异等等,其消费者的饮食偏好和习惯表现出地区的相似性和差异性。比如说生活在气候寒冷、山地偏多的地区的消费者偏好浓烈的饮食风格和深重的饮食口味,而生活在气候相对温暖的平原地区的消费者则更喜欢清淡的饮食口味和风格。

3. 对市场消费者可支配收入水平以及人均餐饮消费金额的分析

就每一个餐饮消费市场而言,其消费者的可支配收入水平、餐饮消费欲望和人均餐饮消费金额决定着这一市场餐饮消费的档次和活力。根据国际惯例,当一个社会经济群体的年人均可支配收入突破3000美元时,其消费群体的消费层次将会有较大幅度的提升,其主要消费模式也从传统的实物性消费转向现代服务性消费模式,外出就餐人群的比例会大大增加,这些消费者对餐饮消费的层次要求也相应增加。消费者不再满足于传统的点菜消费的就餐模式,希望增加一些新颖刺激、充满视觉冲击的炫耀性消费体验。假如这个社会经济群体的可支配收入仍然较低的时候,这个社会就尚未完成从温饱型模式到小康型模式乃至较为发达的社会经济模式的过渡,市场内消费形式仍然以商务公务餐饮消费为主,私人和家庭出外就餐的比例很低,而且就餐一般也倾向于中低端档次的餐厅,以饱食充饥为主要餐饮消费动机。

(二)对市场供给要素的分析

对餐饮市场供给要素的分析主要是指餐饮市场餐饮企业的总量、产能、经营档次和分布状况、经营特色和产品价格、经营成本控制和利润率等的分析。

1.对市场餐饮企业的总量和产能的分析

在一个市场里,其餐饮市场供给的总量取决于这个市场内究竟有多少家餐饮企业以及这些餐饮企业究竟能有多少生产能力来提供各种餐饮产品满足消费者的需求。当一个市场里,餐饮企业的总量及其生产能力超过了该市场的需求,这些餐饮企业的经营就进入买方市场,各家企业的竞争就会非常激烈;反过来,当一个市场内,餐饮企业的总量及其产能供给不足时,即其供给能力远远不能满足于市场需求时,这些餐饮企业就进入卖方市场,其餐饮产品就供不应求,餐饮消费往往会出现就餐要提前数周乃至数月预定,餐厅人满为患的局面。

餐饮市场的供给能力不仅取决于市场内餐饮企业的总量,还取决于这些餐饮企业的生产能力和生产规模。而一个餐饮企业的劳动力资源、资金储备和技术设备又决定了该餐饮企业的生产能力、生产规模和生产档次。只有当一个企业拥有雄厚的资金实力、优秀的生产技术和管理人员以及先进的技术设备时,才可以最大限度地安排好生产流程和生产组织,确保企业以高规格、高质量、高效率的生产状态提供给市场最大产能。

2.对市场餐饮企业的经营档次和分布状况的分析

决定餐饮市场竞争和经营状况的不仅仅是该市场内餐饮企业的总量和产能,这些企业的经营档次和分布状况也应考虑在内。比如市场内的消费者,因其个人和家庭收入水平的不同,对饮食消费的需求层次也会是有所不同的,因此,该市场内各餐饮企业的经营档次也应是有高、中、低之分的,以满足不同消费者的需要。若该市场内都是高端餐饮企业,就会造成由于市场内高端客源不足,造成供大于求、恶性竞争、几败俱伤的局面;而与此同时,由于该市场的低端餐饮企业进入不足,又远远无法满足中低端消费者外出就餐的需求,既抑制了客源市场的消费需求,又给普通消费者的饮食生活带来不便。

其次,各餐饮企业的地理位置分布也关系到餐饮市场供给的平衡与否。虽然业内也有这样的说法,即"店多隆市",但是,一般来说,目标顾客相似、经营风格雷同的同类型餐饮企业过于密集地群居于某一个地理区域内,如果该市场区域又没有足够的市场潜力来消化这些企业的供给时,那么也会出现为争夺有限客源而不良竞争的现象。可见餐饮企业的地理位置的选取也很重要,直接关系到企业今后是否能成功经营。比如肯德基特许经营加盟店在考察申请者的加盟条件时,很重要的就是要回避同一区域内有另一家肯德基加盟店的存在,一般要求除那些客源特别密集的地方之外,两个肯德基加盟店至少要有三到四条街区的间隔。

3.对市场餐饮企业的经营特色和产品价格的分析

对一个餐饮市场供给要素的分析还应涉及到对该市场各类餐饮企业的经营特色和经营风格的分析,这将有助于总结各类餐饮企业的经营特色和经营优劣势,有助于寻找并发现该餐饮市场的市场空白和空隙,才能帮助企业设计和创新自己的产品定位和策略,在激烈的市场竞争中占有先机和上风。

此外,还应该对餐饮市场各类企业的产品价格进行考察和分析,根据餐饮企业经营的不同阶段采取不同的价格策略,比如在餐饮企业扩张发展的时候,可采用声望价格策略,借助于产品设计开发的特殊性和相对垄断性经营的特点,以高价高利润定位产品,形成自己餐饮产品和企业的高贵形象,吸引高端客户,并进一步提升市场知名度。又比如在餐饮企业创建之初,以扩大市场占有率为企业经营的主导思想,采取低价入市的策略对已有的餐饮企业发起挑战,争夺市场份额,以便迅速建立和塑造企业形象,获得消费者认可,从而奠定企业今后经营和发展的基础。

4.对市场餐饮企业经营成本控制和利润率的分析

如前所说,任何一家餐饮企业经营的最终目的都是为了赢得利润。因此,餐饮企业在进入餐饮市场之前,一定要对现阶段市场上各类餐饮企业的经营盈利与否进行调查了解,分析并总结其原因和得失,学习优势企业在控制餐饮经营成本方面的经验,以便制定合理的毛利率和控制经营成本的管理方法手段。唯有这样,餐饮企业在经营中才能做到有的放矢,尽可能地避免差错和亏损状况的出现。比如,在餐饮企业中增设"成本信息管理员"这一管理岗位,来协调餐饮企业餐厅经理、后厨总厨、仓库管理员及财务人员,确保餐饮成本控制系统的正常运行。后厨开发出的新菜,在销售前需要定价,厨师长需要向"成本信息管理员"提交菜品成本卡,由信息系统根据当前材料价格计算出该菜品的成本,这才能给该菜品科学定价,同时,只有在电脑中完成菜品添加和成本卡的输入,所销售的菜品才能执行自动减库操作,确保该餐饮企业对餐饮产品生产经营过程中的成本控制和经营利润率。

(三)对其他可能出现的变化因素的分析

除了对市场需求和供给要素的分析,我们还有必要考虑餐饮市场所在的宏观背景如是否有政府相关政策的支持、社会政治和经济状况是否稳定、例如是否有突发性的公共危机事件发生、近期内是否有重大节庆活动等等。

1.对政府相关政策的分析

任何一家餐饮企业的经营都要立足于对其所依托的市场管理者即国家或地方政府的相关政策的考量和分析。比如政府的税收政策,政府近期对哪一类餐饮企业施加了高额税收,增加了其经营成本,就表明限制这类企业的数量和发展;对哪一类餐饮企业采取了税收补贴和优惠政策,减少其经营负担,就等于鼓励这类企业的大力发展。再比如政府是否有允许餐饮企业上市融资的政策,以及其对这些上市企业有哪些入市要求和条件设置,对这一政策的了解有助于企业扩大融资渠道、尽快筹集融资资金,加速企业规模化经营的速度和步伐。又比如政府对这一地带是否作了旧城改造的规划,对该餐饮企业所在店面是否有拆迁计划等等政策的制定和实施,都会影响企业的正常经营和发展。

2.对所属社会政治和经济状况的分析

餐饮企业所依附的社会政治和经济背景也应该成为企业经营运作的考虑因素之一。只有在政治稳定、社会治安良好以及经济发展迅速的地区,餐饮企业的发展才可以稳步进行。我们知道,餐饮业是相当脆弱的现代服务业,市场的宏观环境一有风吹草动,餐饮业便首当其冲,面临客源急剧下降的经营危机。比如突发性的公共危机事件的发生就会对当地的餐饮业有较长时间的致命打击,导致当地餐饮业一下子门可罗雀,落入经营亏损的窘境,像2003年的非典、2009年的甲型H1N1、2009年新疆"7·5"暴动事件等等。另外,像世界金融危机的爆发也导致了制造业、广告业、物流业、航空业、外贸行业等对外商务公务活动的大大减少,从而使得各地中高端餐饮企业的就餐消费者人数急剧下降,导致这些企业不得不部分解雇员工,缓解经营压力。

当然,像一些重大节事活动也会给其附近的餐饮企业带来机遇。比如2008年的北京奥运会、2006年的杭州世界休博会、2010年上海世博会等等,在这些重大节事活动期间,由于世界各地的大批与会者和旅游观光者的到来,这些举办城市以及其周边地区均与有荣焉,也会带动这些地方的餐饮业的红火。

二、对企业经营现状的分析

对餐饮企业经营现状的分析主要包括：对餐饮企业现有销售数据的统计分析、对其现阶段经营成本和利润作盈亏分析。这一分析目的旨在总结该餐饮企业经营得失，反思其营销和产品策略的合理与否，进一步提高其生产和管理效率。

（一）对餐饮企业现有销售数据的统计分析

为了更好地对餐饮企业未来的销售作出准确预测并据此制定合理高效的销售和管理策略，各餐饮企业有必要对其现有的经营和销售数据逐一统计，在经营政策、形势和环境变化不大的情况下，可以根据这些历史数据摸索出该企业及其所在餐饮行业的销售趋势和规律，把握其今后销售的发展方向和动态，制定相应的销售计划和销售管理制度，促使该餐饮企业的销售业绩再上台阶。

餐饮企业对销售数据的统计分析可以通过以下途径来完成：对销售情况作即时统计、根据一定经营期限汇总这些销售数据、根据已经统计的销售数据分析并预测该餐饮企业未来的销售数量。

1. 对销售情况作即时统计

餐饮企业对销售情况作即时统计是指该企业对每天到其餐厅就餐的消费者的订菜情况作出准确并及时的记录，这个记录要包括各个消费者点菜的详细信息，如其所点的菜名、价格、分量、桌号或包厢号、付费形式等等。一般来说，这个对就餐消费者点菜情况的原始统计是通过以下途径完成的：即先由餐厅点菜员在给消费者点菜时完成对消费者点菜情况的最初记录，再由餐厅收银员根据点菜员上交的点菜单，在消费者就餐完毕结账买单时根据其最终的就餐情况，在餐厅预先准备好的菜品销售记录卡上记录或在餐厅收银台上的电脑里输入该点菜信息，从而完成对消费者点菜情况的即时记录。这一记录过程必须仔细、准确、完整、不能出任何差错，因为这些数据将会成为企业作出进一步销售分析和预测的基础和关键。

2. 根据一定经营期限汇总这些销售数据

餐厅收银员对消费者的点菜信息和就餐情况的原始记录是较为繁琐的，如果积累时间过长再做统计分析，一会使得这些数据对现有销售情况失去时效性、针对性，二会使得统计过程由于时间太长积累数据过多而变得困难。所以，餐饮企业一般都选择一定时间汇总这些原始记录，以便决策者及时把握其销售动态，制定或调整相关政策。

餐厅一般采取日报表、周报表和月报表的形式,在每天营业结束时、每周或每月末的固定日期里汇总这些销售数据的原始记录,这种统计方式主要旨在了解各类菜的销售份数和销售额情况,以便餐厅分析各类菜的顾客欢迎指数和销售额指数,及时调整菜单,并根据其反映出的菜品销售趋势,预测次日、下周以及下月可能的各类菜品的销售数量,做好相应的生产计划和安排。

有的餐饮企业如快餐厅、酒吧和咖啡厅等,因其营业时间较长,在就餐的高峰时间和清淡时间就餐消费者数目差异巨大、需求量波动显著,往往除了以上统计数据分析之外,还会对其各时段的就餐人数以及分别的销售额进行统计分析,以便帮助其生产管理人员根据不同营业时段的特点,作好生产时间和员工人数的工作安排,并确定餐厅最佳的营业时间和计划对营业清淡时间的促销活动。而对星级饭店的餐厅来说,还有必要统计其每天住店客人的总人数、客源结构以及这些住店客人在店内餐厅就餐的比例,以便制定有的放矢的推销政策,尽可能避免这一部分客源的流失。

当然,这一统计分析的数据来源不能只依靠一天或数天的数据,因为这样的数据会因为许多偶然因素,很难反映其销售的规律性。比如下雨下雪等恶劣天气会直接导致就餐者选择呆在家里对付一餐,而不愿意前去餐厅就餐,这样的天气会使得餐厅就餐人数和营业额大幅下降。再比如文教区域的餐厅,会因为教师学生寒暑假休假离校的特点,在这两个时段面临生意格外清淡的局面等等。

(二)对餐饮企业现阶段经营成本和利润作盈亏分析

餐饮企业所制定并实施的任何销售政策都不能是基于决策者过去的经验盲目进行的,这些政策的制定应该是有利于餐厅经营的盈利和扩大市场份额的,因此,我们在这里介绍一种餐饮企业常用的盈亏分析法,以便让大家了解怎样对企业的经营成本和利润作盈亏分析。

1. 了解餐饮企业的经营成本和相关概念

(1)经营成本

餐饮企业的经营成本主要是指固定成本、可变成本和总成本三个方面。固定成本是指不随餐厅营业额数量变动而变动的成本,如土地购买或租用的成本、设备器皿采置的成本等等。可变成本是指会随着餐厅营业额数量变动而变动的成本,如食品原料辅料的购入成本等等。总成本是指固定成本和可变成本的总和。

(2)经营费用

除经营成本外,餐饮企业还涉及一些日常经营中的开支,这些开支并不一定产生于生产一线,我们将此称作经营费用。餐饮企业的经营费用是指其日常经营的各项开支,包括水电燃料费、采购运输费、固定资产折旧费、办公经费、员工工资奖金、设备设施维修费等。

(3)经营利润

餐饮企业的经营利润是指将其经营收入扣除其经营成本、经营费用和营业税费之后所得的余额,是反映企业经营业绩好坏、盈亏与否的直接指标。

(4)毛利、成本毛利率和销售毛利率

餐饮企业的毛利是指将其经营收入扣除其经营成本的余额,由于企业的经营费用较难在每天每道菜品或饮品中计算出来,故经常采用毛利这一概念方便统计计算。

餐饮企业的成本毛利率,又称"外加毛利率"或"加成率"以及"产销差率"等,是指其产品毛利和产品成本的比率,而其销售毛利率,又称"内扣毛利率"或简称"毛利率",是指产品毛利与产品销售价格之比。目前餐饮企业普遍采用的毛利率是指国家物价管理部门根据市场供求情况和餐饮企业的产品特点所规定的毛利与销售价格之间的比值,通常这个比值是指销售毛利率,主管部门给一个范围,称之为毛利率幅度,既保证餐饮企业有一定的盈利,又将其盈利限制在一定范围内。

餐饮企业的毛利率决定着企业产品的销售价格,这既关系到餐饮企业的盈亏,也关系到消费者的利益。毛利率越高,产品的销售价格也越高,企业利润也越高,消费者所支付的费用也越高;反之,毛利率越低,产品的销售价格也越低,企业利润也越低,消费者所支付的费用也越低。一般来说,筵席和名菜名点的毛利率要比普通菜品高一点,用料精致、货源匮缺、加工复杂的菜点毛利率要高一点,时鲜节令菜品的毛利率要高一点,高档次的餐饮企业生产供应的菜品饮品毛利率要高一点,单位成本低、销售量不大而劳动量大的菜品毛利率高一点,高成本、制作简单的菜品毛利率可降低一点。

(5)产品销售价格

餐饮企业的产品销售价格是指其每个菜品或饮料的单价,一般来说,它等于其产品成本和企业毛利的总和,我们将在下一节对其具体的计算方法进行介绍。

(6)总销售额和每客平均销售额

餐饮企业的总销售额是指企业在一定时期内,因为销售其餐饮食品和服务而获得的全部经营收入。而每客平均销售额,又称"平均售价"或"客账单平均数额"以及"每名顾客平均消费额",是指将餐饮企业的总销售额除以其顾客总数所得出的数据,可反映餐厅的销售动态和趋势以及各类菜品的畅销程度和促销效率。

2.盈亏平衡点的定义及盈亏分析法

(1)盈亏平衡点的定义

餐饮企业的盈亏平衡点是指餐饮企业的经营总收入刚好等于其经营总成本支出的销售点,在这一点上,企业的经营总收入刚好抵消其经营总支出,企业既不盈利也不亏损;而低于这一点,企业的经营总收入不足以抵消其经营总支出,企业处于亏损状态;高于这一点,企业的经营总收入超过其经营总支出,企业进入盈利状态。因此,这一销售点也被称作餐饮企业经营的保本点。图4-1是2007年某社会餐馆的经营收入和经营支出的盈亏平衡分布情况。

从下图中我们可以发现,由于企业的固定成本是不变的,所以在图中的"固定成本线"表现为一条稳定的平行直线,与代表企业经营总收入的左边横轴始终保持平行。企业的可变成本是会随着企业营业收入的增加而增加的,当企业的营业收入为零时,企业的可变成本也为零,从图中可知,企业的可变成本的变动是与企业经营收入的变动成一定比例正向变化的(为了计算方便起见,这里摒除了企业经营过程中可能出现的其他干扰因素)。我们可以发现,图中的O点是该社会餐馆的盈亏平衡点,在它的上端是企业的盈利区,它的下端是企业的亏损区。

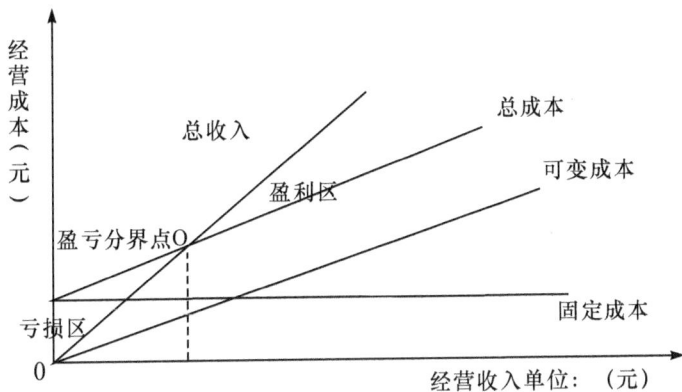

图4-1 2007年某社会餐馆的盈亏分析图

(2)盈亏分析法

餐饮企业的盈亏分析是指根据其经营收入和其经营支出来确定其盈利与否,一般来说,业内采用计算企业盈亏平衡点的就餐人数或销售收入来了解其盈亏情况。

案例1:

某社会餐馆的每客平均销售额为30元,每客平均可变成本为16元,其固定成本为5万元,问该餐馆至少应达到多少就餐人数和销售收入才能盈利?

案例 1 解答如下：

该餐馆只有达到并超过其盈亏平衡点才能盈利,因此,这里应该首先计算出该餐馆在盈亏平衡点的销售量和销售收入。

在盈亏平衡点,该餐馆的销售收入＝该餐馆的固定成本＋该餐馆的可变成本,因此,假定该餐馆的就餐人数为 X,其计算公式为：

$$30X＝50000＋16X$$
$$X＝3572（人）$$
$$销售收入＝30×3572＝107160（元）$$

答:该餐馆应至少达到并超过 107160 元销售收入、拥有 3572 名以上的就餐客人才能盈利。

案例 2：

某社会餐馆的每客平均销售额为 30 元,可变成本率为 62%,固定成本为 5 万元,问:该餐馆的就餐人数和销售收入要达到多少时才会确保该餐馆盈利 10000 元?

案例 2 解答如下：

假定该餐馆的就餐人数为 X,其计算公式为：

$$30X＝50000＋30X×62\%＋10000$$
$$X＝5263（人）$$
$$销售收入＝30×5263＝157890（元）$$

答:该餐馆就餐人数要达到 5263 人,销售收入要达到 157890 元才会盈利 1 万元。

第二节　　餐饮企业的定价策略

餐饮企业的定价策略直接关系到该企业销售和经营的成败,如何在适当的时候选择合适的定价策略是我们这一节要介绍的重要内容,它不仅关系到餐厅是否有足够的吸引力吸引其庞大的目标客户群,还关系到餐厅在经营过程中是否有足够的经营效益和实力去维持餐厅的可持续发展并抵御竞争对手的强有力的挑战。

一、餐饮产品的价格制定

在确定了餐饮产品的分类毛利率和其所耗用的原料辅料成本之后,便可以通过以下两种方式,即销售毛利率法和成本毛利率法来计算出餐饮产品的销售价格。

（一）以销售毛利率法制定餐饮产品的价格

上一节我们已经提到,餐饮产品的销售价格是由餐饮产品的成本和毛利组成。而销售毛利率法是以餐饮产品的销售价格为基础,根据所规定的销售毛利率(即毛利所占餐饮产品销售价格的百分比)和餐饮产品的成本来计算餐饮产品的销售价格的一种定价方法。其计算公式为:

$$P=C+M$$

其中,P 代表餐饮产品的价格,C 代表餐饮产品的成本,M 代表餐饮产品的毛利。

而餐饮产品的销售价格又等于其产品毛利去除以其销售毛利率,即:

$$P=M\div R_1$$

其中,P 代表餐饮产品的价格,M 代表餐饮产品的毛利,R_1 代表餐饮产品的销售毛利率,两者组合,得:

$$C=P(1-R_1)$$

因此推理得出:

$$P=C/(1-R_1)$$

所以,餐饮产品的销售价格＝餐饮产品的成本$/$(1－销售毛利率)

案例 1:

某社会餐馆有一盘炒菜,其定价为 40 元,其销售毛利率为 55%,问:这盘菜的成本是多少?

案例 1 解答如下:

由计算公式:$P=C/(1-R_1)$移项得

$$C=P(1-R_1)=40\times(1-55\%)=18(元)$$

答:这盘炒菜的成本是 18 元。

案例 2:

某社会餐馆有一道热炒叫"冬笋炒里脊",其中,需要猪里脊 200g,进价为 24 元/kg,冬笋 150g,进价为 10 元/kg,其余辅料调味品成本为 1.25 元。若销售毛利率为 55%,问:这盘"冬笋炒里脊"的销售价格该定为多少?

案例 2 解答如下:

这道菜的成本 $C=200\div1000\times24+150\div1000\times10+1.25=4.8+1.5+1.25=7.6(元)$

这道菜的销售价格 $P=C/(1-R_1)=7.6\div(1-55\%)=16.9(元)$

答:这道"冬笋炒里脊"应该定价为 16.9 元。

(二)以成本毛利率法制定餐饮产品的价格

成本毛利率法是以餐饮产品的成本为基础,根据所规定的成本毛利率(即毛利所占餐饮产品成本的百分比)和餐饮产品的成本来计算餐饮产品的销售价格的一种定价方法。其计算公式为:

$$P=C+M$$

其中,P 代表餐饮产品的价格,C 代表餐饮产品的成本,M 代表餐饮产品的毛利。

而餐饮产品的毛利又等于其产品成本去乘以其成本毛利率,即:

$$M=C×R_2$$

其中,C 代表餐饮产品的成本,M 代表餐饮产品的毛利,R_2 代表餐饮产品的成本毛利率,两者组合,得:

$$P=C+C×R_2$$

因此推理得出:

$$P=C(1+R_2)$$

所以,餐饮产品的销售价格=餐饮产品的成本×(1+成本毛利率)

案例1:

已知一盘蔬菜的价格是 12 元,其成本毛利率为 80%,问:这盘菜的成本是多少?

案例1 解答如下:

根据餐饮产品的销售价格=餐饮产品的成本×(1+成本毛利率)得出:

$$P=C(1+R_2)$$

即得出:$C=P/(1+R_2)=12/(1+80\%)=6.7$(元)

答:这盘菜的成本应该是 6.7 元。

案例2:

西湖醋鱼一份,其中草鱼一条约 400g,单价 16 元/kg,其余辅料调味品成本为 2.5 元,假定其成本毛利率为 90%,问:这道西湖醋鱼的销售价格应该定为多少?

案例2 解答如下:

这道菜的成本 $C=400÷1000×16+2.5=6.4+2.5=8.9$(元)

这道菜的销售价格 $P=C(1+R_2)=8.9×(1+90\%)=16.9$(元)

答:这道西湖醋鱼的销售价格应该定为 16.9 元。

二、餐饮企业的定价策略

众所周知,餐饮企业对其餐饮产品的价格制定是一把双刃剑。如果这一定价过程出现决策错误,不仅会把自己的潜在和现有客源推向竞争者,而且会极大程度破坏企业形象和利益,使得企业的经营功亏一篑。应该说,各餐饮企业经营在不同生命周期,面对变化的客源需求以及竞争挑战,其应对的价格策略也应相应调整,以便有的放矢,赢得经营的先机和上风。

在这里,我们主要从五个方面去介绍餐饮企业的定价策略,即以扩大市场份额为导向的定价策略;以企业盈利为导向的定价策略;以竞争为导向的定价策略;以顾客心理为导向的定价策略;以节事消费为导向的定价策略。

(一)以扩大市场份额为导向的定价策略

餐饮企业在新开业或推出其新近开发的新菜品新服务模式时,往往力求快速建立市场知名度和口碑,提升其企业声望和扩大其市场占有率,其定价策略也往往以扩大市场占有率为主,而在短期内摒除其企业盈利的考量。这个时候,餐饮企业的定价一般较低、有足够针对目标客源的诱饵吸引就餐者前来尝试其餐饮产品,从而获得市场途径以便其产品被市场快速认可和追捧。比如杭州的著名餐饮企业阳光集团公司在开设第一家阳光分店"老阳光"时,就针对性地向附近的企事业单位和其他重要客户免费赠与数千张就餐券,以该分店数月经营几无颗粒收入之举,迅速在市场获得了消费者的了解、认可和追捧,为其今后连续开出多家餐饮分店、成为杭州知名的餐饮品牌打下了坚实的基础。

也有一些新开业的餐饮企业会利用定价以外的策略如制定其服务以及收费上的新举措作为诱饵来吸引目标客源的光顾来扩大其市场占有率。比如欧洲就出现过一种新的餐饮收费方式,就是餐厅对自己的餐饮产品不定价,而由消费者在结账时根据自己的心理满足感自我定价付费,消费者付多付少或甚至不付费都可以。这一新颖的付费模式就足以成为该企业吸引顾客的诱饵,帮助其迅速扩大市场声誉和市场份额。

当然,也有一些新近开张的餐饮企业因其建筑装饰、设施设备等等的高额资金投入和豪华奢侈程度,以及其新近研发的菜品的独特性和无法模仿更替性特点,在其开张入市之初,在定价上反其道而行之,反而将其餐饮产品的价格制定得高高的,以吸引市场尤其是高端客户的关注和光顾,以牟取暴利并尽快缩短其投资回报的周期。

(二)以企业盈利为导向的定价策略

当餐饮企业进入成熟发展期时,毫无疑问,其定价策略就要转向以提高企业的经营收入和利润为导向的经营方针。企业决策者往往会根据其已定的盈利目标,预测其经营周期内可能会涉及的经营成本和税费,然后计算出要完成该盈利目标所必须完成的销售额指标,再根据目前的就餐人数了解到每客平均消费额指标,最后通过各类菜品销售额百分比来确定其定价范围。

餐饮企业要求完成的销售额指标＝餐饮企业的盈利目标＋食品饮料的原料成本＋经营费用＋营业税

而餐饮企业销售额指标取决于企业的餐位周转率和每客平均消费额,因此,通过总结和预测企业的餐位周转率,我们就可以预测出其每客平均消费额,其计算公式如下:

餐饮企业的每客平均消费额＝其经营周期内销售额指标/(餐位数×餐位周转率×每日供餐数×经营周期总天数)

案例:

某社会餐馆决策者制定第二年的目标利润要达到 50 万元,其餐饮产品的原料成本支出为其销售总额的 45％,所涉及的经营费用占其销售总额的 30％,营业税费占其销售总额的 10％,问:(1)该餐馆第二年要完成多少销售额才能实现这一目标利润?(2)若该餐馆每天供应午餐和晚餐,拥有 250 个餐位,其餐位周转率为 1.2,其每客平均销售额需达到多少才能完成餐馆的年销售额指标?

案例解答如下:

(1)根据公式:餐饮企业要求完成的销售额指标＝餐饮企业的盈利目标＋食品饮料的原料成本＋经营费用＋营业税

假定该餐馆要完成的销售额指标为 X,可以得出:

$$X = 500000 + X \times 45\% + X \times 30\% + X \times 10\%$$
$$0.15X = 500000$$
$$X = 3333333.3(元) = 333.3(万元)$$

答:该餐馆第二年要完成 333.3 万元的销售额才可以实现这一目标利润。

(2)根据公式:餐饮企业的每客平均消费额＝其经营周期内销售额指标/(餐位数×餐位周转率×每日供餐数×经营周期总天数),可以得出:

该餐馆的每客平均消费额＝3333333.3÷(250×1.2×2×365)＝15.2(元)

答:该餐馆的每客平均消费额要达到 15.2 元才能实现这一销售额指标。

(三)以竞争为导向的定价策略

以竞争为导向的定价策略往往适用于同类型餐饮企业云集,目标顾客群雷同,餐饮市场基本供过于求的买方市场。在这样的市场环境中,各家企业往往绞尽脑汁、各显神通,想方设法要从别的餐饮企业手中争夺客源,因此,往往会出台一些相应的定价策略。比如采取价格渗透的策略,利用企业相对雄厚的实力,不惜以微利或亏本的价格为企业的餐饮产品定价,以吸引更多的目标客源到餐厅就餐,扩大其市场份额,并打击那些资金实力不足的企业,使得他们在短期内迅速流失客源,无法回笼资金,扩大生产和销售,意图让这些企业在一段时间内经营落入窘境,最后难以为继,陷入破产或转业的命运,从而达到其"大鱼吃小鱼"的目的,这时,由于市场的竞争对手已经去除不少,企业再逐步回升价格,提高经营利润。

当然,也有一些著名的餐饮品牌企业反其道而行之,他们会利用其在餐饮市场上早已形成的良好声誉和口碑,利用其餐饮产品烹制和服务的独特性以及不可替代性,用差别定价法或声望定价法的定价策略,有意将其产品价格定的比市场上其他餐饮企业的产品价格高一点,以形成其在目标顾客心目中的高贵形象和市场号召力。比如北京全聚德烤鸭店就利用其选料、养殖、烹制烤鸭过程中的独特性和不可复制性,在烤鸭产品的生产企业中因其生产的烤鸭口感鲜嫩美味而独树一帜,成为国内乃至国际的知名饮食品牌。

餐饮企业不仅自己在制定销售政策时要考虑如何对竞争对手发起挑战,争夺客源,而且也必须时时关注各竞争对手的销售和经营动态,了解他们是否制定了任何新的价格优惠政策,是否推出了任何新的促销手段或开发了任何新的菜品菜系等等,这样通过知己知彼,才能有的放矢,制定相对应的价格策略应对,不至于落入被动挨打的局面。

(四)以顾客心理为导向的定价策略

在经营过程中,餐饮企业也必须不断观察和总结分析消费者的就餐消费行为特征,研究目标顾客的消费心理,以便制定相应的价格策略,顺应和引导其消费需求。以顾客心理为导向的定价策略不外乎以下几种:诱饵定价策略、折扣优惠策略、心理高价策略、零头标价策略等等。

诱饵定价策略是指餐饮企业有意选择一些顾客喜爱的菜品,将其价格制定的格外便宜甚至以亏本价销售,目的是以这些菜做诱饵,吸引那些实惠型消费者到餐厅就餐,因为一旦这些消费者来到餐厅,他们就不会仅仅点这一道菜,他们还会点一些其他的菜和饮品,这样一来,餐饮企业虽然在这一道菜上失去了盈利的机会,但这些作为诱饵的菜品却大大拉动了企业其他产品的销售,为企业带来更多的客源和经营利润。

折扣优惠策略也是餐饮企业针对目标客源所经常采纳的一种定价策略。比如餐饮企业会对常客实施累积进餐数量优惠政策,根据消费者光顾餐厅的次数、频率和消费金额,对其进餐给予折扣优惠,以吸引和留住这些回头客,并通过这些常客的口口相传,扩大其市场知名度和社会影响力。另外,餐饮企业也会对大批量就餐的客源如会议、旅游团队、婚宴等给予相当的折扣优惠,以吸引这些客源的经常光顾。

心理高价策略是指餐饮企业利用有些顾客"便宜无好货"的心理定势,故意把餐厅的一些深受顾客喜爱的菜品的价格制定得很高,再辅以饥饿疗法,让客人到店消费的时候经常点不到这道菜,高高地吊起其胃口,引诱其频繁光顾,当然,这一心理高价策略的制定也要因人而异、因时而异,否则弄巧成拙,反为不妙了。而零头定价策略是利用消费者心里感觉的错位,将餐饮产品的定价去掉整数,比如 100 元的菜品定价 98 元,20 元的菜品定价 19.8 元,使消费者产生一种实际价格偏低的心理错觉,从而吸引他们的光顾。

(五)以节事消费为导向的定价策略

现阶段,节事消费的井喷现象正日益引起各餐饮企业的重视。随着人们收入的增加,消费观念的转化,家务劳动越来越为现代人尤其是年轻人所不为,很多人选择在每年重大节庆日子来临的时候和家人朋友等外出就餐,犒劳自己、享受生活。节事消费已经越来越成为一种重要商机,其消费的积聚性和井喷性特点已是很多餐饮企业研究关注并涉及应对的目标所在,目前我国主要假日消费如春节期间的年夜饭、国庆中秋期间的团圆饭、元旦新年家宴以及西方的一些重大节日如圣诞节、情人节等等正成为各餐饮企业争夺客源、扩大市场美誉的良机,因此,一些相应的针对节事消费的定价策略也随之出台。比如年夜饭全家宴套餐价、情人节情侣套餐价、圣诞节套餐价等等。

第三节　餐饮企业的促销策略

餐饮企业的菜品和饮料销售价格确定以后,进入菜品的销售环节。但餐厅的客源增加、食品饮料销量的提高需要餐饮经营者采取多种促销手段,进行一些促销活动。促销是企业取得良好的经营成效的重要环节,因为,在目前竞争激烈的市场环境下,有效的促销手段是企业参与竞争的重要法宝;同时,现时的餐饮消费者尤其是高星级酒店的餐饮消费者的餐饮消费主要是享受性消费,菜品的特色、就餐环境等已成为消费者的消费兴趣所在,而这些信息的获得有赖于餐饮企业的宣传、促销活动。促销是企业经营活动中长期的事业,因此,不同的餐饮企业依据其经营目标、目标市场、内部条件等制定中长期的促销策略和手段。目前餐饮企业常见的促销策略和手段主要有以下几种:即亏损先导、清淡时间优惠策略、延长经营时间策略等等。

一、亏损先导策略

亏损先导策略是指餐饮企业将选择一些较受消费者喜爱的产品,以微利或亏本的价格出售给消费者,希望以此作为诱饵来吸引消费者的光顾并带动和促进餐厅其他产品的销售,以期获得餐厅最终盈利的一种促销决策。一般来说,这一决策的实施给餐馆带来的净收益可以用以下公式来表示:

其他产品增加的客人数×客人平均消费额×(1-其他产品成本变动率)-增加的人工费和其他费用-亏损先导损失的收入-亏损先导增加的成本

案例:

某社会餐馆为吸引更多的顾客光顾并提高其销售额和利润,采纳亏损先导决策,以每位客人免费赠送一杯啤酒作为诱饵,来带动营业收入和利润的增加。结果由于这一政策的实施,光顾该社会餐馆的消费者人数从 200 人增加到 400人,其中每客平均消费额为 10 元,该社会餐馆总销售额从 2000 元增加到 4000元。此外,由于客人总数增加,客人就餐的食品总成本也相应增加,由原来的700 元增加到 1400 元,餐馆的食品变动成本率为 35%,饮料总成本从 150 元增加到 300 元,饮料总收入下降 450 元,所增加的人工和其他费用为 100 元。问:该餐馆这一举措的实施是否给其带来了净收益的增加? 如果有的话,是多少?

案例解答如下:

根据公式:其他产品增加的客人数×客人平均消费额×(1-其他产品成本变动率)-增加的人工费和其他费用-亏损先导损失的收入-亏损先导增加的成本

得出:$(400-200)×10×(1-35\%)-100-450-(300-150)=1300-100-450-150=600$(元)

答:该餐馆这一举措的实施是给该餐馆带来了净收益,净收益是 600 元。

二、清淡时间优惠策略

清淡时间优惠策略是指有些餐馆特别是每天营业时间较长的餐饮企业如酒吧、咖啡厅等等,为提高其每天的清淡时间内的座位周转率和利润,采纳一些价格优惠的政策还利给消费者,以吸引更多的顾客在其清淡时间上门消费的一种促销决策。但是,这种优惠政策有时虽然给餐馆或酒吧等餐饮企业增加了客源,却因为降价导致企业盈利下降过多以致其客源的增加不足以抵消其利润的下降,使企业的促销举措得不偿失。因此,在制定这种降价优惠政策时,企业有必要比较其降价前后的毛利,从而了解企业在实施这种政策后必须增加多少营业收入才使得该举措合理可行。其具体的计算公式如下所示:

折价后销售量需达到折价前的倍数＝折价前每份菜品或饮品的毛利额÷折价后每份菜品或饮品的毛利额

上述这个公式主要是指餐饮企业通过一些优惠政策促进其清淡时间的到店客源和销售收入,那么其打折以后销售收入必须达到其打折前的多少倍才可以使这些优惠措施切实可行,通过这个倍数的计算就可以迅速了解这些政策的得失了。当然,企业优惠政策的有效与否还可以通过计算其打折以后的销售收入是否达到企业要求的水平来判断,其具体的计算公式如下:

折价后需达到的销售收入＝(企业要求获得的利润额＋固定成本)÷〔1－折价前的变动成本率÷(1－拟定的折价率)〕

案例 1:

某咖啡厅在下午 2:00 至 4:00 的时候是其营业的清淡时间,客人光顾寥寥,因此其负责人采取了一项"买一送一"的促销优惠活动,即所有来到该咖啡厅的客人只要点一杯咖啡,该咖啡厅就给予免费续杯一杯咖啡的优惠。该咖啡厅每杯咖啡定价 19.5 元,其成本率是 25%。问:该咖啡厅在这项优惠促销活动后其销售量要达到并超出其原有销售量的几倍,这项优惠促销政策才是有效的?

案例 1 解答:

根据计算公式:折价后销售量需达到折价前的倍数＝折价前每份菜品或饮品的毛利额÷折价后每份菜品或饮品的毛利额

得出:$(19.5-19.5×25\%)÷(19.5×50\%-19.5×25\%)＝3$ 倍

答:该咖啡厅在这项优惠促销活动后其销售量要达到并超出其原有销售量的 3 倍,这项优惠促销政策才是有效的。

案例 2:

某饭店餐厅在每周一至每周五的下午 2:00 至 5:00 是其营业的清淡时间,为带动并促进其这段时间的客源和相应的销售收入,该餐厅对这段时间来餐厅消费的客人予以八折优惠。其每月的固定成本为 25 万元,优惠打折活动前的变动成本率为 60%,餐厅每月要完成的利润指标是 10 万元。问:该餐厅在打折后需每月达到多少销售收入才能完成并超过其 10 万元的利润指标?

案例 2 解答:

餐厅在打折活动前要达到的销售收入＝(10 万元＋25 万元)÷(1－60%)＝87.5 万元

餐厅在打折优惠活动后,为完成其同样的利润指标,需达到的销售收入可以通过以下公式来计算:

折价后需达到的销售收入＝(企业要求获得的利润额＋固定成本)÷〔1－折价前的变动成本率÷(1－拟定的折价率)〕

得出:折价后需达到的销售收入＝(10万元＋25万元)÷〔1－60％÷(1－20％)〕＝140万元

答:该餐厅在打折后需每月达到140万元的销售收入才能完成并超过其10万元的利润指标。

三、延长经营时间策略

从理论上讲,餐饮企业的经营时间越长,其获得的营业收入和利润也就越高,但是,从实际经营的结果看,有的餐饮企业虽然经营时间很长,但其营业成本也相应增加,利润也不见得提高多少。因此,企业的经营管理者们必须考察并确定其最佳的经营时间,从而确保企业的经营效率和效益。

确定餐饮企业的经营时间长短,一般要考虑以下因素:企业在各经营时段的销售收入、企业的食品饮料变动成本率、延长经营时间需要增加的固定开支和可变费用如人工费、燃料费、洗涤费等、延长经营时间所导致的营业税的增加等等。其具体的计算公式如下:

延长经营时间所要求完成的最低销售收入＝延长经营时间需要增加的固定费用÷(1－食品饮料变动成本率－其他变动费用率－营业税率)

案例:

某社会餐馆欲延长其晚间的经营时间一小时,即从晚上9:30延长到10:30,该经营时间的延长将导致人工费增加250元,其他固定费用增加120元,其食品饮料变动成本率为35％,其他变动费用率为10％,营业税率为5％。问:这家餐馆必须至少完成多少销售收入,才使这项延长经营时间的政策是合理有效的?

案例解答如下:

根据公式:延长经营时间所要求完成的最低销售收入＝延长经营时间需要增加的固定费用÷(1－食品饮料变动成本率－其他变动费用率－营业税率)

得出:延长经营时间所要求完成的最低销售收入＝(250＋120)÷(1－35％－10％－5％)＝740元

答:这家餐馆必须至少在这段延长了的经营时间里完成740元的销售收入,才使这项延长经营时间的政策是合理有效的。

当然,餐饮企业有时候执行延长经营时间的策略,并不纯粹是出于对增加销售收入和利润的考虑,有时候即便是对企业盈利收效甚微甚至亏本,企业也会延长其经营时间,这主要是为其塑造一种方便顾客的亲民形象,获得消费者的好感和认可,以扩大其市场口碑和占有率。

第四节　餐饮企业的销售控制管理

餐饮企业的销售控制管理涉及餐饮产品从生产到销售的整个过程,它包括对点菜、出菜、收银等过程的控制和管理,从而确保其最终实现企业销售收入和盈利的目标,避免企业获得了一定预期收入却无法获得预期利润的现象的发生。

一、点菜控制和管理

餐厅点菜是餐饮企业销售控制和管理的第一个环节,而点菜单是餐厅向客人收取餐费的书面凭证,也是向厨房组织生产制作的订单,其作用非同小可,必须严加管理,以免跑账漏账等导致餐厅流失利润的营私舞弊的现象发生。

一般来说,点菜单应覆盖以下内容(如表4-1):点菜日期、客人桌号、服务员姓名及工号、客人人数等基本信息;客人所点菜品饮品名称、数量及价格。前者主要用于传菜送菜辨识的便利性以及万一在服务和收入核算中发现问题时追查责任人的便利性,后者既是厨房生产的根据,又是餐厅向客人收款的凭证,也是企业统计和汇总经营数据的原始出处所在。

餐厅的点菜单一般有两联,其正副联采用不同颜色印制,但是应带有相同的菜单编号,其中一联交厨房组织生产,一联待客人用餐完毕后交收银结账统计之用。收银员在已付款的账单和存根上盖上"现金收讫"的字样,并将存根撕下交服务员保存,证明服务员已经将账单和餐费转交给收银员,若有短账问题,应该由收银员承担责任。交厨房的副联不能扔掉,必须严格存放,以便在当天营业结束的时候对照正副联检查有无空号及差错。

餐饮企业的点菜单一般是专门定制的,以防止有人利用其在市场上购买的普通账单来冒充餐厅的菜单向客人收取并私吞现金的现象的发生。餐厅服务员在点菜时使用的笔也必须是特制的,若是星级饭店的不同餐厅,还应使用不同的定制点菜单和点菜笔,以增加仿冒的难度和避免相互混淆。

表 4-1　餐厅普通点菜单式样

台号	客人数	服务员	日期	账单编号	
序号	品名	数量	金　额		
1					
2					
3					
4					
5					
6					
7					
8					
食品			房号或编号		
饮料					
			签　名		
总计					

……………………………………………………

食品	客人数	服务员	收银员签字	金额	日期	账单编号

　　餐厅的点菜单均带有编号,服务员在开餐前会领取这些点菜单并签字记录其领取的点菜单编号的起始号码,从而确保服务员按照点菜单的编制程序给客人点菜结账付款,若在此期间,发生任何点菜单短缺或点菜单上菜品饮品计价不正确的地方,可以便于管理人员追查到相关服务员。点菜单一般由餐饮成本控制员每天检查其有无漏单、菜品饮品价格填写有无差错,以便及时查找责任人,堵塞漏洞和杜绝营私舞弊现象的发生。

二、出菜控制和管理

　　一般来说,大型餐饮企业由于接待的就餐消费者人数众多,为了确保其供应菜品的速度、质量、规格和次序,减少消费者等待的时间,常常在各厨房内部设置一名出菜控制员,其岗位安排在备餐间,即厨房和餐厅的连接处,该出菜控制员必须熟悉餐厅所有菜品的名称和价格、制作要求和规格质量,确保餐厅所有点菜单上的菜品能得到及时生产和供应、传菜送菜准时及合乎要求、确保厨房严格按照点菜单的副联生产制作菜品并对相关生产情况予以及时记录、对厨房的每份菜品的生产过程予以监督检查从而确保其生产制作的菜品数量、质量和规格、在每天营业结束时核对点菜单上的标号和价格、保管点菜单副联以供将来查账之用。

三、收银控制和管理

餐饮企业的收银管理是企业销售管理的一个最为重要的环节,这个过程涉及两个内容,即消费者餐费的收取和销售情况汇总的记录。对消费者餐费的收取包括是对其现金的收取和记账账单的记录,一般来说,餐厅的现金收入和记账收入应该分别记录统计,在已经付款完毕的点菜单或账单上须盖上"现金收讫"的字样章,并将这些已经收款的单据上锁由专人保管,以防其被人再次利用而私吞企业收入。

餐饮企业为其管理分析的必要,要求收银员必须按照点菜单编号登记记录餐厅每天销售的各项菜品的数目、光顾餐厅的客人人数以及其销售收入等等,从而确保准确反映点菜单据是否短缺编号、有否出现差错,以便对其菜品的销售状况进行控制。此外,餐饮企业通过对现金收入和记账收入的分别汇总,可以控制并掌握其现金收入的情况和流向以及了解其重要记账客人的来源和消费状况,及时并准确反映餐厅吸引消费者和促销的能力。(如表4-2)

表 4-2　餐厅销售汇总表式样

点菜单编号	服务员工号	客人数	销售额	现金销售额	记账销售额	备注
100101	200806	12	￥440.00	￥440.00		
100102	200803	15	￥280.00		￥280.00	
100103	200802	11	￥350.00		￥350.00	
100104	200804	12	￥700.00	￥700.00		
100105	200806	10	￥120.50		￥120.50	
总计		60	￥1890.50	￥1140.00	￥750.50	

客人平均消费额　￥31.50　　　　　　　　　　　　　　　收银员

思考题：

1.影响餐饮企业供求变化的因素有哪些？

2.如何对餐饮企业经营现状进行绩效分析？

3.什么是盈亏分析法和盈亏平衡点？

4.餐饮企业常用的定价策略和定价方法有哪些？

5.餐饮企业常见的促销策略是什么？

6.某社会餐馆的每客平均销售额为25元，每客平均可变成本为12元，其固定成本为4万元，问该餐馆至少应达到多少就餐人数和销售收入才能盈利？

7.某社会餐馆有一道热菜叫"西湖醋鱼"，其中，需要草鱼一条500g，进价为18元/kg，辅料调味品成本为1.8元。若销售毛利率为53%，问：这盘"西湖醋鱼"的销售价格该定为多少？

8.某社会餐馆制定第三季度的目标利润要达到20万元，其餐饮产品的原料成本支出为其销售总额的42%，所涉及的经营费用占其销售总额的27%，营业税费占其销售总额的8%，问：(1)该餐馆第三季度要完成多少销售额才能实现这一目标利润？(2)若该餐馆每天供应午餐和晚餐，拥有180个餐位，其餐位周转率为1.1，其每客平均销售额需达到多少才能完成餐馆的季度销售额指标？

9.某酒吧在晚上5:00至7:00的时候是其营业的清淡时间，客人光顾寥寥，因此其负责人采取了相关促销优惠活动，即对所有在这段时间来到该酒吧的客人免费送一杯红葡萄酒。该酒吧每杯红葡萄酒定价15元，其成本率是25%。问：该酒吧在这项优惠促销活动后其销售量要达到并超出其原有销售量的几倍，这项优惠促销政策才是有效的？

附录：

餐厅销售中常见的舞弊现象及其防范措施

项目	舞弊人	舞弊现象	防范
食品销售	餐厅服务员 *服务员、厨房、收银员沟通难控制。需经理现场监督 *餐厅服务员及收银员 *如果厨房和餐厅服务员沟通难控制	1.客人订菜不记订单，从厨房领菜和饮料，将收到款私吞。	要求厨房必须凭订单副联生产和供应食品饮料。
		2.向亲朋好友供应食品饮料，订单计低价或不记订单不收款。	要求厨房必须凭订单副联供应食品饮料，收银员检查订单价。
		3.使用用过的账单或已向另一顾客收款的账单向客人收款，私吞现款。	发给服务员订单，编号记下，厨房按付联供应食品饮料。
		4.客人的款收到后，将订单毁掉，吞下现金。	订单必须编号。
		5.用私带的客人订单收款，私吞现金，或使用两种账单，以高价账向客人收钱，以正常价交款。	使用印有餐厅名的特有订单。
		6.按订单收款，划掉几项菜注明退货，实际私吞现款。	核对正副联订单，退货要有记录。
	餐厅收银员或服务员	1.从客人处收款，说客人未付款溜走。	监视餐厅就餐区防止客人溜走，要求记录溜走事件。重新培训和安排经常发生客人溜走事件的职工。
		2.收了现款，毁掉订单，说未收订单。	查清是收银员还是服务员舞弊，要求收银员在订单存根上签字。
		3.按客人收现款，按记账处理。	对订单正、副联核对，要求对无效订单汇报。
		4.按客人订单收现款，按记账处理。	记账要求客人出示房卡，记上房号和客人签字，使用信用卡要压印并要求顾客签字。
		5.漏记和少记总账款，少算现金账，吞下差额。	派专人审计现金收入，核对订单总额账款和现金数额。
		6.私拿现金，说是不明原因短缺。	建立有效销售收入记录系统，将经常出现短缺现金者调离岗位。

（资料来源：施涵蕴编著：《餐饮管理》，南开大学出版社）

第五章　食品原料的采购验收和仓储管理

餐饮企业的经营管理可以分为三个部分,即食品原料的采购、验收、存储和发放环节;厨房对食品原料的生产组织和加工制作环节;餐厅对餐饮产品的销售和服务环节。从这三个部分来看,食品原料的采购、验收、存储和发放是整个餐饮企业经营管理的首要环节,这个环节直接关系到厨房出菜的质量和餐厅销售的成本和利润,因此,任何一个餐饮企业的经营者都会对这一环节的管理予以高度重视。

第一节　食品原料的采购管理

餐饮企业食品原料的采购是其整个原料管理的首要环节,是确保企业以最低的采购进价购入既新鲜又高质量的生产原料,以满足厨房生产的需要和企业控制成本获取合理利润的关键所在。餐饮企业的食品原料的采购,因其采购面广量多,菜品品种制作要求的规格复杂,食品原料的供应有强季节性和价格波动性的特点等等,而成为餐饮经营管理中最难控制并且最需要加强管理的环节。

一、食品原料的采购程序

餐饮企业的采购部一般设置采购部经理一名,采购员、验收员和仓库管理员若干名。食品原料的采购程序可以按照以下程序进行:递交请购单→处理请购单→选择供货商→与供货商洽谈→确定供货商→实施采购→送货验收→付款。(详见图 5-1)

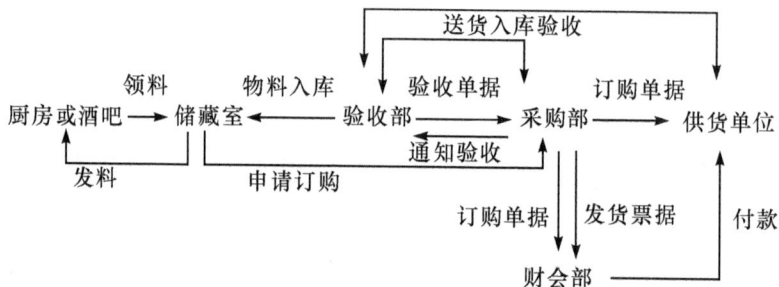

图 5-1　食品原料的采购流程图

从上图可知,餐饮企业的各类仓库根据厨房或餐厅等生产营业部门的经营需要以及仓库内食品原料的储存情况,在所储备的存货不足时,向采购部递交请购单(格式见表 5-1),申请采购。采购部在接到请购单后,予以核实并批复是否准予采购,若同意采购,采购部会将该食品原料的订购单交各供货商,再根据各供货商的报价以及相关质量规格要求选择合适的供货商订购该食品原料(供货商报价单格式见表 5-3)。订购单应一式三份,一份交验收部按照订购单验收,一份交财务部审核付款,一份留采购部备案。(订购单格式见表 5-2)在此之后,供货商根据订购单的要求发货,将货物以及相关票据一起交到验收部验收,经验收入库后,再由验收部将这些货物单据签字盖章后送回采购部,再由采购部对照单据核实后送财务部审核付款,整个采购活动至此方为结束。

表 5-1　某餐饮企业请购单样本

申请部门　　　　　　　　　　　　　　　　　　　年　　月　　日　　NO.0099

编 号	品 名	规格型号	单位	数量	单价	金额	需要日期	采购要求
用途								
审批意见	总经理		财务部经理		采购部经理			申请部门经理

表 5-2　某餐饮企业订购单样本

订购单编号：＿＿＿＿＿＿＿　　　　订购日期＿＿＿＿＿＿＿＿＿＿

致：＿＿＿＿＿＿＿　　　　　　　　付款条件＿＿＿＿＿＿＿＿＿＿

（供货单位）　　　　　　　　　　　订购单位＿＿＿＿＿＿＿＿＿＿

（企业名称）＿＿＿＿＿＿＿＿＿＿

（地址）＿＿＿＿＿＿＿＿＿＿

请送货下列货物：

订购数量	项目	√	运送单位	单价	金额	备注

授权签字＿＿＿＿＿＿＿＿＿　　　　　　　　总计＿＿＿＿＿＿＿＿

注：本订购单明确规定：只接受上述注明条款和条件及订购单附件或说明书内容，而不接受卖方提出的附加条款和条件。此单一式三份，一份交供货商，一份交验收处，一份自留。

表 5-3　某餐饮企业报价单样本

编号：　　　　　　　　　　　　　　　　　　日期：2009/7/22

品名	规格	单价	品名	规格	单价

二、采购人员的选择

上文我们已经提到，餐饮企业的食品原料的采购，因其采购面广量多，菜品品种制作要求的规格复杂，食品原料的供应有强季节性和价格波动性的特点等等，而成为餐饮经营管理中最难控制并且最需要加强管理的环节。优秀的采购员会以合理的价格，在合适的时间，采购符合食品原料规格质量要求的安全可靠的货品，以确保其餐饮生产活动的正常经营。而往往有些采购员素质较差，收取供货商的高额回扣，采购来的食品原料质次价高，既造成了企业生产成本的大幅上涨，又造成了餐饮产品由于劣质原料而无法保证其口感质量的问题。因此，要保证采购程序正常合理进行，采购部就应该选择合适的采购人员从事采购业务，这是当务之急的事。

一般认为,一个好的采购人员必须具备良好的职业道德和思想品德,必须以国家和企业的集体利益为重,严格地执行企业的采购程序,诚实、公正、有效地寻找报价合理、质量规格合乎要求的供货合作单位,为企业采购新鲜、安全、可靠以及价格公道的食品原料,在采购的过程中,不得损公肥私、收受回扣和礼物,不得徇私舞弊、厚此薄彼高价采购,不得随意挥霍采购经费,不得挪用采购资金擅作他用等等。

当然,一个好的采购人员还必须懂得餐饮经营的业务流程,是具备相应业务知识和业务素质的专业人士。一般来说,采购人员必须熟悉食品原料的采购市场,了解其正当的采购渠道和采购程序,懂得厨房内食品原料制作的要领、规格和质量要求,掌握食品原料成本控制与销售利润之间的换算关系,具备足够的专业知识和眼光来判断要采购的食品原料的价格是否便宜合理、质量和规格是否符合规范。

三、采购制度的制定

餐饮企业食品原料的采购过程是复杂难控的,因此,除了要选择诚实精明的采购人员组织和实施采购活动之外,还必须制定严格的采购制度规范和监督采购活动,从根本上杜绝营私舞弊现象的发生,减少企业的经营内耗。采购制度的制定主要包括:明确采购人员的岗位职责和采购权限、制定各类食品原料的采购标准和规格、确立各种采购方法和采购价格管理方法。

（一）明确采购人员的岗位职责和采购权限

由餐饮企业的人力资源部门配备相应的采购人员,并印发其岗位责任书,使其了解采购岗位的职责、权限和程序,懂得其可以做什么、不可以做什么、可以如何做、要承担哪些职责以及在工作中可以享有多少采购权限等等。我们知道,如果采购制度过于刻板严格,有时候会导致采购人员按照采购程序申请并等待批复,这个过程可能会拖沓耽搁而影响了采购效率,错过了采购时节,耽误了厨房的生产速度和效率,不利于餐饮企业的正常经营运作。但是,如果采购制度过于宽松随意缺乏监督的话,又会导致使这些制度本身流于形式,容易被有不良企图的人钻空子,造成企业利润的流失。因此,业内一般会给予采购人员一定金额的采购权限,允许他"将在外君命有所不受",可以在10%的价格或数量范围内上下浮动,不用请示批复,可以灵活掌握自己做主,从而避免因请示上级而耽误时机,错过采购机会。

（二）制定各类食品原料的采购标准和规格

餐饮企业要向消费者提供口感、质地等稳定如一的餐饮产品，就必须采用质量稳定的食品原料，只有企业采购来的食品原料质量始终稳定如一，才能确保其最后生产出来的餐饮产品的成品质量始终稳定如一。因此，餐饮企业有必要对其要采购的各类食品原料制定相应的采购标准和规格，从而确保所采购回来的食品原料质量的稳定如一。根据常规，餐饮企业一般对其经常需要的食品原料制定标准采购规格，根据厨房生产制作的要求对要采购的食品原料制定详细的质量要求，包括对食品原料的产地、等级、部位、外观、色泽、新鲜度等制定采购要求。（见表5-4）

表 5-4　某餐饮企业的标准采购规格表样本

品名	产地	部位形状	色泽和外观	气味和味道	产率	发货

餐饮企业所要采购的食品原料千差万别，其标准采购规格要求也迥异不同，我们在这里对常见的几种重要的食品原料的采购规格加以介绍。

1. 肉类食品原料的标准采购规格要求

制定肉类食品原料的标准采购规格要求时主要涉及这几个部分：即该肉类食品原料的取料部位、新鲜度、嫩度、粘度、脂肪含量、卫生状况和生产厂家等。要求明确该肉类食品原料的取料部位，是夹心肉还是五花肉，是带皮的肉还是不带皮的肉，是前蹄筋还是整个前腿部位的肉等等，因为其取料部位得当与否直接关系到相关菜品的制作质量和制作成本的高低。

肉类食品原料的新鲜与否可以从其外观、气味、色泽、弹性、骨髓等方面来判断，因此，在其标准采购规格要求上应予以说明，同时还须注明该肉类食品原料是否属于新鲜肉还是属于冷冻肉。肉类食品原料的取料部位、育龄和性别关系到该原料的嫩度，也应予以注明。新鲜肉刀断面肉质紧密、有弹性，指压后凹陷能立即恢复，其表面微干或有一层风干膜，稍微湿润，不黏手，带有正常的内脏气味，略带腥味。而不新鲜甚至腐败的肉其刀断面肉质松软弹性小、指压后凹陷不易恢复，表面潮湿灰暗，粘度较高，有霉臭味、酸味或氨气味。新鲜肉的骨髓有光泽、弹性，硬度较高，色泽偏黄，而不新鲜的肉品骨髓有空隙，色泽灰暗，有黏液和腥臭味。

此外,牛肉、羊肉等肉类食品原料肌肉中所含的脂肪度越高,该肉品原料的质量也越高,而采购猪肉时,不仅要考虑其肉品的脂肪含量,还要考虑其肉品的肥膘厚度,因此,在制定其标准采购规格要求时,还必须注明是采购带少量肥膘的腿肉,还是不带肥膘的全精肉。另外,在肉类食品原料的标准采购规格要求中还必须注明所采购的肉类食品原料的生产厂家、商标、包装和运输要求等等。

2. 禽类食品原料的标准采购规格要求

禽类食品原料的质量主要根据其禽肉的新鲜度来确定,从其嘴部、眼睛、皮肤、脂肪、肌肉等方面来判断其肉质的新鲜与否。一般来说,新鲜禽肉的眼球饱满,嘴部、角膜、皮肤、脂肪等部位均有光泽,带有禽类动物特有的气味,无其他异味,色泽淡白或偏红,幼禽有芳香味。不新鲜或腐败的禽类食品原料眼球凹陷,无光泽,弹性小,有酸味或腐败气味,表面发潮有黏液,色泽暗灰偏绿。

采购活禽时,要查看其头部、鼻腔、口腔、冠部等位置是否有异物或变色,眼睛是否明亮有神,倒提时有无分泌物溢出,有无积食、积水或气体,腹部皮肤有无伤痕,胸骨两边肥瘦程度如何,肛门边是否有绿白稀薄粪便黏液溢出等等。

因此,在禽类食品原料的标准采购规格上必须注明其品种、产地、新鲜度、生长期、购买时的肥瘦老嫩程度如何、是属于肉用型还是非肉用型禽类以及重量包装详细要求等等。

3. 水产类食品原料的标准采购规格要求

水产类食品原料包括各种鱼类、虾类、蟹类食品等等,由于其组织细嫩,极易受外界细菌侵蚀而变质,导致其肉质腐烂并产生腥臭味,因此,在制定其标准采购规格要求时,新鲜度是其采购质量保证的关键所在。

一般来说,鱼类食品原料的质量要通过对其鱼鳃、鱼眼、鱼嘴、鱼皮和鱼肉的状况来检验确定。新鲜鱼的鱼鳃色泽呈红色,其中海鱼鱼鳃偏紫色一点,鳃盖密闭几无黏液,鱼眼透明清澈,向外微微凸出,无充血发红的现象,鱼皮表面无黏液、清洁透亮,鱼嘴密闭,鱼肉紧密有弹性,肋骨与脊骨处的鱼肉结实,不脱刺,整条鱼无异味。不新鲜或腐败的鱼鳃盖松弛,呈灰色或苍红色,鱼眼灰暗塌陷发红,鱼皮表面不透明有黏液,鱼鳞松弛脱落,鱼腹膨胀,鱼嘴张开无光泽,鱼肉组织松弛,肋骨与脊骨易脱落,易脱刺。

新鲜的虾头尾完整,爪须齐全,有一定的弯曲度,壳较硬,虾身较挺,虾皮色泽光润,呈青绿色或青白色,虾肉肉质坚实细嫩。不新鲜的虾头尾已经或较易脱落,不能保持一定的弯曲度,虾皮皮壳发暗,色泽发暗,呈红色或灰红色,虾肉肉质松弛。

新鲜的蟹类食品原料身体完整,肉质坚实肥壮,脐部饱满,分量较重,外壳呈青色,有光泽,腹部发白,团脐有蟹黄,肉质新鲜。新鲜的河蟹动作灵活,能轻松地翻转身子,经常不断地吐泡沫并发出响声。不新鲜的螃蟹腿肉既空又松,肉质松弛,分量较轻,壳背呈暗红色,行动迟缓不活泼。

(三)确定各种采购方法

餐饮企业的食品原料面广量多,有的食品原料不易变质、保存期可以较长,而有的食品原料则极易变质,保存期非常短,需要天天采购。因此,对餐饮企业的采购管理来说,可以将其需要的食品原料分为两类:即易坏性食品原料和非易坏性食品原料。采购部门对这两类食品原料也应采取不同的采购方法,下面我们就这两类食品原料的采购加以分别讨论。

1. 对易坏性食品原料的采购方法

易坏性食品原料是指那些不宜存放或存放时间较短、而且容易变质的食品原料,这类原料往往是指新鲜蔬菜、海鲜水产品等等,一般采用天天采购的方式,每天采购一定数量的这类食品原料并且立即使用这些原料,用完后第二天再采购新的,这类易坏性食品原料的采购频率较高。

一般来说,这类易坏性食品原料的采购方法有两种,即根据实际用量采购法和长期订货法。前者是指采购人员根据厨房或仓库每天库存的这种易坏性食品原料的剩余量,以及各厨房厨师长根据近期餐厅的客源预测量填写的该种原料每天的应备货量,然后将应备货量减去企业已有的原料库存量,就得到这种食品原料的需购量,在确定了该种原料的需购量以后,再组织人员实施采购的方法。这种采购方式的具体计算公式如下所示:

食品原料的需购量=应备货量-库存量

案例1:

某社会餐馆日需青蟹200只,根据库存情况,尚有40只富余,问:该餐馆的采购人员第二天需要采购多少只青蟹?

案例1解答如下:

根据公式:食品原料的需购量=应备货量-库存量

得出:青蟹的需购量=200-40=160(只)

答:该餐馆的采购人员第二天还需要采购160只青蟹。

长期订货法是指餐饮企业与某家供货商签订供货合同,对一些价值不高、每天消耗量较大的食品原料以固定的价格由供货商每天向企业上门送货供应规定数量的原料,确保餐饮企业免除天天采购的麻烦,大大节省了人工费用的采购方法。这种方法往往适用于采购面包、牛奶、鸡蛋、各类蔬菜水果和饮料等价值不高、每天消耗量大且稳定的食品原料。

2. 对非易坏性食品原料的采购方法

(1)大批量采购法

非易坏性食品原料是指那些不易迅速变质的、可以较长时间存放而几乎不会导致质量下降的食品原料。有些餐饮企业出于大批量购买原料可以获得价格优惠以及减少采购工作量的考虑,往往对这些非易坏性食品原料采用一次性大量购买的方式将其储存在仓库里,这种大批量采购的方式也有缺点,比如会占用餐饮企业大量流动资金并导致这批资金的利息损失或其他投资损失,而且由于其一次性大批量采购的数量较大,会使得这些较长一段时期内无法被生产营业部门消化的食品原料长时间搁置在仓库里,导致仓库库存量大大增加,占用较大的库存面积并且使得相应的仓库管理费用如涉及仓库存货清点、盘存和清扫等的人工费用也随之上涨。因此,餐饮企业究竟要对这种非易坏性食品原料采取大批量采购的方式,还是要采取分小批购买的方式,还需要通过计算才能确定其得失。在这个计算公式中,必须考虑餐饮企业的采购费用、储存费用、占用资金的利息损失以及大批量进货所能获得的价格折扣等等,其具体计算公式如下所示:

大批量采购食品原料所能节省的资金额度＝该批量采购总金额×价格折扣

整批采购占用资金所涉及的利息损失＝该批量采购总金额×银行贷款月利息率×该批量采购原料可使用的月数

每月分小批量采购可以节省的利息额度＝该批量采购总金额×银行贷款月利息率×该批量采购原料可使用的月数－该批量采购总金额×银行贷款月利息率×(该批量采购原料可使用的月数＋1)÷2

通过以上三个公式得知:

大批量采购食品原料所能节省的资金额度－每月分小批量采购可以节省的利息额度＝该批量采购总金额×价格折扣－该批量采购总金额×银行贷款月利息率×该批量采购原料可使用的月数－该批量采购总金额×银行贷款月利息率×(该批量采购原料可使用的月数＋1)÷2＝该批量采购总金额×〔价格折扣率－银行贷款月利息率×(该批量采购原料可使用的月数－1)÷2〕

由上述计算公式可知,若大批量采购食品原料所能节省的资金额度能大于每月分小批量采购可以节省的利息额度,则企业采用大批量采购食品原料更合算些;反过来,若大批量采购食品原料所能节省的资金额度小于每月分小批量采购可以节省的利息额度,则企业采用每月分小批量采购食品原料更合算些。

案例 2:

某社会餐馆如果一次性大批量采购总价值为 10 万元的食品原料,可以得到 6％的价格折扣率,假定这批食品原料可使用 5 个月,其占用的采购资金月息贷款利率为1％。问:该餐馆是采用一次性大批量采购这批食品原料合算还是分小批采购更合算?

案例2解答如下:

根据公式:大批量采购食品原料所能节省的资金额度－每月分小批量采购可以节省的利息额度＝该批量采购总金额×价格折扣－该批量采购总金额×银行贷款月利息率×该批量采购原料可使用的月数－该批量采购总金额×银行贷款月利息率×(该批量采购原料可使用的月数＋1)÷2＝该批量采购总金额×〔价格折扣率－银行贷款月利息率×(该批量采购原料可使用的月数－1)÷2〕＝100000×〔6％－1％×(5－1)÷2〕＝4000(元)

答:该餐馆采用一次性大批量采购这批食品原料更合算,可以节省4000元资金。

(2)定期采购法

在实际的餐饮经营运作过程中,各家餐饮企业往往对非易坏性食品原料普遍采用定期采购法,企业经营管理人员可以根据其库房的储存面积、食品原料的可获得性以及企业流动资金的多寡等因素来确定这类食品原料需要采购的间隔天数,再根据这些食品原料每天的消耗量来计算出这些食品原料的标准储存量,并根据这些原料的实际储存量与其标准储存量的差额,来计算出这些原料所需要采购的数量。其具体的计算公式如下所示:

标准储存量＝每天消耗量×定期采购间隔天数＋保险储存量

原料需购量＝标准储存量－现有库存量＋每天消耗量×发货天数

定期采购法的优点是采购人员可以根据其需要采购的这批食品原料的标准储存量和原料需购量来采购,这样该食品原料就不会过量储存,采购数量也容易确定,可以减少采购次数和频率,也可以减少采购人员的工作量,以便他们投入更多的时间和精力采购易坏性食品原料。但是,定期采购法也存在着不足之处,比如有时候可能会出现某种食品原料的使用量大大增加,这样一来,用定期采购法就不易发现所用食品原料的短缺等等。因此,有的餐饮企业会对每一种食品原料制订最低警告储量,当餐饮生产经营所需要的这种食品原料下降到最低警告储量时,即使还没有到企业的定期采购的日期,企业也会组织人员前去采购。餐饮企业最低警告储量的计算方法如下所示:

最低警告储量＝每天消耗量×发货天数＋保险储存量

案例3:

某社会餐馆每天平均消耗4箱水蜜桃罐头,其中每箱有12听水蜜桃罐头,该社会餐馆每隔一周对罐头类食品原料采购一次,水蜜桃罐头有250听的保险储存量,罐头类食品原料的发货时间为4天,若餐馆在其采购日期前还剩下400

听水蜜桃罐头,问:该餐馆的水蜜桃罐头的标准储存量、最低警告储存量以及原料需购量分别是多少?

案例 3 解答如下:

根据公式:标准储存量＝每天消耗量×定期采购间隔天数＋保险储存量

得知:该餐馆的水蜜桃罐头的标准储存量＝4×12×2×7＋250＝922(听)

又根据公式:最低警告储量＝每天消耗量×发货天数＋保险储存量

得知:该餐馆的水蜜桃罐头的最低警告储存量＝4×12×4＋250＝442(听)

又根据公式:原料需购量＝标准储存量－现有库存量＋每天消耗量×发货天数

得知:该餐馆的水蜜桃罐头的原料需购量＝922－400＋4×12×4＝714(听)

答:该餐馆的水蜜桃罐头的标准储存量、最低警告储存量以及原料需购量分别是 922 听、442 听和 714 听。

(3)订货点采购法

餐饮企业还经常采用订货点采购法来采购这些非易坏性食品原料。订货点采购法是通过对仓库里各种食品原料的库存记录了解这些食品原料的现有库存量,然后对那些库存不足已经达到订货规定储量的食品原料进行采购的方法。食品原料的订货点储存量相当于其最低警告储存量,其计算公式如下:

订货点储存量＝每天消耗量×发货天数＋保险储存量

采用订货点采购法的食品原料,其采购周期和采购数量都相对稳定,其食品原料需购量也可以通过以下公式计算而得:

原料需购量＝标准储存量－订货点储存量＋每天消耗量×发货天数

在该公式中所指的食品原料的标准储存量是根据其食品原料的每天平均消耗量、两期采购相隔的天数、所配备的该类食品原料的保险储存量而定,在确定该食品原料的标准储存量时,除了考虑上述各种因素外,还需要考虑企业采购并储存食品原料可占用的流动资金是多少、其市场供应的充足程度以及运输的时间和便利性等等因素。餐饮企业食品原料的标准储存量往往指的是其食品原料的最高储存量,其计算公式如下:

标准储存量＝最高储存量＝每天消耗量×两期采购相隔的天数＋保险储存量

案例 4:

某社会餐馆平均每天消耗 18 公斤冷冻羊肉,其标准储存量确定为 200 公斤,发货需用 3 天,保险储存量为 40 公斤,问:该冷冻羊肉的订货点储存量和原料需购量分别是多少?

案例 4 解答如下:

根据公式：订货点储存量＝每天消耗量×发货天数＋保险储存量

得知：该冷冻羊肉的订货点储存量＝18×3＋40＝94（公斤）

又根据公式：原料需购量＝标准储存量－订货点储存量＋每天消耗量×发货天数

可得：该冷冻羊肉的原料需购量＝200－94＋18×3＝160（公斤）

答：该冷冻羊肉的订货点储存量和原料需购量分别是94公斤和160公斤。

（四）制定各种采购价格管理方法

餐饮企业目前经常使用的采购价格管理方法主要有两种：即最低报价法和多数最低价法。最低报价法是指餐饮企业为获得某种食品原料的最低报价，向多家该食品原料的供货商送交空白报价单，请其根据企业欲采购的食品原料的采购规格和质量要求报价，为避免各供货商联合哄抬物价和扩散报价信息，要求各供货商将各自的报价单密封寄回，以方便该餐饮企业从中选择最低报价。

上文我们已经提到过，餐饮企业每天所用的食品原料面广量多，若企业对每一种食品原料都采取最低报价法采购，则采购人员牵扯精力过多，企业所涉及的相关人工费用也会随之大大增加。多数最低价法是指餐饮企业为避免大工作量投入对所有食品原料的采购，对某些食品原料的采购采取定期向同一供应商购买，并从中获得长期优惠价格的一种采购方法。使用这种采购方法的餐饮企业，在得到各供应商对各种原料的报价后，根据各供应商的各种报价情况以及与供应商长期合作的关系等因素，选择那些对企业的大多数食品原料报价最低的供应商供货，在这种情况下，虽然该供应商不是对企业所有的食品原料都给予了最低报价，但是至少会对企业的绝大多数食品原料给予企业最低报价。

有的餐饮集团企业为获得较大的食品原料的进价折扣和确保其经营的餐饮产品的稳定性和统一性，对一些大宗的食品原料或具有本餐饮集团特色的食品原料采取集中采购的方式，从而使得企业的经营成本降低和保证其经营特色的继续。

第二节　食品原料的验收管理

餐饮企业对其采购回来的各种食品原料必须设置严格的验收管理制度，以便从制度上保证并制约采购部门所采购的食品原料的数量、规格、质量等是符合餐饮企业的生产和经营要求的，并确保采购部门是以最合理的价格体系组织这些食品原料的来源，从而保证餐饮生产经营的成本控制和利润。因此，从这个意义来说,餐饮企业食品原料的验收控制也是餐饮经营与管理过程中不可或缺的重要环节,企业需要设置严格而完善的验收程序、验收方法和验收体系。

一、食品原料的验收程序

食品原料的验收程序是验收员核实所采购的食品原料与订货单上的要求是否一致:

　　若不一致则不予受理

　　若一致则检查供应商所发送的食品原料的数量与订货单上的数量是
　　　否一致→

　　若数量不足则要求补足货源或重开发票

　　若该食品原料不符合标准采购规格要求则填写退料单予以退货

　　若验收合格,验收员则要在账单上加盖验收章并签字,账单的正本交
　　　财务处作记账交款的凭证,账单的副本退还给供应商→验收完毕后,
　　　验收员填写验收日报表。

验收员在实施验收管理的过程中,要求该食品原料供应商的送货员也在场,这样在验收中发现数量不足或规格不符的食品原料时,可以得到对方送货员的确认和签字,对方必须在验收员填写的退料通知单以及数量、规格不准的通知单上签字,然后由验收员将通知单和发票副本一起退回给食品原料的供应商。

验收合格后,验收员要求要在账单上签字并加盖验收章,验收章一般有以下内容:收货日期、确认货物合格的验收员的签字、采购员签字了解货物已经送到、食品饮料成本控制员核对账单金额无误后签字、分管领导同意付款的签字。(见图 5-2)

　　　　验收章　　　　　　　　　　日期＿＿＿＿＿＿＿＿

　　验收员签字＿＿＿＿＿＿＿＿

　　采购员签字＿＿＿＿＿＿＿＿

　　成本核算员签字＿＿＿＿＿＿

　　同意付款签字＿＿＿＿＿＿＿

图 5-2　某餐馆的食品原料验收章样本

一般来说,餐饮企业的验收部门设在离仓库较近的地方,并备有齐全的验收工具如磅秤、天平秤、温度计、起钉器、纸板箱切割工具、榔头、尖刀、暗箱等,还配备充足的验收单据材料如验收单、验收标签、购货发票、收货单、验收工作手册、采购食品原料的标准规格等。在验收过程中,要注意不要将饮料和食品原料一

起验收,因为饮料容易被盗造成餐饮企业的损失。验收货物时动作要迅速,易坏性食品原料要先验收,以免其容易变质等等。

在验收结束后,要由验收员来填写验收日报表,验收日报表上,验收员不仅要清楚记载食品原料的品名、规格、数量、单价、金额、进货日期和供货单位,还要注明这些食品原料的各自去向,是直接送入厨房还是暂时送入仓库保管。(见表5-5、5-6)

表 5-5　某餐馆的食品原料验收日报表

日期:　　　　　编号:

货品名	供应商名称	发票号	数量	单价	金额	直接采购				库房采购食品					
						一厨房		二厨房		一号库		二号库		三号库	
						数量	金额	数量	金额	数量	金额	数量	金额	数量	金额
合计															
合计															
总计															

表 5-6　某餐馆的饮料验收日报表

日期:　　　　　编号:

品名	供应商名称	发票号	箱数	瓶数	每瓶容量	每瓶单价	每箱单价	总金额
总计								

在上述验收日报表中,我们可以发现,餐饮企业采购并完成验收的食品原料

可以分为两大类：即直接采购原料和库房采购原料。前者是指经验收合格后直接送到厨房马上用于生产制作并在验收时直接记入餐饮成本的食品原料，这类食品原料大都属于易坏性原料，如新鲜蔬菜水果、新鲜面包、奶制品、新鲜的鱼肉海鲜家禽等。他们需要天天采购，立即使用，不宜存放，容易变质。后者是指经验收合格后被暂时送到仓库储存并在领料时方记入餐饮成本的食品原料，这类食品原料不立即使用，长时间存放后质量不会明显下降，如各类罐头、干货、调味品、冷冻食品等。

验收员填写完验收日报表以后，须在当天将经验收合格签字的账单，连同验收日报表一起送交财务部，然后由企业的成本控制员记下直接采购食品原料的金额，计算当天各厨房的食品成本，同时，由仓库管理员记录各库房采购原料进入仓库时的数量和金额，在月底，再汇总餐饮企业每天的验收日报表，得到企业本月直接采购食品原料金额和库房采购食品原料金额的数据。

二、验收员的选择

餐饮企业的验收控制管理的有效性取决于企业是否选择和配备称职的验收员严格把关、不徇私情、认真负责地按照企业的验收制度和验收程序检查所采购的食品原料的数量、价格、规格、质量等是否符合企业生产经营的要求。

餐饮企业所设置的验收员必须是独立专职地负责企业食品原料的验收工作，必须具备餐饮行业的专业知识，熟悉餐饮食品原料的采购规格要求、了解所采购的食品原料的相关常识如了解食品原料的取材部位、产地、级别、质量等，验收员往往隶属于餐饮企业的财务部门，对企业的财务制度了如指掌并能严格执行。

餐饮企业验收员的主要岗位职责是验证核实供应商所送食品原料的数量、质量、规格和价格等是否和企业订货单上的货物数量、质量、规格和价格等要求一致，必须采用各种验收工具对供应商所送来的食品原料开箱验货，抽样检查有无数量或分量不足的情况，并根据其所具备的餐饮专业知识，观察并确定供应商所送的食品原料的新鲜度和形态质量是否合乎要求，同时仔细核对订货单上的报价和规格要求与送货商所提交的票据上的数据是否相符。在验收完毕后，验收员对每天验收的食品原料还必须仔细填写验收日报表。

验收员在核对供应商所送食品原料的数量时，要仔细点数所发送入库的食品原料的实物数量，并检查该数量与送货员提交的订购单、账单上的货物数量是否一致，在抽样称重时，要核实该食品原料的实际重量和其外包装上注明的重量是否一致。对以包装箱等物品包装的食品原料必须抽样开箱检验，特别要注意查看包装箱底层是否装满货物,因为有些素质较差的供应商会私自打开原有包装箱,将包装箱底部的一部分原料抽取掉或者以次充好,试图蒙混过关,骗取利益。另外,还要注意一个现象,就是有一些供应商为了试图多销售一点食品原料,往往会多送一点货物过来,或者所送交的货物数量远远超出了企业订货单上的数量,或者将企业没有订购的货物也一并送来,这时就需要验收员认真把关,仔细核对供应商所报账单上的货物是否都已经收到了,并检查其数量、重量是否和订货单以及实际所送交的货物一致。

验收员除了要对供应商所送交的食品原料要核对数量、重量之外,还要严格把关控制检查其所送货物的质量,要严防供应商或采购员以次充好,以低级别低规格的食品原料来冒充高级别高规格的货物,以便从中捞取好处。因此,验收员在验收时应该仔细察看供应商送交的实际货物的规格、质量、形态和新鲜度,并核对其与该货物的标准采购规格要求以及与订货单、账单上的货物规格质量要求是否一致。检查时要特别注意食品原料的生产日期,坚决拒收那些已经超过食品保质期的货物,要注意食品原料的实际商标是否与订货单以及账单上的商标相一致,因为不同厂家生产的同一种食品原料也会因其生产工艺、加工原料质地以及生产要求不同而导致其质量有较大差异。要注意供应商所送交的蔬菜水果是否新鲜、是否出现腐烂,对肉类食品要仔细检查其取样部位并注意是否有渗水现象发生。大批量采购时,要对罐头食品或饮料抽样检验其质量,检查这些罐头食品是否有凸形、里面的食品饮料是否已经变质等等。

验收员在验收过程中,还要注意把好食品原料的价格关,要仔细核对企业订货单上的订货价格和送货商最后提交的账单报价是否一致,因为的确有一些供应商虽然在采购员订购货物时答应了货物的采购价格,但是在开立账单时又会偷偷地将价格改过来,试图悄悄提价,蒙混过关。因此,餐饮企业的验收员必须认真把关,仔细对照订货单和账单上各种食品原料的价格是否一致,避免企业吃亏的现象发生。

第三节　食品原料的仓储管理

餐饮企业的仓储管理合理与否直接关系到企业食品原料是否能被合理使用,若企业的仓储管理杂乱无章,就有可能出现其库存物资流失、挪用和变质腐烂的现象,从而导致企业生产经营成本的增加以及企业餐饮产品生产质量的下降。因此,任何一家餐饮企业都必须重视并加强其仓储管理,认识到仓储管理的严格与否是关系到企业经营成败的一个重要环节,致力于改善企业的仓储设施和条件,制定行之有效的库存制度和管理方法,确保企业仓储管理的有效性以及其库存的物资能得到合理高效的使用。

一、餐饮企业仓储管理部门的组织形式与库房设计

(一)餐饮企业仓储管理部门的组织形式

餐饮企业的仓储管理部门是介于采购供应部门和厨房生产部门的中间环节,其组织形式一般有两种:即专门设置独立的仓储管理部和隶属于饭店餐饮部的库房管理模式。前者是由餐饮企业设置专门的仓储管理部,或与其他业务部门一样直接受总经理领导,或与采购部一起隶属于财务部管理,可根据餐饮企业各种食品原料以及其他物资用品的储存要求,分类设置各式库房如百货库、五金库、陶瓷库、布草库、食品库等,而食品库又可根据其各种食品原料的不同储存条件,分设各种小库房如干货储存库、化解库、冷藏库、冷冻库、酒水饮料库等。(见图 5-3)

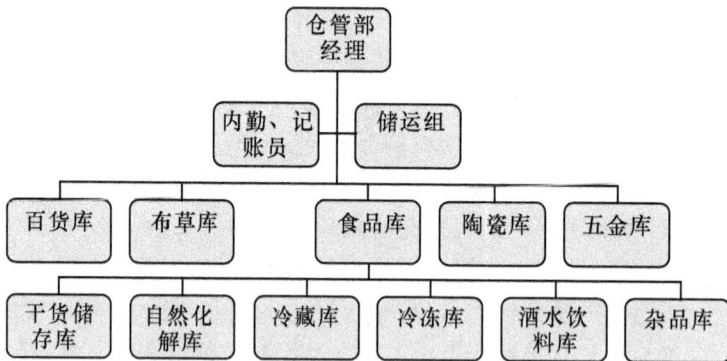

图 5-3　餐饮企业仓储管理部的组织形式

餐饮企业仓储管理的另一种组织形式是隶属于饭店餐饮部的库房管理模式,这种组织形式常见于星级酒店,企业的仓储管理隶属于饭店的餐饮部,由餐饮部下设食品原料库房主管,直接受餐饮部经理的领导,并分别设置不同的食品原料小库房如干货储存库、冷藏库、冷冻库、化解库、酒水饮料库、餐具杂品库等。(见图 5-4)

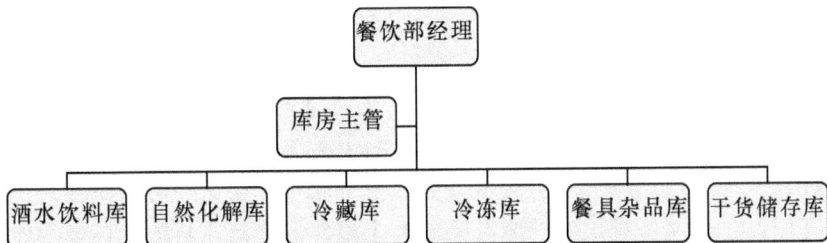

图 5-4　　隶属于餐饮部的库房管理模式

（二）餐饮企业仓储管理部门的各式库房设计要求

餐饮生产所需要的食品原料是多种多样的,他们所需要存放的设备和条件也是各式各样的,因此,企业有必要对不同的食品原料用不同的库房来存放,才能保证其储存管理的科学性和有效性,才能最大限度地提高各种食品原料的使用时间和使用质量。餐饮企业常见的仓储库房有以下几种:

1.干货储存库

干货储存库主要用来存放那些不含水分或含水分很少的食品原料,以及那些不易腐败变质,不需低温冷藏的食品原料,还包括可以存放一些用瓶装、罐装或其他密封方式包装的食品原料。常见的干货食品原料有各种饮料、香料、调味品、米、面粉、豆类食品、各种瓶装或罐装食品、糖果、糕点、干果、蜜饯等。

根据研究结果得知:温度越高,食品原料的保存期越短,比如室温在 20 摄氏度时,食品原料的保存期要比室温超过 35 摄氏度的食品原料长三倍。因此,干货储存库的温度一般控制在常温,即 10 至 20 摄氏度之内,不需要供热或制冷设备,这样的温度可以使得干货储存库里存放的食品原料保持其自然风味和营养价值,避免其变质腐败而造成浪费和成本增加。

干货储存库的库房一般要求照明和通风条件良好、干燥凉爽。库房的相对湿度应该保持在 50% 左右,湿度过高,库房内的食品原料就容易发潮霉变。按照常规,为保持库房干燥,库房管理员应该每小时给库房交换空气四次以上,尤其是梅雨天气,库的墙面、地面、管道容易反潮积水,造成库房湿度增加,这时更应注意室内空气交换,保持通风良好,降低库房湿度。有些蔬菜水果如土豆等,需要较低的温度和较好的通风条件来储藏,仓库管理员在存放这些食品原料时,应该尽量把他们放在远离地面、墙面的地方,避免潮气的侵袭。

干货储存库在设计时还应注意防鼠和防虫,因为老鼠、虫子不仅会偷食咬嚼各种食品原料给企业造成损失浪费,还会传播疾病,造成食物中毒的恶性事故发生。干货储存库为防止鼠害和虫害,应该经常清扫库房,保持库房的干净整洁,不留任何卫生死角给老鼠害虫以生存的空间。但是,在库房里不能直接放置杀虫药或老鼠药,这些物品应设置标签放在专门的地方,以免意外发生。

干货储存库的存放面积应根据餐饮企业的经营要求、食品原料采购的时间和远近、就餐客源人数和销售收入以及菜单的种类、菜品的数量、流动资金的多寡等等因素来确定,一般来说,餐饮企业的干货储存库应该拥有的储存面积是至少具有保证企业储备餐饮生产所需要的两个星期的食品原料的储存量。业内常用这样的计算方法来计算其库房的储存面积,即将所需要储存两周的食品原料的占用面积,再加上相应的空间安置各种货架、通道等非储存食品原料的区域,就可以计算出干货储存库库房的实际储存面积。

2.冷藏库

冷藏库主要用来存放一些需要依靠低温来抑制细菌生长繁殖从而延长其保存期限和保证其保存质量的食品原料。经常储存于冷藏库的食品原料有新鲜的鱼、肉、禽类食品原料,新鲜的水果蔬菜,蛋类、奶制品,加工后的成品、半成品如冷菜、熟食、剩菜等,需要冷藏饮用的饮料、啤酒等。根据常识,在 15 摄氏度至49 摄氏度,细菌的繁殖最迅速,而低于 4 摄氏度,细菌一般不繁殖,因此,冷藏库的温度一般设置在 4 摄氏度以下。

冷藏库里还要注意对库房湿度的控制,若湿度过大,会有利于细菌繁殖从而加速食品原料变质,若湿度过小,又会造成水分流失过快,从而导致食品原料干缩、失去新鲜感,影响餐饮生产的质量。一般来说,餐饮企业冷藏库的湿度须保持在 75% 至 85% 的水平,对有一些需要更高湿度的食品原料如蔬菜水果等则可以加盖保鲜膜和湿布来保持该食品原料的相对湿度,从而防止其干缩变形。

由于冷藏库内储存的有一部分食品原料是成品和半成品,因此更要注意保持冷藏库库房的清洁卫生。一般来说,生食和熟食要分开储存;食品原料在进入冷藏库前要注意检查其是否变质,变质的食品原料会污染冷藏库库房的空气以及污染冷藏设备,会容易造成细菌传播以致污染其他食品原料,因此决不能将变质的食品饮料放入冷藏库库房内储存;具有强烈气味的食品原料应该专门放入密封的容器内以防其串味从而影响其他的食品原料;那些粘有污泥的肮脏的包装箱或包装盒不能直接放入冷藏库库房内,要拆除其包装并用干净的容器存放后才能放入冷藏库库房储存;温热的成品和半成品在冷藏前须先冷却后再入库冷藏,否则会损坏库内制冷设备等等。

冷藏库库房也要注意通风,若食品原料表面变得粘滑,则说明冷藏库库房内温度过高、通风不良,这有可能是由于制冷导管上凝结的冰块过厚或制冷设备的挥发器堵塞造成制冷失效而致,应该做解冻处理,使得库内制冷设备尽快恢复正常运行;若库内食品原料干缩速度过快,则说明冷藏库库房内空气流通过于频繁或库房内湿度过低,宜采取相应措施提高库房的相对湿度,保证食品原料不至于过早干缩,从而影响食品生产制作的质量。

3. 冷冻库

冷冻库是用来储存保存期较长的食品原料如冻肉、冻鱼、禽类食品、部分反季的冷冻蔬菜等,还可以用来储存已经加工的成品和半成品等食品原料。这类库房可以延长食品原料的储存时间,便于企业大批量采购和储存食品原料,从而减少企业的采购、运输以及验收的频率,大大地节约了企业的人力成本。此外,冷冻后的食品原料易于运输和储存,在其生产加工和经营销售的过程中不易变质,而且使用冷冻的成品和半成品食物如速冻饺子、馄饨、春卷以及涨发好的速冻干贝等,可以减少企业生产加工的时间,加快厨房出菜的速度,提高餐厅餐位周转的频率。因此,可以说,冷冻技术和冷冻库在餐饮生产经营中起的作用越来越大。

当然,随着冷冻库库房内食品原料的保存时间的延长,这些食品原料的质地、色泽、香味、营养成分也会随之下降,因此,要保证冷冻食品原料的质量完好,首先要控制好冷冻库库房的相关储存条件。要注意不同的食品原料需要不同的冷冻储存条件,如猪肉的冷冻储存期可以长达 3 至 6 个月,而鱼类食品原料的冷冻储存期只有 1 至 3 个月等等。

一般来说,要尽可能久地保证冷冻食品原料的储存期限,要注意两个方面的事宜。一是要在验收食品原料后尽快冷冻这些食品原料,这些食品原料冷冻的速度越快,其内部冻结的结晶颗粒就越细小,其食物结构就越不易损坏,食品原料的保存期也越长。当然,这些食品原料在验收后绝不能解冻,因为冷冻食物特别是鱼、肉、禽类食物一经解冻,其附带的微生物会迅速复苏,破坏食品原料的组织结构,引起食品原料迅速腐败变质,此时,即便再次迅速冷冻,也已经破坏了该食品原料的外在形态、营养成分和质地香味。二是注意要在冷冻库库房内保持较低的储存温度。根据常识,在 0 摄氏度的时候,虽然许多食品原料已被冷冻,但其附带的微生物并没有死亡,而且,在零下 18 摄氏度至零下 1 摄氏度的温度下储存的食品原料,其储存温度每增加 5 度,该食品原料的保存质量就以 5 倍的速率下降。因此,冷冻食品原料储存的最佳温度一般在零下 17 摄氏度至零下 18 摄氏度之间或以下。当然,食品原料冷冻了以后固然可以延长其保存期限,但是这并不等于说食品原料是可以无限期储存的,一般来说,食品原料的冷冻储存期限不要超过三个月。

4. 自然化解库

餐饮企业的自然化解库是企业专门用来化解其冷冻食品原料的地方。各种食品原料的解冻应该迅速进行,并要确保其解冻过程中该食品原料不受到任何污染,食品原料的解冻过程不能在常温下进行,以免引起食品原料所附带的微生物细菌的迅速繁殖,从而导致该食品原料迅速变质,造成企业的浪费。自然化解库库房的温度一般设置在零下3摄氏度至零上3摄氏度之间,以便于各种食品原料的解冻,像鱼、肉、禽类食品原料必须解冻以后才能使用,若厨房等着急用的话,也可以将食品原料装入清洁干净的塑料袋内,并将该塑料袋放入冷水池冲洗浸泡解冻。

有些冷冻食品原料如蔬菜、饺子、馄饨、春卷等可以不必经过解冻即可直接烹调食用,这样反而能使这类食品原料保持色泽和外形的美感。食品原料特别是鱼、肉、禽类食物一旦解冻以后,不宜再储存,应该尽快得到使用,绝不能再次储存入库,以免其腐烂变质并迅速污染库房空气和储存的设备器皿,从而影响其他食品原料的质量。

5. 酒水饮料库

酒水饮料库是餐饮企业专门用来储存各类酒水和饮料的地方,因为一般的酒水在常温下就可以储存,所以酒水饮料库库房往往设置在阴凉之处,要避免太阳光的直射,在夏季气温较高的时候可用库房内的空调调节气温保证其储存温度的适宜。酒水的储存应避免经常震动,否则酒味会发生变化,而且酒水饮料库库房内有许多名贵的酒水储存,应避免丢失或盗窃,要随时上锁并配备专人管理。

当然,不同的酒水需要不同的储存条件,有些名贵的酒水质量格外娇贵,应该注意其各自的保存方法和储藏条件。比如啤酒是不能久藏的酒水,其最佳保存期在3个月以内,越新鲜则其口感越好,而且啤酒的保存温度一般在4摄氏度左右,温度超过16摄氏度时啤酒会变质,温度低于零下10摄氏度时啤酒酒液会浑浊不清。啤酒的储存还需要避免剧烈的震动和冷热温度的急剧变化,对于在常温下储存的啤酒消费者往往在饮用时要求加冰块以增加其口感,因此,若啤酒储存在4摄氏度左右的库房里,可以直接提供给消费者饮用,从而避免了冰块的使用并且减少了消费者等待的时间。

普通的葡萄酒也可以在常温下储存,红葡萄酒一般在12至15摄氏度储存,白葡萄酒则在10至12摄氏度储存,红、白葡萄酒可以存放在同一仓库的不同容器里,用不同的空气流通方法调节其各自的温度。而且在储存葡萄酒时,要注意将葡萄酒瓶平放在酒架上,从而使得其软木塞浸泡在酒液里而不至于被氧化干缩,因为葡萄酒的软木塞盖子一旦干缩,就会产生空隙导致外界的空气进入酒液里并与之发生化学反应,导致酒液变质变色,影响饮用的效果。

香槟酒储存时要注意温度不宜太高,因为太高的温度会容易引起酒液的老化,其储存的湿度也不宜太大,湿度过大会导致其酒标和瓶塞的霉变,从而影响其酒水质量和外观形象。另外,由于香槟酒酒液里含有大量的二氧化碳气体,因此,在其储存期间一定要避免将其剧烈震动,因为香槟酒酒液一旦被剧烈震动后,在开瓶时会由于喷溅出大量酒液而产生爆炸等危及人身的事故。香槟酒在储存时也和葡萄酒一样要平放,使其软木塞浸润在酒液里避免软木塞干缩现象发生。

烈性酒的储存不太需要特别的储存条件,因为烈性酒可以储存很长时间,而且不太受空气氧化的影响,只要注意不要使其金属瓶盖生锈并与酒液发生化学反应即可。

6.杂品库

杂品库主要用于存放餐饮企业的各种器皿用具和非食用性物资如各种餐具炊具、清洁用具和用品、各种布草纸品等物品。一般来说,清洁剂和清洁用品往往带点毒性和腐蚀性,应该单独存放,不宜和食用原料和物品放在一起,而且必须注上货名标记以免被误用到食品生产中去,从而引起恶性事故的发生。存放餐具的储备量要多于餐饮企业目前的使用量,一般要比目前在周转使用的餐具的总量还要多20%,餐具的存放应该避免使用金属架,因为金属架容易使餐具破损而造成损失,存放这些瓷器、玻璃为主的餐具应以木头货架为宜。

二、仓储管理部门食品原料的发放和存货控制

餐饮企业仓储管理部门储存的食品原料是企业的一大笔资金投资所在,这笔储存的食品原料会在今后的餐饮生产过程中得到不断的使用并转化成企业的经营收入和利润,因此,企业对于其仓储管理部门的管理和监督决不能流于松懈,一定要制定严格的库存制度和库存控制体系监督并控制其食品原料的发放和储存过程,从而减少企业的非经营性消耗。

(一)仓储管理部门食品原料的发放控制

为保证餐饮企业厨房生产的及时供应以及对厨房生产加工成本的有效控制,企业必须有严格合理的食品原料发放方法,以确保其对餐饮生产管理的有效控制和监督。一般来说,餐饮企业食品原料发放的方式不外乎两种:即将验收合格的食品原料直接发放至厨房的方式和将验收合格的食品原料先发放至仓储管理部门,再由仓储管理部门根据生产经营的需要将这些食品原料发放至厨房的方式。下面我们就这两种食品原料的发放方式加以介绍讨论。

1.食品原料的直接发放法

食品原料的直接发放法是指企业将一些易坏性食品原料如新鲜蔬菜、水产、

牛奶、面包等不易存放的食物经验收后直接发放至厨房,而不送入仓储部门储存,并且这部分食物一般可以被当天消耗掉的一种食品原料发放方法。这一部分食品原料的进价则直接进入厨房当天的生产成本中去。当然,由于在日常的生产经营过程中,经常存在着当天所进的食品原料并不能在当天被消耗掉的现象,往往第一天所进的食品原料要在后几天才被消耗殆尽,因此,把这些第一天所进的食品原料的进价就记入第一天的食品成本计算中,就显得不够准确真实,所以在统计食品成本时,必须核实当天企业直接发放的食品原料、由仓储部门发放的食品原料以及当天厨房尚剩余的食品原料后进行统计方为准确真实。

2.食品原料的库房发放法

食品原料的库房发放法是指企业将一些非易坏性食品原料如各类冷冻食品、干货、饮料等保存时间较长、不易变质的食物经验收后分类送入这些食品原料各自的库房储存,然后由各厨房根据生产需要和进程,向仓储管理部门提交领料单要求相应的食品原料,再由仓储管理部门审核批准并发货到各厨房的一种食品原料发放方法。(见表5-7)

表5-7 某餐馆食品原料领料单样本

领用部门＿＿＿＿＿＿＿　　　　　　　　　　　　NO.×××

存货编号＿＿＿＿＿＿＿　　　　　　　　　　　　××年×月×日

品名	规格	单位	数量		金额		备注
			请领数	实发数	单位	金额	

保管员＿＿＿＿＿＿＿　　　　　　　领用部门负责人＿＿＿＿＿＿＿

领用人＿＿＿＿＿＿＿

该领料单的填写应该是一式三联,一联留仓储管理部门作为今后各仓库盘存货物的依据,一联由厨房领料人员随领取的食品原料一起带回交该领料单位以备将来与仓储管理部门核对货物领取情况之用,剩下的一联由仓储管理部门转交企业的餐饮成本控制员今后进行成本核算之用。由于仓储管理部门的工作人员除了发放食品原料之外,还必须整理清洁库房、盘查并汇总各式食品原料的库存情况,为提高其工作效率并便于其集中时间精力做好这些工作,餐饮企业往往规定一个专门的领料时间领,比如上午8:00至11:00是专门的领料时间,各领料单位可以提前填好领料单前去领料。

在餐饮企业的实际经营运作过程中,有可能出现这样一种情况,即由于各厨房对某种食品原料的使用量突然加大以至于一下子超过了仓储管理部门所备的该食品原料的总量,使得这些厨房或其他生产经营部门急需的食品原料不够使用。这时,餐饮企业往往采用一种内部调拨的方法,在各个厨房之间、在厨房和酒吧、餐厅之间进行食品饮料的相互调拨,以保证企业生产经营的正常运作。当然,由于餐饮企业各个生产经营单位是独立核算其经营成本的,因此,对于这些内部调拨的食品原料必须按照食品原料调拨单正确填写记录其相互之间的食品原料调拨情况,然后经各相关单位签字后交餐饮成本控制员核实并调整其成本使用情况。(见表 5-8)

表 5-8　某餐馆食品原料内部调拨单样本

编号:

请调部门:　　　　　　　　　　　　　　年　　月　　日　　金额单位:元

品名	规格	单位	请拨数量	实拨数量	单价	金额	备注

调出部门厨师长_____　　　　发货人_____　　　　总金额_____

调入部门厨师长_____　　　　领料人_____

在食品原料的发放过程中,特别要注意对酒水饮料的发放,因为酒水饮料容易丢失,而且一些酒水价值很昂贵,一旦在发放过程中出现差错,企业的损失就非常大,因此,企业对酒水饮料的发放是非常重视和严加控制的。一般来说,在酒吧和餐厅领取名贵酒水的时候,企业规定领料人员不仅要凭领料单,还要凭酒吧和餐厅退回的该名贵酒水的空瓶才能领取此类酒水。这种领取方法规定酒吧和餐厅对酒水饮料应保持一定的标准储备量,其每天退回的空瓶数应该是其前一天经营时对这种酒水的消耗量,其每天领取的酒水饮料量实际上是为补充酒吧和餐厅前一天营业所消耗掉的酒水饮料量,使其对这些酒水饮料的储存量始终保持在标准水平上。当然,在酒吧和餐厅的实际经营运作过程中,有些消费者会把所喝的酒水饮料带走喝,所以其整瓶销售的酒水饮料的空瓶不一定能全部收回。因此,企业还要求酒吧和餐厅填写整瓶销售单来控制酒水饮料的发放和销售。其具体的计算公式如下:

满瓶酒水饮料数＋不满的酒水饮料瓶数＋空瓶数（或整瓶销售数）＝标准储备量

一般来说,酒吧和餐厅会根据其酒水饮料的每天消耗量来领取不多于两天的酒水饮料消耗量,若遇到企业举办或承接大型的宴会活动时,一般要多领取一些酒水饮料并在宴会结束的时候将尚未销售完毕的酒水饮料退回仓储管理部门,退回的酒水饮料须在食品原料的调拨单上填写注明。

(二)仓储管理部门食品原料的存货控制

餐饮企业必须对其仓储管理部门食品原料的库存情况定期盘点、统计汇总,检查并核实仓储管理部门各库房实际储存的食品原料的数量、种类和金额是否和企业财务账目上的数据一致,以便企业加强对储存的食品原料的管理和监督,防止食品原料丢失和偷盗的情况出现,发现储存食品原料的短缺并帮助其决定是否对不足的食品原料组织采购。而且,企业通过对储存的食品原料的盘点计算,可以了解并核实其实际餐饮成本的消耗情况以及企业每月月末的食品原料的库存金额,为企业编制每月的资金平衡表和经营情况分析表提供数据基础,便于企业领导者及时把握其经营的准确信息,提出合理的应对措施。

现阶段,餐饮企业往往对其仓储管理部门的存货控制和管理采取两种方法:即永续盘存控制法和实地盘存控制法。下面我们分别对这两种存货控制法作一介绍和讨论。

1.永续盘存控制法

永续盘存控制法是指餐饮企业对所有进出企业仓储管理部门的食品原料采用连续记录的一种存货控制方法。这种方法一般适用于大中型餐饮企业,通过建立永续盘存表,了解其储存的食品原料库存结余数量是否降到再订货点以便及时组织采购,旨在保证企业采购的食品原料数目满足食品生产预期的需要,同时又对食品原料的采购次数和数量加以科学的控制。(见表5-9)

表 5-9 某餐馆永续盘存控制表样本

永续盘存表				
品名： 　　　　　　最高储备量：				
规格： 　　　　　　再订购点：				
单价：				
日期	订单号码	收入	发出	结余

永续盘存表			
1/12			
2/12			
3/12			
4/12			
5/12			
6/12			

案例 1：

某大型餐饮企业对水蜜桃罐头采取每半月订货一次的方法,该水蜜桃罐头订购期需要 3 天,其每天的消耗量为 15 罐,企业对其的标准储存量为 200 罐,再订货点出现在其还剩余 80 罐时。某日,企业的一位仓库保管员发现该水蜜桃罐头的存货已经下降到 80 罐,达到其再订货点,便发出对该水蜜桃罐头的订货通知。问:在接到通知后,采购人员该组织对该水蜜桃罐头多少数量的采购?

案例 1 解答：

根据公式:原料需购量＝标准储存量－订货点储存量＋每天消耗量×发货天数

可得:该水蜜桃罐头需购量＝200－80＋15×3＝165(罐)

答:在接到通知后,采购人员该组织 165 罐水蜜桃罐头的采购。

2.实地盘存控制法

实地盘存控制法是指餐饮企业定期组织仓储管理部门的员工对其各类库房里所有的食品原料进行现场清点统计的一种存货控制方法。一般来说,餐饮企业应该对其所储存的食品原料每月现场清点一次,若其库存的食品原料数量较大,无法一次统计清点完,则可以将这些食品原料分成几个大类分开清点,但是必须每一大类的食品原料每月要得到一次现场清点。

实地盘存控制法必须由两个以上工作人员共同完成,以便一人清点货架上各种食品原料的结余数量,另一人核对仓储记录统计表所记录的这些食品原料的剩余数量,并负责相关的记录工作。若在现场清点食品原料的过程中,发现仓库内所储存的食品原料与统计表上记录的食品原料出现数目不符的情况时,应该分析其出现差异的原因是由于食品原料的正常损耗导致还是由于其他管理疏漏如盗窃、丢失、挪用等原因造成。当然,食品原料的正常损耗包括食品原料存放时间过久以后造成自然干燥失水失重的现象发生或企业在领料和月末盘存货

物时采用的计价价格不一致造成的金额之差等等。实地盘存控制表的形式见表5-10,其具体的计算公式如下所示:

上月末库存结余额＋本月进货额－本月末库存结余额＝本月食品原料的成本

表 5-10　某餐馆实地盘存控制表样本

| 类别 | | 月份 | | | 月份 | | |
品名	单位	库存量	购价	小计	库存量	购价	小计

案例 2：

某餐馆 3 月底实地盘点其储存结余的各种食品原料,发现其库存结余总金额为 8 万元,在此之后,该餐馆在整个 4 月累计进货达到 30 万元,至 4 月底实地盘点发现其库存结余总金额为 7 万元。问:该餐馆整个 4 月份的食品生产成本是多少?

案例 2 解答：

根据公式:本月食品原料的成本＝上月末库存结余额＋本月进货额－本月末库存结余额

可得:该餐馆整个 4 月份的食品生产成本＝8＋30－7＝31(万元)

答:该餐馆整个 4 月份的食品生产成本是 31 万元。

餐饮企业除了使用永续盘存控制法和实地盘存控制法来控制和管理其库存的食品原料外,有时候还采用每日发货成本表来反映其每天以及每月所产生的食品生产成本。(见表 5-11)

表 5-11　某餐馆每日成本发货表样本

| 日期 | 直接发放 | | | 储藏室发放 | | | 成本 | |
2009.1	蔬菜水果	鲜鱼类	其他	鲜货类	干货类	其他	当日成本	累计成本
1								
2								
3								
……								
……								
合计								

另外,餐饮企业的各个厨房在每天的餐饮生产活动之后,往往会结余不少食

品原料的成品、半成品甚至原材料,这些当天没有销售完毕的食品原料实际上也占据了企业的不少资金,这些食品原料也具有很高的价值,若在清点企业食品原料的库存金额时,不将这部分厨房库存的食品原料计算进去,就会造成企业资金、成本和经营情况统计失真。当然,对于厨房内库存的食品原料加以统计是有一定难度的,因为其储存的食品原料品种繁多、数量偏少、使用频繁、缺乏专门的使用和消耗的记录等等。一般来说,在企业实际的经营运作中,只对厨房储存的价值较大的食品原料进行仔细点数、称重以计算其实际价值,而对那些种类繁多、数量不多且价值不高的食品原料只给予粗略估计。

三、仓储管理部门所储存的食品原料的计价方法

餐饮企业除了对其所储存的食品原料的数量加以统计记录之外,还要计算出这些储存的食品原料的实际价值,从而掌握这些食品原料的占用资金总金额,并且计算分析企业的实际消耗的生产经营成本。那么,要计算出餐饮企业储存的食品原料的实际价值,就首先必须了解和确定这些储存的食品原料的计价方法,而餐饮企业即使同一种食品原料也可能是分几次采购的,每次采购的市场行情都不一定相同,因此企业也不一定是以同一种价格采购相同的食品原料的。目前,餐饮企业经常使用的计价方法主要有以下几种:

(一)实际进价法

餐饮企业对其所采购的食品原料都挂上标签,注明其实际进货的日期、价格和数量,这样,企业在做成本核算时,就根据所库存的食品原料的实际进价来确定其现金价值,从而掌握其储存的食品原料的总金额。应该指出,这种计算方法既简单合理,又准确可行。

案例3:

某餐馆在3月底结余菠萝罐头100听,根据企业所挂标签得知,这些菠萝罐头是在3月份分批次采购的,每次采购的数目和单价如下所示:

3月7日　　　购入120听,单价:3.1元

3月14日　　　购入140听,单价:3.2元

3月21日　　　购入160听,单价:3.3元

3月28日　　　购入180听,单价:3.4元

问:该餐馆在3月底所结余的菠萝罐头的实际价值是多少?

案例3解答如下:

根据罐头上所挂标签,得知这100听菠萝罐头是分批次采购并结余的,其具

体情况如下所示:

3月7日　　　结余20听,单价:3.1元,总计:20×3.1＝62(元)

3月14日　　结余20听,单价:3.2元,总计:20×3.2＝64(元)

3月21日　　结余30听,单价:3.3元,总计:30×3.3＝99(元)

3月28日　　结余30听,单价:3.4元,总计:30×3.4＝102(元)

合计:327(元)

答:该餐馆在3月底所结余的菠萝罐头的实际价值是327元。

(二)先进先出法

餐饮企业并不采用给其采购的食品原料挂标签注明其实际进价的方法,而是根据其存货记录,按照这些食品原料的进货日期的先后,采用先进先出的计价方法来计算这些储存的食品原料的总价值,即对先购入的食品原料,在发料时也按照其先购入的价格先计价发料,而至月底盘点存货时,则根据其近期的采购价格计价。那么,根据先进先出法,上述案例中3月底所结余的菠萝罐头的实际价值应该计算如下:

$$100×3.4＝340(元)$$

(三)后进先出法

有时候,由于市场行情波动幅度较大,餐饮企业所需要采购的食品原料价格呈大幅上涨的趋势,企业往往采用后进先出的计价方式来计算统计其储存的食品原料的总价值,这种方法既可以使得记入餐饮成本的食品原料价值较高,又可以使得其储存的食品原料总价值偏低,从而在账面上降低其所得经营利润,导致企业可以少交税额。那么,根据后进先出法,上述案例中3月底所结余的菠萝罐头的实际价值应该计算如下:

$$100×3.1＝310(元)$$

当然,后进先出法只是用于其库存的食品原料实际价值的计算上,在食品原料的实际发放和储存过程中,企业毫无疑问还是应该将先采购进来的食品原料先发货使用掉,以尽可能保证其储存的食品原料的质量和保存期限。

(四)平均价格法

如果餐饮企业对某些食品原料是分批次采购的,每次采购的价格差异较大,而且所涉及的食品原料数量也较大时,为简便计算的缘故,餐饮企业也会采用平均价格法来计算其储存的食品原料的实际价值和总金额。平均价格法也是以一个月为计算单位,将这一个月内企业结余以及新近采购的该种食品原料的价值总和去除以其全部数量,从而获得该食品原料的平均采购价格,再以该平均采购价格去乘以这个月底企业对于该食品原料的库存结余数量就可以获得企业关于这批食品原料的月末库存总金额了。那么,根据平均价格法,上述案例中 3 月底所结余的菠萝罐头的实际价值应该计算如下:

菠萝罐头的平均价格＝(120×3.1＋140×3.2＋160×3.3＋180×3.4)÷(120＋140＋160＋180)＝(372＋448＋528＋612)÷600＝1960÷600＝3.27(元)

3 月底所结余的菠萝罐头的实际价值＝100×3.27＝327(元)

(五)最后进价法

有时候,餐饮企业为方便计算,会采用最后进价法来计算其储存的食品原料的库存总价值和金额,这种方法是不管企业分几次采购这批储存的食品原料,也不管这几次采购的价格各有不同,企业一律用其最后一次采购这种食品原料的成交价格来计算其储存的所有这种食品原料的总价值和金额。这种计算方法较为简单,不依赖于任何库存记录,也节约了许多盘存计算的时间,但是,其计算所得的数据往往不太准确,容易偏高或偏低,造成成本核算的误差。同样地,根据最后进价法,上述案例中 3 月底所结余的菠萝罐头的实际价值应该计算如下:

100×3.4＝340(元)

以上五种计价方法都可用来计算餐饮企业所储存的食品原料的总价值和金额,但是,会因其方法不同,使得计算得到的企业月末库存总金额也有差异,因此,企业因根据自身经营特点以及相关财务、仓储管理制度,确定本企业对食品原料的库存金额的计算方法并统一使用,不得随意更改变动,导致数据来源前后依据不同,从而使得餐饮成本分析出现差错。

四、仓储管理部门食品原料的库存周转率

餐饮企业必须有一定的食品原料的储备量来保证其餐饮生产的物资供应。一旦企业的食品原料库存量过多的话,也会造成企业资金占用过多导致利息和其他投资损失,造成企业腾出过多的储存空间来存放这些食品原料,从而减少其对外经营的场地面积导致企业餐位数和经营收入的下降,同时也会造成食品原料变质和被盗机会增加以及相应的仓储管理人员人工费用的增加等等。

因为餐饮企业的供销渠道和行情都不是一成不变的,所以企业也难以为其食品原料的库存总量制定一个明确的数字。餐饮企业一般都会根据其经营的具体情况,确定其合理的食品原料的存货量。仓储管理部门对其食品原料存货水平的确定往往就是通过对其食品原料的库存周转率的计算来衡量,食品原料的

库存周转率是用来衡量食品原料在一定时期内的订购和使用次数的,它也是衡量企业餐饮效率管理的一个重要指标。餐饮食品原料的库存周转率可以通过以下公式计算而得:

餐饮食品原料的库存周转率＝食品原料的成本÷食品原料的平均库存额

食品原料的平均库存额＝(每月初食品原料的库存额＋每月末食品原料的库存额)÷2

食品原料的成本＝每月初食品原料的库存额＋本月食品原料的进货额－每月末食品原料的库存额

案例 4:

某餐馆 5 月初食品原料的库存总额为 64000 元,5 月份进货总计 153000 元,5 月底食品原料的库存总额为 58000 元。问:该餐馆食品原料的月库存周转率是多少?

案例 4 解答如下:

根据公式:食品原料的成本＝每月初食品原料的库存额＋本月食品原料的进货额－每月末食品原料的库存额＝64000＋153000－58000＝159000(元)

又根据公式:食品原料的平均库存额＝(每月初食品原料的库存额＋每月末食品原料的库存额)÷2＝(64000＋58000)÷2＝61000(元)

再根据公式:餐饮食品原料的库存周转率＝食品原料的成本÷食品原料的平均库存额＝159000÷61000＝2.61(次)

答:该餐馆食品原料的月库存周转率是 2.61 次。

食品原料的库存周转率越大,表明其食品原料的库存周转次数就越多。一般来说,许多新鲜的动植物原料每天周转一次,但是干货等其他存放期间较长的非易坏性食品原料则周转时间长一些,可以达到数周甚至数月周转一次,总的来说,餐饮企业的食品原料库存周转率保持在每月 2 至 4 次之内。根据餐饮企业食品原料的库存周转率可以分析其食品原料的仓储管理的效率和合理与否。若其库存周转率过快,虽会使得其流动资金得到有效的利用,但也会造成食品原料的供应相对滞后,影响其餐饮生产的时间和速度;若其库存周转率过慢,又会造成资金占用过多,导致利息和其他投资的损失。

思考题:

1.试叙述餐饮食品原料采购的一般程序是怎样的? 合格的采购人员须具备哪些素质?

2.请介绍各种主要食品原料的标准采购规格要求。

3.对易坏性食品原料和非易坏性食品原料分别采用哪些采购方法?

4.餐饮食品原料的验收程序是怎样的？验收员的主要岗位职责是什么？

5.餐饮企业常见的仓储库房有哪些？它们各自的特点和要求是什么？

6.什么是永续盘存法和实地盘存法？

7.某餐馆如果一次性大批量采购总价值为 30 万元的食品原料,可以得到 8％的价格折扣率,假定这批食品原料可使用 8 个月,其占用的采购资金月息贷款利率为 1.2％。问:该餐馆是采用一次性大批量采购这批食品原料合算还是分小批采购更合算？

8.某餐饮企业对番茄罐头采取每 10 天订货一次的方法,该番茄罐头订购期需要 4 天,其每天的消耗量为 12 罐,企业对其的标准储存量为 180 罐,在其还剩余 80 罐时须立即组织订货。问:在接到采购番茄罐头已达到最低贮存量须立即订货的通知后,采购人员该组织对番茄罐头多少数量的采购？

9.某餐馆在 8 月底结余青豆罐头 80 听,根据所挂标签得知,这些青豆罐头是分批次采购的,每次采购的数目和单价如下所示:

8 月 1 日　　　购入 120 听,单价:4.1 元

8 月 7 日　　　购入 140 听,单价:4.2 元

8 月 14 日　　　购入 160 听,单价:4.3 元

8 月 21 日　　　购入 180 听,单价:4.4 元

问:该餐馆在 8 月底所结余的青豆罐头的实际价值是多少？

第六章　餐饮企业的生产管理

餐饮企业的生产管理是企业经营管理的一个非常重要的环节,它直接关系到企业餐饮产品的生产质量优劣、关系到企业餐饮生产成本的控制好坏、关系到企业经营收入和经营利润的高低。餐饮企业的生产管理又因为其涉及的食品原料品种繁多、制作要求各异、生产工艺和生产技法复杂而难以统一协调、避免差错,因此,对于餐饮企业来说,生产管理是其经营管理的重中之重,必须给予高度的重视和科学的管理。下面我们就餐饮企业的生产管理作深入的阐述和介绍。

第一节　厨房的组织设计

厨房是餐饮产品生产制作的场所和餐饮企业生产管理的中心环节,因此,要把握企业生产管理的质量和效率,首先就要理解和掌握厨房生产管理的相关知识,了解不同种类的厨房及其生产特色以及不同生产规模的厨房的组织设计等内容。

一、厨房的分类

餐饮企业的厨房按照其餐别、制作方式和功能等可以有以下几种种类。

（一）按照就餐国别分类

1. 中餐厨房
指专门用来烹制中国各式菜品的厨房。
2. 西餐厨房
指专门用来烹制俄、法、美、英等国各式菜品的厨房。
3. 日本料理厨房
指专门用来烹制日本各式菜品的厨房。

4.其他就餐国别的厨房

指其他具有某一个国家烹制特色的、专门以烹制该国各式菜品为生产风格的厨房。如专门烹制意大利菜品、韩国菜品、泰国菜品、阿拉伯各国菜品等的厨房。

(二)按照分工功能分类

1.粗加工厨房

指专门负责对餐饮企业各种食品原料在正式烹制之前的初步加工处理,如干货涨发、蔬菜去根皮、宰杀鸡鸭等禽类动物、剖鱼去腥以及对食品原料予以各种刀工处理等的厨房。

2.冷菜厨房

指专门用来烹制各式冷盘或冷菜菜品的厨房。

3.面点厨房

指专门用来制作各式面点、主食、甜食等食品的厨房。

4.热菜厨房

指专门用来烹制各式荤素热菜、汤类食品的厨房。

(三)按照制作方法分类

1.烧烤厨房

指专门用来烹制各式烧烤食品的厨房。

2.扒房

指专门用来烹制一些高档西餐菜品的厨房,如铁扒、串烧等。

3.素菜厨房

指专门用来烹制各式全素菜品的厨房。

4.风味厨房

指专门用来烹制某一种特色菜品的厨房,如海鲜厨房、野味厨房等。

5.西餐大菜厨房

指专门用来烹制各式西式大菜、冷食、汤菜等菜品的厨房。

6.清真厨房

指专门用来烹制各式笃信伊斯兰教的客人食用的菜品的厨房。

(四)按照服务对象和服务方式分类

1.零点厨房

指专门用来烹制各式菜品并主要向散客供应菜品的厨房。

2. 宴会厨房

指专门用来烹制各式菜品并主要向各种会议、团队、宴会供应菜品的厨房。

3. 咖啡厅厨房

指专门用来烹制一些制作简单的菜品菜点并主要向各类咖啡厅、酒吧、茶室等营业场所供应食品的厨房。

4. 快餐厨房

指专门用来烹制各式快餐食品的厨房。

5. 客房用餐厨房

指专门用来烹制各式制作相对简单、保存期较长也不会影响口感外形的菜品并主要向星级饭店客房部住店客人在客房内用餐时提供菜品的厨房。

（五）按照生产规模分类

1. 大型厨房

指那些场地面积较大、生产设备齐全、适合烹制各式菜品供众多就餐者同时进餐的生产规模较大的厨房。

2. 中型厨房

指那些场地面积中等、生产设备较为齐全、适合烹制各式菜品供较多就餐者同时进餐的生产规模略小于大型厨房的厨房。

3. 小型厨房

指那些场地面积较小、生产设备较少、适合烹制一种类别的特色菜品供部分就餐者同时进餐的生产规模较小的厨房。

4. 微型厨房

指那些场地面积很小、生产设备很少、适合烹制简单菜品供少量就餐者同时进餐的生产规模很小的厨房。

二、厨房生产的特点和厨房管理的作用

前面我们已经提到，厨房是餐饮企业生产和制作餐饮产品的地方，而饮食产品的生产和制作又不同于其他产品的制作过程，它具有自己生产的独特性，在整个餐饮企业的经营管理过程中也起到了一种不可替代的作用。

（一）厨房生产的特点

1. 厨房生产和消费具同步性

厨房对食品原料的生产加工不同于其他制造品，因为厨房必须在就餐者进

餐厅点菜完毕的短暂一段时间里,完成对其零点的菜品的生产制作,并立刻予以供应消费,这个生产和消费的过程几乎是同步的,这就要求厨房在开餐前必须做好各种准备工作,备好各种充足的烹饪原料,以每一位厨师精湛的烹调技艺和认真的工作态度兢兢业业完成每一道菜品的制作,从而确保其餐饮产品的烹制质量。

2.厨房生产的复杂性

餐饮企业的各个厨房每天每餐必须面对大量具有不同就餐需求的消费者,这些就餐者所点的菜品在内容、形式、制作方法、规格要求和数量质地等方面都迥异不同,而就餐者来餐厅就餐时,往往是以个别订制的方式订制他们所喜爱的菜品,各厨房要在就餐者进餐厅到离开餐厅的短短就餐时间内,完成制作工艺、制作方法和制作材料都大相径庭的各式菜品而不能出任何纰漏,可以说,这个过程是复杂困难的。

3.厨房生产的难以预估性

厨房的生产具有难以预估的特点,因为其生产制作的食品原料的供应会因季节淡旺、市场行情波动等因素而出现反复,有时候会由于食品原料供应的短缺而造成某些菜品的无法生产制作供应。另外,前来餐厅就餐的消费者人数会因为天气、季节、交通、节假日等因素的影响而发生波动变化,从而给各厨房在准备食品原料、安排生产员工和组织管理工作等方面带来困难,使得这些工作安排会因为企业无法作出准确的估计而难以开展或开展不足。

4.厨房生产的时空局限性

厨房的生产因其生产场地有局限,生产餐饮产品所需要的设备和人手有局限,生产的时间受一日三餐供应的时间制约,其饮食产品的生产供应数量也受其供应时间和生产场地的限制约束而具有时空局限性的特点。

5.厨房生产质量的不稳定性

厨房生产的大多数菜品是手工烹制的,有些菜品的制作需要数人合作进行,如果其中的任何一道工序没有认真完成,就会影响到这一生产过程的制作质量。此外,即使是由同一位厨师自始至终制作生产同一道菜品,也会因为其工作时的体力、情绪、健康、环境等因素而表现出不同水平的烹制技艺,从而造成厨房生产质量的不稳定性。当然,厨房生产制作所用的烹饪原料,也会由于产地、季节等因素的不同而出现质地的差异,导致厨房生产质量的不稳定性。

6.厨房生产菜品的易损耗性

在厨房内烹制的各种食品原料中,大多数属于新鲜的动植物原料,不易保管存放,极易变质腐烂。因此,若厨房不能对第二天的销售情况作出准确的估计的话,就有可能造成一部分食品原料无法及时销售出去,从而容易在厨房内蒙受细菌、灰尘的侵袭污染或被厨房工作人员挪用偷盗，造成厨房生产成本增加，企业经营利润下降的情况发生。

（二）厨房管理的作用

前面我们已经提到，餐饮企业的厨房是其生产和制作餐饮产品的场所，工作人员密集，制作工艺复杂而难以控制，烹饪原料多样而且不易保存，企业管理人员若无法对其餐饮产品的生产制作严加管理控制，那么，企业的生产成本就会居高不下，严重影响企业经营的利润和效益。

1. 加强厨房管理有利于保证餐饮产品质量和增强餐饮企业竞争力

厨房是餐饮产品的生产制作场所，加强对厨房的管理工作，将有利于这一生产组织过程的顺利有效的开展，会确保其餐饮产品严格按照制作要求和制作工艺进行生产，从而保证该餐饮产品的生产质量。而餐饮产品的生产制作质量又是餐饮企业赖以吸引并招徕就餐客源的根本所在，因此，保证企业餐饮产品较高的生产质量，有利于增强餐饮企业的自身魅力并提高其在同行中的竞争力。

2. 加强厨房管理有利于企业控制生产成本和增加经营利润

从餐饮企业的经营运作来看，其厨房生产成本的控制是至为关键的，因为它关系到企业最后所获得的经营利润的高低，若企业忽视厨房管理，对其生产流程的各个环节放任不管，就会导致其生产成本失控，企业经营利润大大流失，造成企业不必要的损失甚至亏损。所以说，加强厨房管理有利于企业控制生产成本和增加经营利润。

3. 加强厨房管理能最大限度地调动员工工作积极性和增强其主动创新意识

厨房的生产劳动绝大多数属于手工劳动，富集了大量从事厨政工作的员工，生产过程复杂而且随意性很大，若疏于管理，这些员工的工作会流于懈怠散漫，工作效率会大大下降，差错率会急剧上升。但是，若加强了厨房管理，就可以最大限度地调动这些员工的工作积极性，发挥其工作特长，有效地促使其主动积极地完成本职工作，和其他作业点的工作人员互相协调配合，把餐饮产品的生产制作工作做好做强，同时，鼓励其增强主动创新的工作意识，大胆尝试新的生产工艺和烹制方法，制作出耳目一新的餐饮新产品来，为企业的经营打开局面。

三、厨房的组织设计

要管理好复杂多样的厨房生产工序，必须建立一个完整严密的厨房组织机构和相应的管理制度，使得厨房内各作业点分工清晰、岗位职责明确，利用规范标准的生产流程和制作工艺要求，相互协调合作，从而达到厨房管理系统化、效率化的组织目标。餐饮企业厨房的组织设计根据其厨房规模的大小也略有不同,下面我们分别就大、中、小型厨房组织形式加以介绍阐述。

（一）大型厨房的组织设计

大型厨房的组织设计主要表现为两种形式:即传统的大型厨房的组织形式和以中心厨房为主的大型厨房组织形式。前者是设置一名行政总厨,在其之下分设数个厨房,每个厨房均配有各自的厨师长、各式厨师等岗位,负责不同的生产作业和菜品制作。（见图 6-1）而后者则设置一个集中加工的主厨房,负责对所有餐饮经营产品的原料加工和配料将其加工成半成品,然后按照产品规格配置成分,再将其冷藏起来,随时供其他卫星厨房烹制时领用。各卫星厨房根据其供应的菜品品种,向主厨房订制并领取该菜品的半成品,再经加工烹制后供应给各自的餐厅,这种组织形式便于餐饮产品生产标准的统一和生产成本的控制,同时也由于集中生产的特点而节省了人工费用。（见图 6-2）

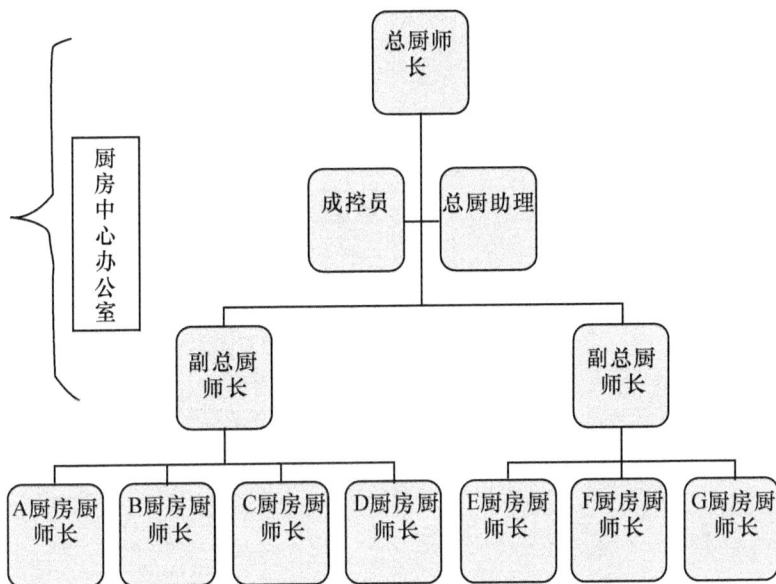

图 6-1　传统的大型厨房的组织结构图

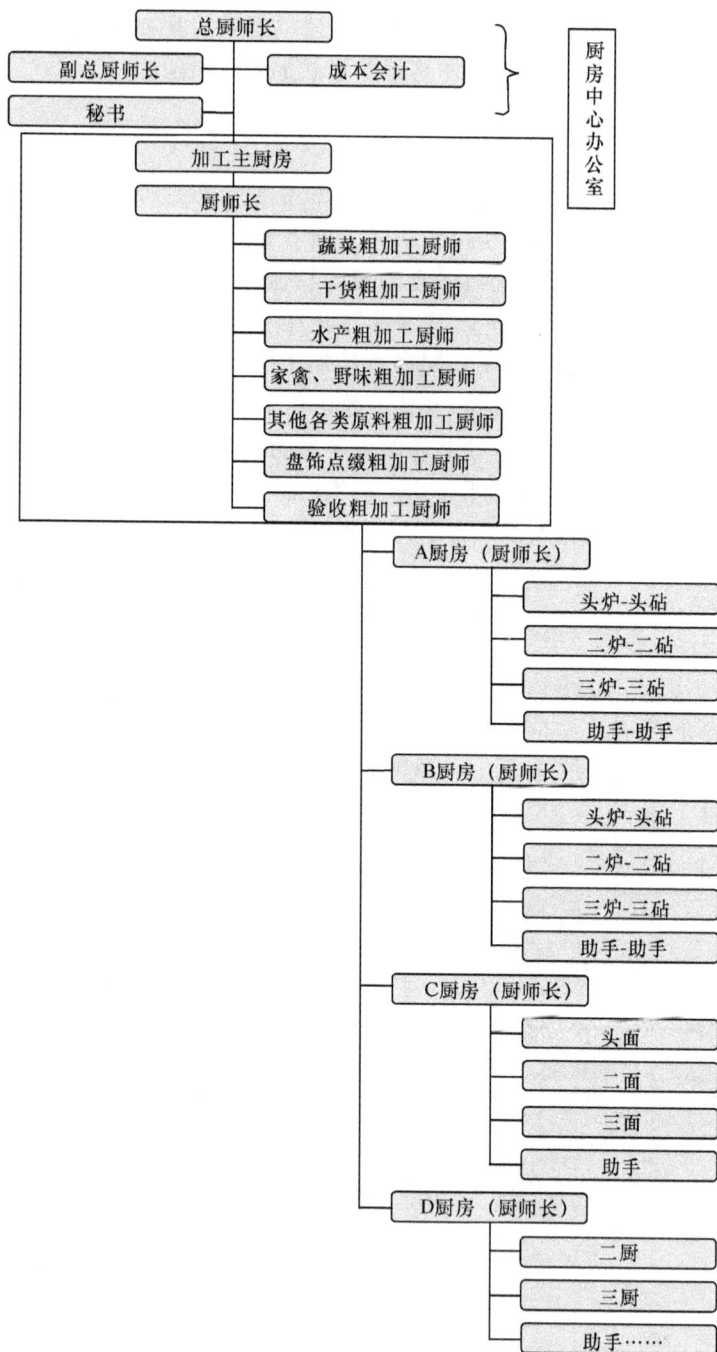

图 6-2　以中心厨房为主的大型厨房的组织结构图

(二)中型厨房的组织设计

中型厨房,也被称之为综合性厨房,在生产规模、占地面积、员工人数和生产菜品品种等方面都比大型厨房要小一点,它往往下设中餐厨房和西餐厨房两部分,每个厨房分别设置一名厨师长和一名主厨,再根据各作业点的类别、员工人数和功能需要设置领班、各类厨师、助理厨师、实习生和勤杂工等岗位。(见图6-3、图6-4)

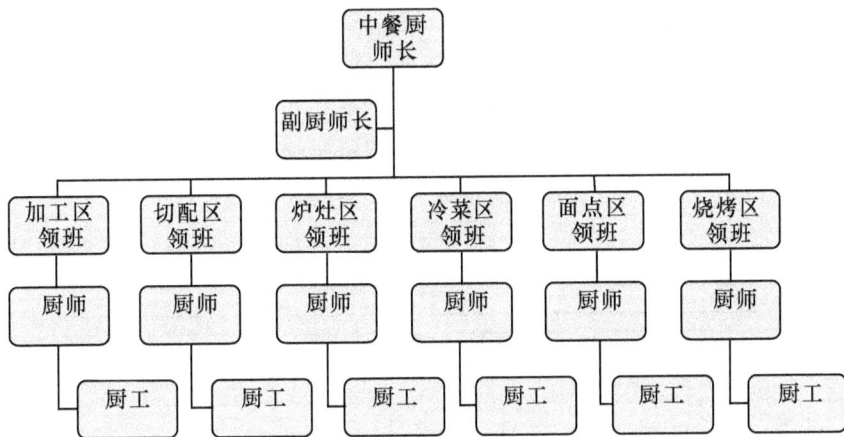

图 6-3　中等规模的中餐厨房的组织结构

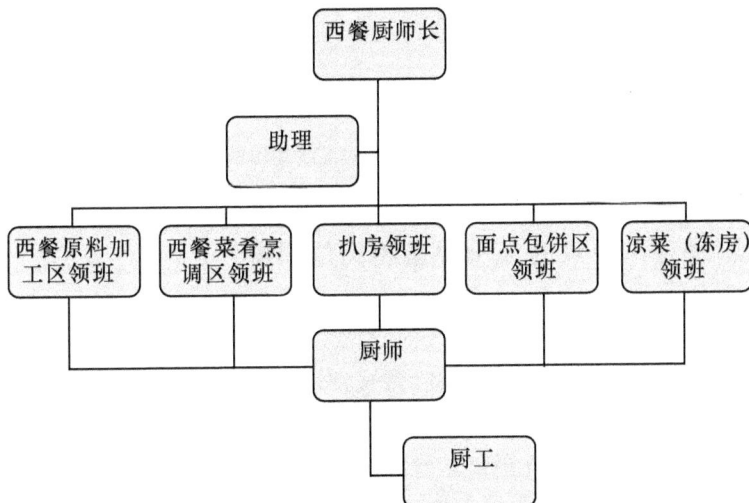

图 6-4　中等规模的西餐厨房的组织结构图

在实际经营中,有的西餐厅规模较小,往往以扒房或咖啡厅的形式出现。它们的厨房规模往往也较小,一般由 3 至 5 人组成,设置领班一名,称为扒房厨房或咖啡厅厨房。

(三)小型厨房的组织设计

有的餐饮企业规模较小,因此其所对应的厨房规模也较小。厨房的占地面积、员工人数和生产菜品的品种等也偏少,其组织结构就相应简单,往往只设厨师长一名,再根据作业点操作需要下设各类厨师、实习生、勤杂工若干名。而且,由于这类厨房的生产规模较小,业务量不大,往往将几个相近的作业点合并在一起由一个厨师兼管。比如将冷菜、粗加工和切配合在一个组里,或将炉灶和切配合在一个组里等等,以便其权力集中。这种厨房的组织机构简洁,决策可以迅速得到执行,相互沟通容易,管理难度不大。(见图 6-5)

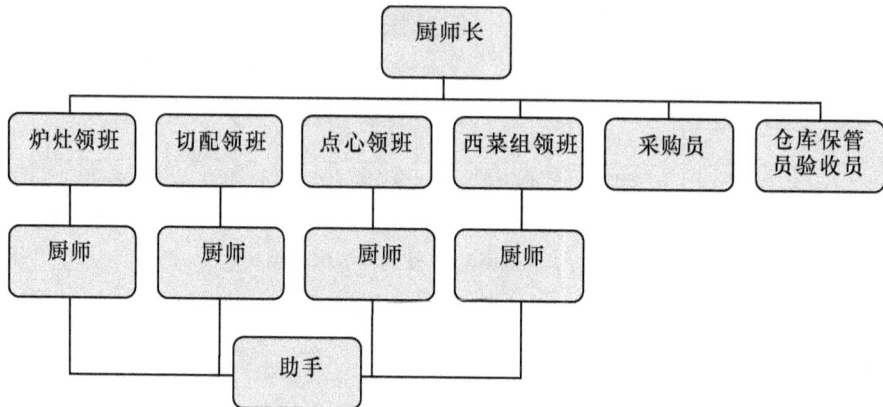

图 6-5　小型厨房的组织结构图

四、厨房各作业点的人员配备和岗位职责

厨房要组织复杂繁琐、面多量广的餐饮生产活动。厨房要完成企业所交付的各项生产计划指标,制作精美可口、富有创意的菜品菜点,控制食品原料的生产制作成本等等,就必须有一支具备良好专业素养和技能、拥有较高职业道德和操守的员工队伍。对厨房各作业点的人员配备就是要通过培训、选拔和考评等手段,将合适的员工安排到厨房各作业点去,以保证企业生产任务的顺利开展。

(一)厨房各作业点的人员配备

厨房各作业点人员合理配备旨在调整和改善厨房生产过程中的组织形式,处理好厨房各作业点、各工种岗位之间的分工协作关系,加强岗位责任制,充分调动每位员工的工作积极性,以便有利于企业提高劳动效率和增加经营效益。

1.配备厨房内各作业点员工人数应考虑的因素

合理地配备厨房各作业点的员工,是保证厨房生产制作的前提,也是关系到企业提高劳动效率和降低生产成本的关键之一。一般来说配备厨房内各作业点员工人数要考虑以下因素:

(1)厨房生产规模的大小和岗位设置的多寡。厨房的生产规模大、生产要求高、相对各工种分工细,岗位设置就越多,所需员工就越多,反之则少。

(2)餐饮企业的经营档次、目标客源的消费水平。企业的经营档次越高、目标客源的消费水平越高,则其各式菜品的制作要求就越讲究,厨房的分工也就越细,所需要的员工人数也越多。

(3)菜品制作的难易程度和品种数量的多寡。菜品的品种越多,菜品制作的难度越大,厨房对技术高超的厨师需求就越大,所需的厨师人数也相应增加,反之,菜品品种少或适宜于大批量制作,厨房所需要的员工人数就可以少一点。

(4)厨房设备的利用状况和完善程度。在机械化程度高的厨房内,可以利用各种机器设备代替人工完成一些复杂费时的操作工序,如切丝、去皮、搅拌等,因此所需要的员工可以有所下降。

2.厨房各作业点员工人数配备的计算方法

(1)按照各作业点的岗位要求确定员工人数

根据厨房内各作业点的岗位要求来确定其员工人数,比如炉灶间要负责所有热菜由生变熟的烹制过程,所涉及的菜品品种多、生产量大、烹制时间长、烹制方法各异,需要的员工人数也相应要多一点;而冷菜间一般只须负责所有冷菜的制作,所涉及的冷菜品种少、生产量小,所需要的员工人数也就相应少一点。下面是某中等规模的中餐餐馆的厨房各作业点的员工配备情况。

一家中等规模的中餐餐馆,厨房一般设置五个岗位:即炉灶、切配、加工、面点和冷菜。假如该餐馆生意较好,厨房的生产量也较大,那么,厨房须配备10名以上厨师,厨师助手5名以上,其中厨师长1名。这些员工可根据实际生产情况和各作业点的岗位需求,进行细化分工,例如,分为炉灶间5名厨师、2名厨师助手,切配间2名厨师、1名厨师助手,加工间1名厨师、2名厨师助手,面点间3名厨师、1名厨师助手,冷菜间2名厨师。

(2)按照就餐者人数多少确定员工人数

　　按照就餐者人数多少确定员工人数是指按照餐厅就餐者人数的比例来确定其厨房员工的人数配备。这种方法往往适用于接待各种会议、旅游团队、各式宴会的厨房,其计算方法较为简单并具有一定经验性考量。一般来说,根据这种确定方法,餐厅就餐人数达到100人左右时,厨房需要大约10名厨师;而当就餐人数达到200人时,厨房需要12至18名厨师;当就餐人数达到300人时,厨房需要15至20名厨师等等。

　　当然,以上人数的确定因各个餐饮企业的实际经营情况不同而有所差异,并不能一概而论。此外,由于这一比例的确定是基于厨房实际生产量的因素来决定的,并没有把实习生、勤杂工以及休长假的员工计算在内,因此,在实际操作时,应该考虑到以上因素,而适当放宽厨房所需的员工人数限额。

　　(二)厨房各作业点的岗位职责

　　在确定了厨房的组织形式并就其各作业点的生产工作需要而配备了相应的员工之后,就必须制定和明确各作业点的每一个岗位职责,从而确保将厨房的各项生产任务以定性、定量的方式落实到每一个员工手中,保证厨房生产活动的顺利高效的进行。

　　1.行政总厨的岗位职责主要是:

　　(1)全面负责厨房的生产与管理工作,筹划操办各种食品节活动,适时推出时令菜、特选菜。

　　(2)负责菜肴的质量管理及成本控制,亲自为重要客人掌厨。

　　(3)根据客情及库存情况,提出食品原料的采购计划,验收食品原料,把好原料质量关。

　　(4)出席部门例会,协调厨房与餐厅的关系。

　　(5)负责对各点厨师长的考评和厨师的技术培训工作,合理调配员工。

　　(6)制定厨房生产的运转程序、生产流程和各项规章制度,并组织实施。

　　(7)负责制定厨房设备、工具、用具的更换、添置和维护计划。

　　(8)负责与相关部门合作,做好菜品的销售、成本核算等工作。

　　(9)检查厨房卫生环境和生产过程的消防安全工作。

　　(10)负责厨房生产任务的安排和各作业点的协调工作。

　　(11)定期征求餐厅对菜点质量和生产供应方面的意见,处理客人对菜肴质量的投诉。

　　(12)负责菜单的筹划和更新,负责菜品制作规格或标准食谱的制定以及新品种的开发。

　　(13)完成餐饮部经理交办的其他任务。

2.中餐总厨的岗位职责主要是：

(1)在中餐部经理、行政总厨的督导下,全面负责中厨的组织、指挥和烹调工作。

(2)了解掌握各岗位人员技术水平和工作特点,根据个人专长,合理安排技术岗位。

(3)组织中餐厨房执行并完成月、季、年度工作计划。

(4)组织调度、指挥大型中餐宴会、酒会的菜品制作。

(5)熟悉各种原材料的种类、产地、特点、价格、淡旺季。熟悉掌握货源供应情况,与采购部保持良好的联系,保证货源供应及时,确保质量。遇有重要宴会,需亲自与采购部协商,做好货源的采购工作,同时亲自检查、落实货源购进后的验收和存储。

(6)了解市场行情、竞争形势以及客人的建议,不断地研制、创新菜品。在保留餐厅传统菜式,保持特色不变的基础上,推陈出新。原则上每周出品一至两个新菜品。在做到稳定和不断提高菜品质量的基础上,不断改进和提高技术水平、烹调方法。

(7)做好菜谱的合理定位,掌握适当的毛利率。控制食品成本,合理使用各种原材料,减少浪费。

(8)做好每个月的工作计划、材料领用以及工作总结。

(9)抓好厨师的管理和技术培训工作。保持酒店的中餐餐饮特点,提高厨师技术水平。

(10)严格贯彻执行《食品卫生法》,抓好厨房卫生工作。

(11)严格执行消防操作规程,预防火灾事故发生。

3.厨房领班、厨师的岗位职责主要是：

(1)加工区领班和厨师的岗位职责：

领班:听厨师长的指令,负责加工组的检查和指挥;掌握当日的生产任务,制定加工规格;督促下属保质保量的完成任务,检查员工的仪表和卫生,做好员工的作息安排表;查看冰库的原料的库存和卫生情况;根据客情制定下一天的鲜活原料的请购单交予采购部;关闭门窗,锁好门窗,做好食品的卫生和冷藏工作。

厨师:接受领班的命令,根据领料单手续进行领料;根据加工规格加工各类原料,注意原料的综合利用率;加工后及时做好清洁工作。

(2)切配领班和厨师的岗位职责：

领班:接受主管领班的命令,根据客情负责当日的原料的预定和调拨;协助厨师长搞好成本控制和冰库的食品管理;负责各种工具和设备的清洁和保养工作;根据切配的规格做好检查工作;督促员工按时完成工作量和收尾工作;填好次日的领料单和请购单,交予厨师长;存放物品的保管和上锁以及人员的考核。

厨师:接受领班的命令,根据领料单手续进行领料;根据加工规格加工各类原料,注意原料的综合利用率;加工后及时做好清洁工作。

(3)炉灶领班和厨师的岗位职责:

领班:接受主管领班的命令,根据客情负责当日的炉灶组的工作指挥和参与炉灶工作;协助厨师长搞好烹制菜肴的工作以及新菜肴的研发工作;负责各种工具和设备的清洁和保养工作;根据规格做好检查工作;督促员工按时完成工作量和收尾工作,为特殊客人、重要客人亲自掌勺;填好次日的领料单和请购单,交予厨师长;存放物品的保管和上锁以及人员的考核。

厨师:接受领班的命令,根据领料单手续进行领料;根据加工规格加工各类原料,注意原料的综合利用率;根据烹调需要,配置有关卤汁和复合调味汁,将需要事先烹制的菜肴上火烹制或进行初步处理;加工后及时做好清洁工作。

(4)冷菜和烧烤领班和厨师的岗位职责:

领班:接受主管领班的命令,根据客情负责当日的冷菜组的人员安排和工作布置;协助厨师长搞好成本控制和冷菜间的冰箱、食品柜及烧烤间的食品管理;负责各种工具和设备的清洁和保养工作;根据规格做好冷菜的数量、色香味的标准的检查工作;督促员工按时完成工作量和收尾工作;填好次日的领料单和请购单,交予厨师长;存放物品的保管和上锁以及人员的考核。

厨师:接受领班的命令,根据领料单手续进行领料;根据加工规格加工各类原料,注意生熟分开以及刀、砧板的每日清洁;每日的菜肴的准备和餐具的准备,菜单和冷菜的核对;加工后及时做好清洁工作。

(5)面点领班和厨师的岗位职责:

领班:接受主管领班的命令,根据客情负责当日的面点的预定和调拨;协助厨师长搞好成本控制和食品管理;负责各种工具和设备的清洁和保养工作;根据切配的规格做好检查工作;开餐前准备检查各式点心、主食的情况,品种、数量、质量是否符合标准;督促员工按时完成工作量和收尾工作;填好次日的领料单和请购单,交予厨师长;存放物品的保管和上锁以及人员的考核。

厨师:接受领班的命令,根据领料单手续进行领料;根据加工规格加工各类原料,在保证质量的前提下,按时出品,对于售缺的点心要及时通知前台;负责厨房的各种设备和用料的卫生和管理;加工后及时做好清洁工作,将剩余的成品和半成品及时收藏以免变质和损耗;下班去领班处签离,更换工作服离店。

第二节　厨房的生产场所设计和布局

厨房的生产场所的设计和布局合理与否,将直接关系到厨房生产活动的效率高低、关系到厨房各类工作人员的工作情绪和工作速度,进而影响到餐饮产品的生产质量的高低和企业经营效益的得失。因此,加强厨房管理的第一个环节就是应该科学合理地设计并布局厨房的各作业点,精细高效地设计出厨房的生产作业流程。

一、厨房生产场所设计和布局的具体要求

一般来说,厨房的设计和布局是餐饮企业整个设计和布局中难度较高的一个环节,因为影响厨房设计和布局的因素很多,比如其占地面积多少、建筑形状如何、生产工艺和流程怎样、烹饪设备多寡、投资标准不一等等均可以或多或少地影响到厨房的设计和布局。可以说,有多少家餐饮企业,可能就有多少个关于厨房设计和布局的不同思路。但是,在实际的经营运作中,不管厨房的设计和布局思路多么千差万别,它都必须符合厨房管理的某些特定要求,从而保证其生产管理的科学性和合理性。

（一）厨房生产场所设计和布局的基本要求

1. 保证厨房生产作业流程的畅通运行

厨房的生产作业流程是一个连续的过程,是从采购食品原料开始,进入粗加工、切配、烹制,直到送往餐厅销售结束的一个繁琐的过程。在这个过程中,所涉及的作业点工种多、食品原料品种多、生产加工人员多,生产工序复杂,容易发生厨房内人流、物流的交叉和碰撞,从而导致生产工序颠倒、食品原料回流的现象发生,造成生产效率和企业经营效益的下降。因此,在设计厨房生产场所的布局时,应注意保证其生产作业流程的畅通及各作业点位置紧凑,生产设备位置布局的合理,避免工作人员来回大幅走动去拿取生产工具或食品原料,也避免厨房内各作业点行走路线的交叉以及跑菜员和厨房工作人员的碰撞等。

2. 确保厨房位置的合理性、便利性和科学性

厨房及其内部各作业点位置的确定必须有利于其生产活动的组织和开展。一般来说,主厨房最好设置在餐厅的底楼,各分厨房应尽可能靠近主厨房,以便各种基础设施如水、电、气等可以布局相对集中,减少浪费。另外,主厨房的布局

应尽量靠近各类仓库库房,方便领取食品原料,各厨房也应在布局时尽可能靠近各自的餐厅,以缩短跑菜员行走的路程和时间,提高上菜速度和效率。厨房的位置应选在地势略高的地方,可以便于通风、采光、排污和装卸货物。

3.注重厨房内工作环境设计和布局的高效性,体现人文关怀性

从实际经营的经验来看,许多厨房的工作环境和条件是恶劣的、令人难以忍受的,比如各种机器设备运作时发出的巨大噪音、餐饮产品生产制作时释放的大量热量和湿气、中式菜品制作时不可避免产生的大量油烟等等,都会严重影响工作人员的工作情绪和工作效率。因此,在厨房的设计和布局中,要考虑到尽可能地提升其工作场所的舒适度,以减少其工作人员不必要的体能和精神消耗,提高他们的工作积极性。比如厨房的高度这个问题,厨房的高度越高,它所铺设的墙砖就越多,所产生的投资建设费用也越大,而且在生产中要清洁的地方也越多,但若厨房的高度不够,员工在里面会容易产生一种压抑感,而且也不利于厨房通风排放大量的油烟气以达到降温洁净空气的目的,久而久之,会使员工产生一种对立的工作情绪,影响其餐饮产品的生产质量。因此,根据工程学的要求,应该考虑把厨房高度定在 3.2 至 3.8 米之间比较合理科学。

4.符合卫生和安全的管理要求

厨房的设计和布局必须考虑到其卫生和安全管理的要求。厨房的卫生出了纰漏,就会影响其生产的餐饮产品的质量,从而影响到就餐消费者的身体健康,影响企业的声誉和未来生存。同样地,厨房设计中还必须考虑安全的因素,比如电源线路的粗细和走向、电源功率的大小、设备控制系统的安装以及防火系统的设计安装等。

(二)厨房生产场所设计和布局的业务要求

1.厨房生产场所的照明要求

在厨房的生产制作过程中,其工作人员必须拥有充足的照明,才能准确顺利地开展工作,若照明不足,会影响员工对菜品烹制质量的判断,损害员工的视力,甚至还会导致工伤事故的发生。一般来说,厨房的照明条件应符合以下要求:整个厨房的普通工作应该拥有 100 英尺烛光,食品精加工区需要 200 英尺烛光;厨房照明灯的安装要保证工作区域无阴影,光色自然、稳定、柔和,不失真,不至于改变菜品颜色而导致厨师判断失误;尽可能使用间接照明和漫射灯光,有效地防止过于耀眼的眩光产生;厨房内的各个灯管和灯泡要安装保护罩,以免受热爆裂的现象发生,出现安全隐患;灯具的选择和安装应便于清洁和维修等等。

2.厨房工作场所的温度与通风要求

前面我们已经提到过,厨房的工作环境的恶劣往往表现在其又闷热又潮湿

这一点上,这样的生产环境会导致工作人员的体能和精神消耗巨大、工作耐力急剧下降,容易产生疲劳和发怒的不良情绪,影响工作效率。因此,在厨房的设计和布局过程中,我们必须要考虑其温度和通风的要求。经了解,当温度低于10摄氏度时,员工的腿和胳膊会发僵,而温度高于29摄氏度时,员工会容易产生疲劳懈怠的情绪,因而比较适合员工较好工作的温度是在18摄氏度左右,企业可以在厨房内安装空调或引入中央空调来调整控制温度,保证员工工作环境的舒适性。同时,还可以将烧烤间、蒸煮间和炉灶间分开以分散厨房的热量,并在厨房内安装抽风机等排风设备将厨房内产生的热空气及时排出。

另外,厨房内还要注意良好的通风,以除去其过多的油烟味,保证有足够的新鲜空气的进入。一般来说,厨房应该保证每隔2至5分钟就换气一次。

3. 厨房工作场所的噪音控制

厨房由于其各种餐具的碰撞、员工切配作业的敲打、各种排风设备、冷藏设备和鼓风炉的运作,会产生较大的噪音。一般来说,一个噪音较大的厨房可以产生70分贝的音强,差不多相当于吸尘器所产生的噪音强度了。较高的噪音会分散员工的注意力,导致其血压升高、心情烦躁、听力下降、容易疲劳,会影响其身体的健康和工作效率。因此,在厨房的设计和布局时必须考虑对其噪音的控制。根据经验,厨房的噪音应该控制在20至30分贝之间方为合理。消除或降低噪音的方法就是在墙壁或天花板上使用消音砖或消音漆等能吸音或融音的建筑材料,并选购一些噪音较低的厨房设备,以降低噪音,从而降低员工的烦躁心理、降低厨房事故的发生率,提高餐饮产品的生产效率和质量。

4. 厨房工作场所各种设备摆放的要求

厨房内各种生产设备的摆放不仅要考虑其生产制作流程的通畅性,也要考虑其一线员工操作的便利性和舒适性。在餐饮生产制作的过程中,往往需要员工快速连续的动作,比如切菜、削皮等易引起员工的疲劳和压力,企业宜购买电动的削皮机、切菜机来解决这一问题,减少员工的疲劳度。此外,在长时间高强度的工作中,不舒服的工作状态也会带来疲劳感,因此,其设备的摆放和布置就要尽可能考虑这方面的因素。比如厨师在操作时其双手的正常伸展幅度为1.15米左右,最大伸展幅度为1.75米左右,那么,其工作台的大小、生产工具用具的摆放位置都不应该超出人体正常的伸展范围。再比如员工的工作台和炉灶的标准高度一般都在86厘米左右,员工手工劳动的工作台面应低于其胳膊肘的5至10厘米,当然,个子矮的员工就需要更低的工作台面等等。

另外,厨房内各种生产设备的摆放不仅要考虑到其使用、清洁和保养的便利性,还要考虑整个厨房的通道位置和间隔距离。一般来说,厨房内的主要通道要1.6至1.8米宽,其他通道宽度也不低于0.75米,如果需要蹲下从柜台下面取东西的话,设备和柜台的间隔距离应该不低于0.9至1米,如果通道的两侧都有人站在其固定的位置上干活的话,其间隔距离不得低于1.6至2米。

5.厨房生产场所的排水和能源要求

厨房内的排水系统必须满足其排放餐饮生产中可能产生的最大水量的需求,一般来说,厨房内的排水道采用明沟的形式,排水沟具有一定的深度,能防止污水的回流,且要方便冲洗,下水口要有隔渣网,防止厨房内各种杂物堵塞下水道,下水道要盖严,防止老鼠蟑螂等动物爬入厨房。

厨房的能源主要有电、煤气、煤、油料、液化气等,其主要能源的选择应该取决于厨房生产的需要和菜品烹制的工艺,比如,微波炉、电烤箱等设备就需要电的供应,而炉灶、炒灶等设备就需要煤气的供应等等。当然,企业在其生产能源的选择中,应该尽量避免过于依赖一种能源,以免因为这种能源的供应不足而产生无法生产的被动局面。

6.厨房生产场所的其他业务设计要求

厨房的墙壁应平整光洁、无裂缝凹陷,墙面应该铺设瓷砖,便于清洁打扫,也容易保持美观大方。厨房的顶部可采用耐火、防潮的石棉纤维材料进行吊顶处理,天花板宜平整、无裂缝,尽量盖埋其暴露的管道、电线,并留出适当的位置安装排风设备。厨房的地面要求耐磨防滑、耐高温重压、防腐蚀、不积水、不掉色。一般来说,厨房的地面大都采用无釉防滑地砖或硬质丙烯酸砖等材料铺设,要求地面平整并有一定的倾斜度,以便于冲洗,不易积水。厨房的门窗要防止虫害侵入、方便员工和货物进出,厨房的门往往设置两道门,一道是能自动关闭的铁门或其他质地的门,一道是纱门。厨房的窗也设置两道,一道是防盗窗,一道是纱窗,既便于采光,又便于通风。目前。也有一些餐饮企业的厨房不设置窗户,而采用新风系统进行空调换气,以避免虫害的入侵等等。

二、确定厨房面积的具体方法

厨房面积的确定要考虑到很多因素,诸如厨房的生产规模和餐厅接待的客源总量、厨房的生产制作工艺和所需要的食品原料的品种多寡、厨房的加工工序和相关设备数目等等。一般来说,厨房的生产规模和餐厅接待的客源总量越大,厨房所需要的食品原料品种越多,厨房的制作工艺和加工工序越复杂,厨房所使用的设备数目越多,厨房所需要的面积也越大。

厨房的面积不仅包括其各作业点的面积,即食品原料的粗加工、切配、烧烤、蒸煮、热炒、冷菜和面点制作等作业点所需要的面积,还包括其员工使用的更衣室、卫生间以及厨师长办公室、食品原料等物资存放的各类仓库和验收处等所需要的面积。厨房面积的大小,也会影响其员工的工作心情、工作效率和菜品制作质量。如果厨房的面积偏小,则厨房会显得闷热拥挤,从而使员工容易产生压抑感,而影响工作质量和工作效率。但如果厨房的面积偏大,员工在厨房内走动的空间就相应增加,会导致无效劳动的增加,同时也会造成厨房装修的造价、照明、清扫等的费用相应增加,从而导致企业餐饮经营的成本增加。一般来说,确定厨房面积大小的方法有以下三种:

（一）按照餐厅类型确定厨房面积的大小

不同类型的餐厅所对应的厨房类型也不同,而不同类型的厨房根据其不同的生产需要所需要的厨房面积大小也不同。一般来说,自助餐厅每个餐位所需要的厨房面积为 0.5 至 0.7 平方米,咖啡厅是以生产简单食品为主,菜品供应品种较少且大都为半成品,因此其每个餐位所需要的厨房面积为 0.4 至 0.6 平方米,而零点餐厅的菜品供应品种较多,生产要求高,烹制技艺复杂,因此其所对应的厨房面积就要稍大一点,一般为每个餐位需要 0.5 至 0.8 平方米的厨房面积,大型的宴会厅、风味厅因其接待规格要求更高,厨房所需要的面积还要再大一点。（见表 6-1）

表 6-1　按照不同餐厅类型确定厨房面积的大小

餐厅类型	厨房面积 m²/每餐位	后场总面积 m²/每餐位
自助餐厅	0.5—0.7	
咖啡厅	0.4—0.6	1—1.2
正餐厅	0.5—0.8	

（二）按照就餐人数确定厨房面积的大小

有的餐饮企业是根据其就餐人数来确定其厨房所需要的面积,认为其就餐人数的多寡与企业所需要的厨房面积存在着一定的关联,虽然就其整体而言,餐厅的就餐客人越多,其所需要的厨房面积也越大,餐厅的就餐客人越少,其所需要的厨房面积也越少。但是,随着就餐客人人数的增加,其每增加一位客人所需要的厨房面积量却在不断下降,其详细变化比例可参见表 6-2。当然,若各家餐厅都用其就餐人数来决定其厨房面积的大小,可能会出现偏差,因为各家餐厅的就餐人数会由于各种内因、外因变化波动而产生变化,它是一个不能确定的变数,而厨房的面积却必须是一个相对固定的数据,因此,用这个方法确定厨房面积时会产生不准确性。一般来说,餐饮业内是对不同餐厅的全年就餐人数和其厨房面积大小的关联做一个综合分析,来得出不同就餐人数所对应的厨房面积数。

表 6-2　按照就餐人数确定厨房面积的大小

就餐人数	平均每位用餐者所需厨房面积 m²/人
100	0.697
250	0.48
500	0.46
750	0.37
1500	0.309
2000	0.279

　　(三)按照餐饮企业各经营作业部门所占其总面积的分配比例确定厨房面积

　　根据经验,餐饮企业各经营作业部门在整个餐饮企业的总占地面积里均拥有其相对合理的经营或作业面积,其分配比例如表 6-3 所示。从表 6-3 可知,厨房的生产占地面积为企业全部面积的 25%,而其各类仓库占总面积的 7%,但是,若是在市场供应货源充足并且价格、质量、规格稳定的情况下,企业没有必要占用大量资金购买并囤积食品原料,因此其所需要的仓库库房面积可相应缩小,而其厨房生产面积却可以适当扩大一点。

表 6-3　按照餐饮企业各经营作业部门所占总面积的分配比例确定厨房面积

各部门名称	百分比
餐厅	50%
客用设施	7.5%
厨房	25%
清洗	5.5%
仓库	7%
员工设施	3.5%
办公室	1.5%

三、厨房各作业点的设计和布局

厨房各作业点的设计和布局是根据厨房的占地面积、建筑形状、生产流程、设备设施的布置以及其各作业点之间的相互关系来考虑的。只有考虑到了以上各相关因素的必要性，才能对厨房各作业点作出高效合理的设计和布局，从而节约员工的操作时间、降低员工的体能消耗、提高厨房的生产效率和保证菜品生产的质量规格。

（一）厨房各作业点布局应考虑的因素

厨房布局设计时需考虑以下因素：企业对厨房的造价投资，这关系到其生产设备的选购和厨房布局的高低；厨房的类型和其主要生产制作形式，不同类型的厨房有不同的生产制作形式，因此也会有不同的布局要求；厨房各作业点占地面积以及其场地形状特点；厨房所用地皮的能源管道的现有布局状况；厨房所需要的设备数量、种类、占地面积和摆放位置等等；相关卫生、安全、消防等法令法规要求。

厨房布局设计时还必须满足以下要求：保证工作流程设计科学、通畅、合理，避免回流和交叉；简化操作程序，确保员工对各种设备和用具使用的便利性，缩短员工工作路程；各种设施设备的布局要考虑其清洁、保养和维修的便利性；对厨房各作业点的设计和布局留有余地，便于今后的发展改造。

（二）厨房的总体布局

厨房的总体布局主要是根据厨房的工作流程，将其食品原料的领取和供应、其生产所需要的各种设备用具等合理科学地整合到每一个相关作业点，并由此分配厨房各作业点的位置和占地面积的过程。下面是厨房的工作流程示意图（见图 6-6），通过这张工作流程图，我们可以知道一个科学合理通畅的厨房布局必须首先要基于将厨房的各作业点做有效连接的考虑。

```
┌──────────┐      ┌──────────┐      ┌──────────┐
│ 原料验收  │ ──→ │   验收    │ ──→ │   仓库    │
└──────────┘      └──────────┘      └──────────┘
                        │                 │
                        ↓                 ↓
                  ┌──────────┐
                  │   领料    │
                  └──────────┘
         ┌──────────┼───────────────┐
         ↓          ↓               ↓
  ┌──────────┐ ┌────────────┐ ┌──────────┐      ┌──────────┐
  │ 干货涨发  │ │蔬菜水产品加工│ │ 肉类加工  │      │ 加工区域  │
  └──────────┘ └────────────┘ └──────────┘      └──────────┘
         │          │               │
         ↓          ↓               ↓
                  ┌──────────┐
                  │   保藏    │
                  └──────────┘
         ┌──────────┼───────────────┐
         ↓          ↓               ↓
  ┌──────────┐ ┌──────────┐ ┌──────────┐      ┌──────────┐
  │ 冷菜制作  │ │ 热菜切配  │ │ 面点制作  │      │ 生产区域  │
  └──────────┘ └──────────┘ └──────────┘      └──────────┘
         │          │               │
         ↓          ↓               ↓
  ┌──────────┐ ┌──────────┐ ┌──────────┐
  │   切配    │ │ 烹调制作  │ │   成熟    │
  └──────────┘ └──────────┘ └──────────┘
         │          │               │
         ↓          ↓               ↓
                  ┌──────────┐
                  │   装盘    │
                  └──────────┘
         ┌──────────┼───────────────┐
         ↓          ↓               ↓
  ┌──────────┐ ┌──────────┐ ┌──────────┐      ┌──────────┐
  │   保温    │ │   出菜    │ │ 餐具洗涤  │      │ 销售区域  │
  └──────────┘ └──────────┘ └──────────┘      └──────────┘
                        │
                        ↓
                  ┌──────────┐
                  │   餐厅    │
                  └──────────┘
```

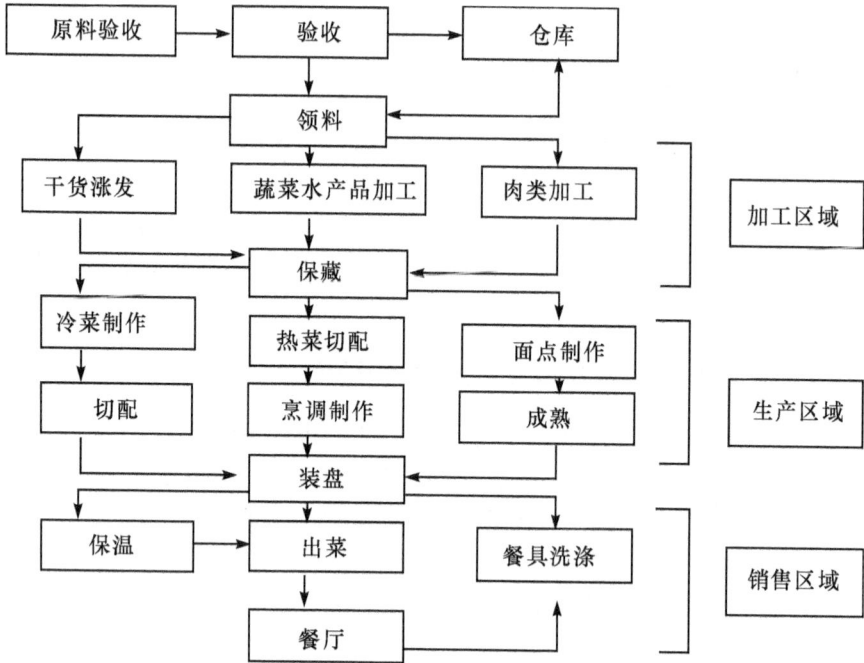

图 6-6　厨房的工作流程示意图

　　根据以上的厨房工作流程示意图,我们得知,在厨房布局时,一般是把相关部门安排在一个连接点上,可以避免生产路线的交叉和食品原料以及其他物资的回流,这样可以减少食品原料和员工的流动距离,减少员工对食品原料、设备用具等的使用次数和时间,避免食品原料或生产菜品在生产过程中的囤积和耽搁,从而充分提高其设备和厨房空间的利用率,降低其食品原料的生产成本,提高工作效率和效益。下面是某餐饮企业中餐厨房的布局示意图(见图 6-7)。

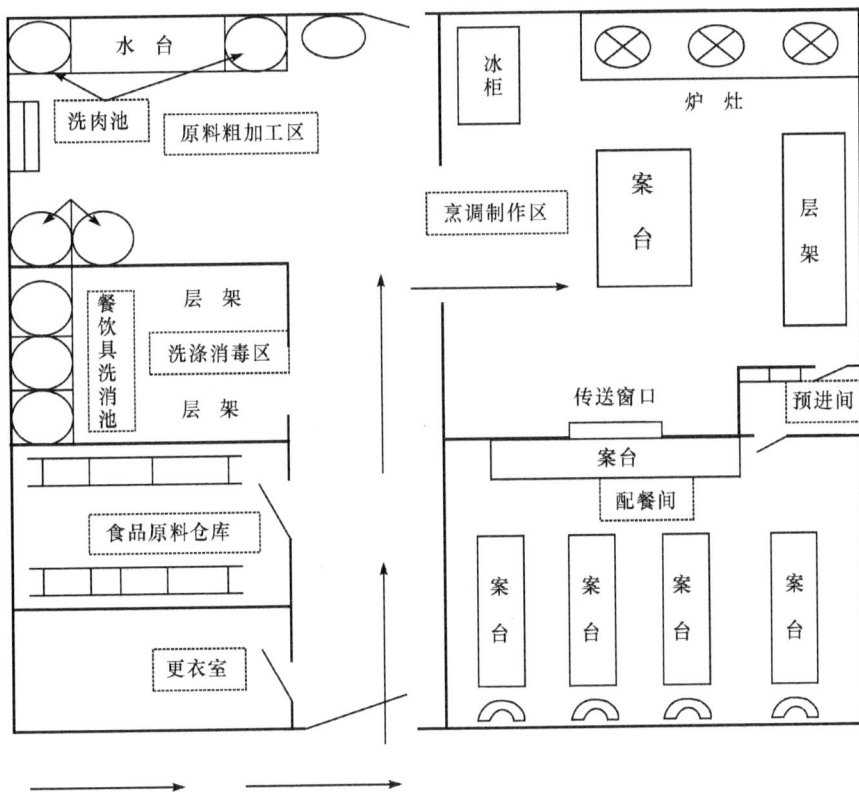

图 6-7　某餐饮企业中餐厨房的布局示意图

（三）厨房内各作业点的具体布局

在确定了厨房的总体布局之后，还有必要了解厨房各作业点的占地面积和具体布局情况，按照表 6-4，我们可以得知，在厨房的各作业点中占地面积最大的是炉灶区，因为炉灶本身所占面积都要比其他设备所占面积要大得多。第二大的是粗加工区，当然，有的厨房的粗加工区仅指对食品原料作初步加工，即洗涤、宰杀、摘拣等，而有的厨房的粗加工区不仅要对食品原料作初步加工，还要对食品原料作精加工，即切割、上浆、初步熟处理等。厨房的加工内容增多的话，其所需要的设备用具也相应增多，导致其生产占地面积也跟着增加。

表 6-4　厨房各作业点所占厨房总面积比例表

各作业区名称	所占百分比
炉灶区	32%
点心区	15%
加工区	23%
配菜区	10%
冷菜区	8%
烧烤区	10%
厨师长办公室	2%

1.配菜区和炉灶区的布局

配菜区和炉灶区是专门用来负责对各种菜品配料和烹制的作业点,在厨房布局中应该是紧密相连的,因为配菜和热菜炒制是紧密相连的。配菜区的主要设备是冰箱、水池、工作台、货架等,而炉灶区的主要设备是炉灶,常见的炉灶布局可以呈直线型、相对型、相背型以及 L 字型等。这一区域的整体布局可见图6-8。

2.加工储藏区的布局

厨房的加工储藏区是专门用来负责对各种食品原料加工和储藏的作业点,从厨房的工作流程图可知,厨房的验收、储藏和加工是紧密相连的,应该被安排在一条流程上,既缩短食品原料的搬运距离,也方便了这些食品原料的储藏、领取和加工。一般来说,为防止交叉污染和提高生产效率,在加工储藏区的布局中往往将食品原料的精加工区和粗加工区分开,将蔬菜加工区和水产、禽类加工区分工等等。这一区域的整体布局可见图6-9。

3.冷菜作业区的布局

冷菜作业区是专门用来负责对厨房内各种冷菜菜品烹制冷藏的作业点,根据卫生防疫的相关规定要求,厨房内生食和熟食食品应该分开存放和加工处理,以免未经加工的食品原料污染这些已经经过烹制并可直接进食的冷菜菜品,因此,厨房的冷菜作业区是独立布局的。其常用的主要设备是冰箱、冷藏柜、工作台、洗涤池等。

这一区域的整体布局可见图6-10。

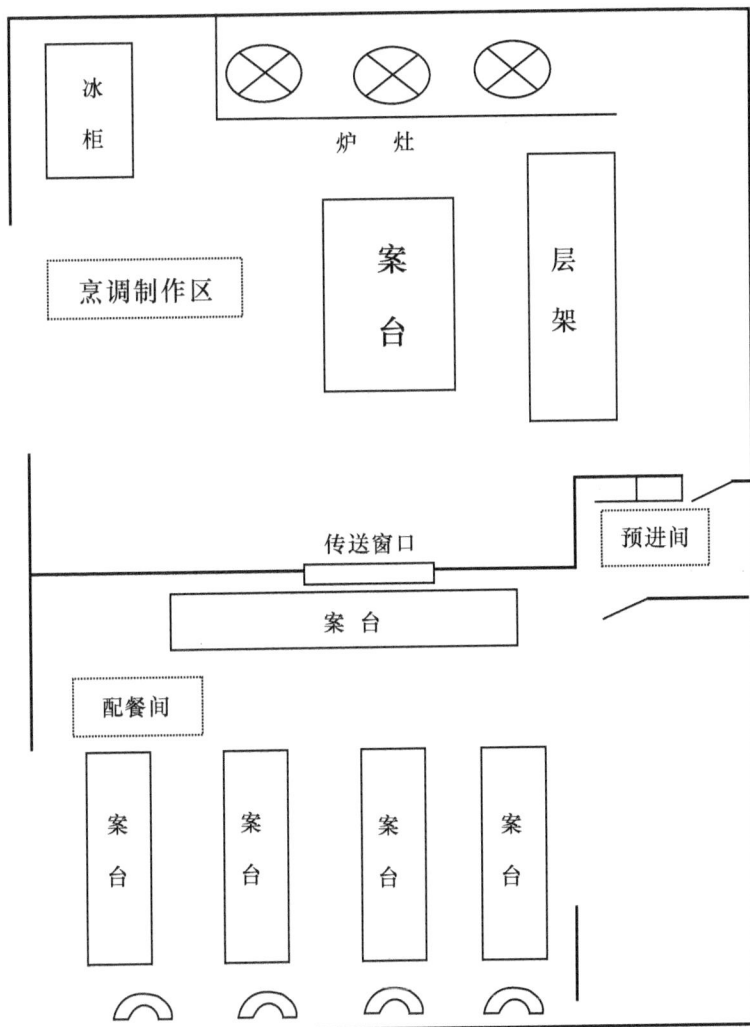

图 6-8　配菜区和炉灶区的布局

水 台

洗肉池

原料粗加工区

洗菜池

水 台

餐饮具洗消池

层 架

洗涤消毒区

层 架

食品原料仓库

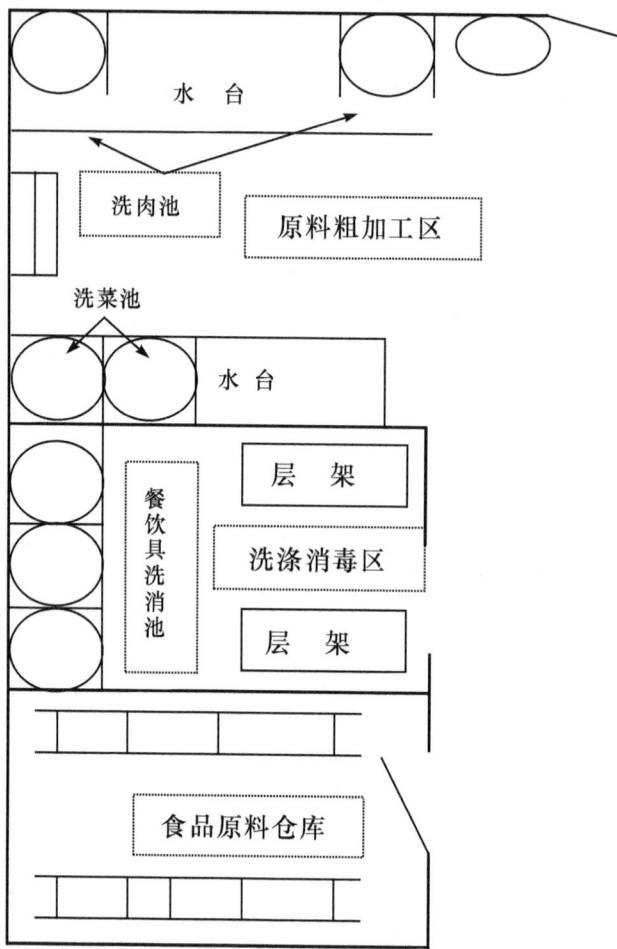

图 6-9 加工储藏区的布局

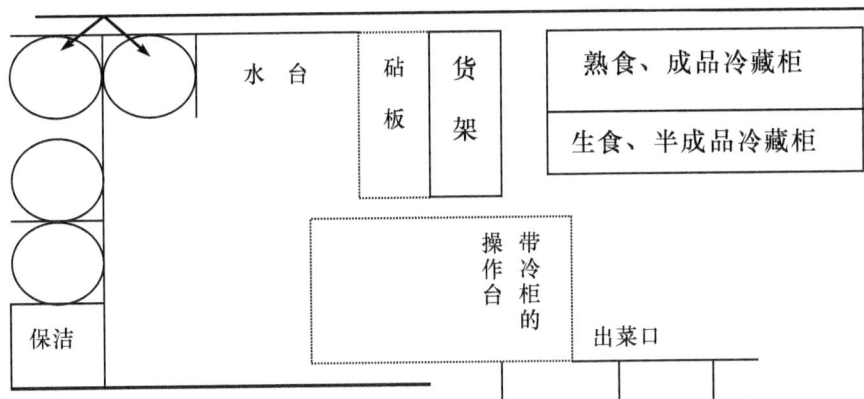

图 6-10　冷菜作业区的布局

4、面点作业区的布局

面点作业区又被称为主食厨房或点心厨房,是专门用来负责制作各式点心、主食以及甜菜等食品的作业点,其整体布局可见图 6-11。

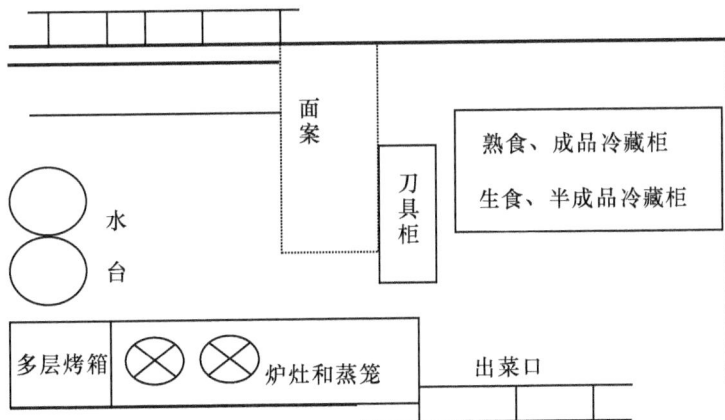

图 6-11　面点作业区的布局

5、烧烤作业区的布局

烧烤作业区是专门用来负责制作各厨房所需要的各类烧烤食品如烤鸭、烤乳猪、烤全羊等的作业点,其整体布局可见图 6-12。

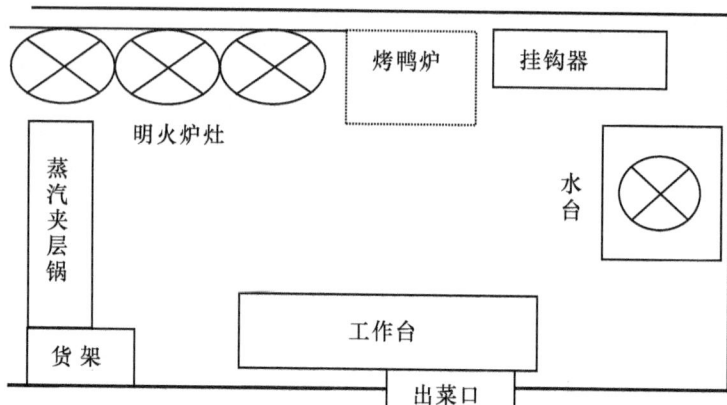

图 6-12　烧烤作业区的布局

第三节　厨房主要设备的选购和使用

一、厨房主要设备和工具

(一)厨房的主要设备

现代厨房的主要设备可以分为加工设备、加热设备、冷藏设备、排风设备、清洗设备、面饼制作设备等。

1.加工设备

厨房的加工设备主要有搅拌机、切片机、绞肉机、去皮机、锯骨机、粉碎机、榨汁机、垂直切割搅拌机等。辅助设备有粗加工台、工作台、水池、存货架、手推车等。

2.加热设备

厨房的加热设备主要有中式炉灶(又称中餐炉灶)、平炉(又称西餐炉灶)、汤灶(又称低灶)、油炸炉、烤箱(又称暗火烤炉)、明火烤炉、铁板炉、蒸汽夹层锅、铁扒炉、微波炉、蒸汽炉(蒸箱、蒸锅,俗称笼锅)、蒸锅柜、卡式炉、保温柜、组合灶等。

3.冷藏设备

厨房的冷藏设备主要有冷冻柜(温控在 $-12℃$ 至 $-18℃$)、冷藏柜(温控在

0℃至5℃)、冷藏工作台、冷藏展示柜(带玻璃门)、制冰机、碎冰机(刨冰机)、恒温保鲜柜(温控在3℃至10℃)等。

4.排风设备

厨房的排风设备主要有抽风机(又称排风扇)、排油烟罩、空气交换机等。

5.清洗设备

厨房的清洗设备主要有洗碗机、消毒柜、消毒保藏柜、滤水台、洗涤槽等。

6.面饼制作设备

厨房的面饼制作设备主要有和面机、面团分割机、压面机、面团整形机、包饺机、醒发箱、面包烤炉、搅拌机等。

7.其他设备

除上述主要厨房设备外,厨房还拥有各式工具橱柜、各式食品橱柜、带架工作台、调料车、开水炉、蒸汽台、红外灯等设备。

(二)厨房的主要工具

厨房的主要工具有各式炒锅(又称炒勺)、大铁锅、平底锅(又称法兰板)、汤锅、高压锅、砂锅、钢精锅、电饭煲、不粘锅、手勺、漏勺、笊篱、网筛、蒸笼、砧板、切刀、批刀、斩刀、砍刀、旋转刀、面包刀、牡蛎刀、水果刀、各式雕刻刀及雕刻模具、打蛋器、肉锤、铁筷、铁叉、铁钩、锥形滤器、开罐器、开瓶器、各式盛器等。

二、厨房设备的选购

先进、美观、耐用且具备多功能性的厨房设备关系到厨房菜肴烹制的速度、质量和工作环境,既可以减轻厨房工作人员的劳动强度,又可以提高厨房的生产效率和烹制速度,还可以确保菜肴的烹制质量和丰富菜品品种,改善员工的工作环境。但是,厨房设备的选购也不能过度追求高价位的大型先进设备,而必须让专业人士参与并认真评价、比较和选择厨房设备的性能和生产效率、价格和其他投资费用、使用维护和卫生安全等方面的因素,使这些设备的功能得到最大限度的发挥、确保其产生最大的经济和生产效益,减少其购置的盲目性。

选购厨房设备时应该遵循以下原则:价格合理、技术先进、操作方便、高效节能、容易清洁保养。具体来说,又可以分为以下原则:

(一)符合生产和发展需要的原则

厨房设备的选购应该符合其生产的发展需求,应该根据其生产经营的长远规划,明确厨房各式设备添置的程序步骤、购置计划和购买数量,确保所添置的厨房设备能促进厨房生产的效率和效益,符合菜单的设计需要、符合生产的操作和规模需要,减少盲目性、杜绝浪费。另外,设备的选购应方便生产加工,要具备多功能性和可移动性,减少厨房的占地面积并节省劳力。

（二）符合设备投资经济合理和质量兼顾的原则

力求以经济合理的投资价格选购先进、美观、耐用、多功能的名牌产品,尽可能降低其采购、安装及使用的费用,比较其采购成本、安装成本、维修保养成本、贷款利息成本、劳动力成本和不添置该设备时的各种成本,从而决定其购买的合理与否。另外,在价格合理的前提下,还要同时确保该设备的质量可靠优良以及后期使用和维护的保养信誉等,如其生产速度、数量,操作便利性,故障率,耗电量以及是否可以拆卸更换等等,尽可能选择能耗低、热效率高的设备。

（三）符合设备采购的安全卫生原则

所采购的设备必须拥有良好的安全装置,具有安全说明书和安全附设装置,如带有自动报警、自动断电、自动排污等功能,采购时可查看设备边角、边缘是否有突出尖锐刺手的毛边、其焊接处是否牢固、运转是否正常有无异音、内壁是否用镀锌板或刷油漆等等。

当然,所采购的设备还必须符合卫生的要求,应使用无毒、耐用、容易清洁的材料制成,所有转动部件和刀锋应有防护罩保护并便于拆卸清洗,设备的工作台、工作柜的门也应便于清洗拆卸,设备表面要求光滑、抗腐蚀、性能稳定、无吸收性等。

（四）符合设备维修保养的原则

设备的使用合理与否和定期维修保养的得当与否直接关系到该设备的使用寿命和生产效率,因此,在设备选购时,必须选择具有无条件承担维修责任的生产厂家和经销商,以免设备失灵时,由于国内没有定点维修而报废。另外,在选购设备时,还须注意对于设备中容易损耗的零部件,其生产厂家或经销商能否及时提供更换配件或备用配件。

除以上四条原则外,在选购设备时,还应注意以下事项:所采购的设备须符合本厨房能源供应的要求,而且最好能采购能通过两种能源运转的设备,以防停电等突发状况的发生;尽可能选择标准化、通用化的设备;尽可能选择噪音小、无污染的设备等。

三、厨房设备的使用和保养

厨房设备使用寿命的长短、折旧损耗程度的高低与其正确的使用和保养密切相关。可以说,对厨房内各式设备进行及时、合理和有效的维护和保养,可以确保厨房内各式设备长期处于最佳运行状态,从而确保其产生最大效率和效益。在这里,我们就几种常见的厨房设备的使用和保养要求介绍如下:

(一)绞肉机

绞肉机主要是由不锈钢放料盘、转轴、刀片、圆形多孔板、轴头、电动机等部分组成,通过电动机带动转轴及刀片旋转,使从放料盘下料口投入的肉料不断地被挤压、绞磨,最后通过出料口的圆形多孔板输出肉末等将整块肉料加工成肉末的机器。

绞肉机的使用和保养需要注意以下内容:绞肉机应摆放平稳、安装时注意刀片的正反,刀片的正面要朝外,轴头要旋紧,以固定牢刀片,不使其晃动;使用绞肉机时,不能将带骨的肉料投入绞肉机内,以防损坏刀片及机器,筋膜较多的肉料如牛肉等,应先将其筋膜剔除,再投入绞肉机内,否则会导致出料口堵塞;投料时,需用专门的填料器填压原料,不要用手填压;机器使用完毕后,应将转轴、刀片、圆形多孔铁板和轴头等零部件拆卸清洗干净,清洗时,电动机部分不能接触水,以防漏电,清洗完毕后,再按要求组装好各部件。

(二)切片机

切片机是通过其不同厚度的刀片,将原料加工成不同厚度的片型的一种加工机器。它的使用和维护要求需要注意以下事项:首先要将原料用手柄固定牢,防止其打滑;原料须无骨少筋或无筋,以防损伤刀片;对于质地较为柔软的原料可先冰冻待其坚硬后再切片,以确保其出片厚薄均匀、大小一致;切片机使用完毕后,应该将其表面和刀片上的油污、水迹和食品残渣彻底清除干净,防止霉变污染食品和腐蚀机器;定期拆卸刀片、清洗刀片与机体缝隙内的污物;定期打磨磨刀器上的刀片,保证其锋利;定期给各零部件加润滑油。

(三)去皮机

去皮机是利用砂盘高速旋转打磨原料表面并使其脱皮的机器。其使用和维护需要注意以下事项:使用去皮机时,一次下料不可太多;使用时,将水管接上自来水,边喷水边打磨,以及时冲洗原料和砂盘便于去皮;使用完毕后,须冲洗磨盘、桶壁,去除污物;检查磨盘的磨损情况和传动带的松紧情况;发现异响要立即关机。

(四)锯骨机

锯骨机是用来分割大块带骨原料的机器。其使用和维护需要注意以下事项:原料推进速度必须缓慢而匀速,以免损伤锯条和电动机;分割原料时,锯条行进线路要直,切忌拐弯,否则易折断锯条,造成危险;使用完毕后,应擦干水迹,使用时,注意勿让水迹滴入电机内,造成漏电事故;使用完毕后,用温水清洗锯条、台面,去除骨屑碎肉;定期检查机器上锯条和连接点,定期给轴轮加润滑油;清洗保养后,罩上盖子。

(五)切碎机

切碎机是用多种刀具快速切出片、块等多种原料形状,并可对原料进行切剁、揉搓、粉碎等工作的机器。其使用和维护需要注意以下事项:一次性投料要适当,不可过多,要观察搅拌盘内情况间歇投料,避免出现过度切碎和电动机过载受热而损坏等现象;电动机运作时,不可揭开玻璃盖,需待其完全停止运转后才可以揭盖;使用完毕后,应该及时将其各零部件清洗干净,并擦干放在干燥处,清洗时不能将底座浸入水中,以免损坏电路而造成漏电现象。

(六)煤气炉灶

煤气炉灶的使用和维护需要注意以下事项:点火前,需检查是否漏气,各开关是否关紧,胶管是否破损,如有漏气,应该立即通风换气,严禁点火,以免引起爆炸;确认无漏气后,开气点火,注意若火焰呈红色且不稳定,应该及时疏通火眼;使用结束后,应该先关总气阀,再关各分气阀,确保管道内不留存气体,然后清理灶面和灶具;每天清洗炉灶表面油污,疏通灶面下水道,每周用铁刷刷净并疏通煤气眼上的杂物,经常检查气阀开关及接头处,确保无煤气漏气现象发生。

(七)蒸汽灶

蒸汽灶适用于蒸制和保温各种菜肴和点心的炉灶,其使用和维护需要注意以下事项:使用时要防止蒸汽烫伤工作人员,需要从蒸笼内拿取食物时,要先关气阀,让高温蒸汽散去,再用抹布拿取;要经常清洗蒸汽管,保持其畅通,以免上面的油污和水垢堵塞气孔,蒸笼下面的水要经常更换;经常检查气压表和气压阀,以保证供气正常。

(八)电烤箱

电烤箱的使用和维护需要注意以下事项:先将电烤箱内的自动温度调节旋钮、定时器旋钮、转换开关等调至最低位置,待接通电源后,加热炉体,再根据烹制需要,将各旋钮调至所需要的位置,当烤箱内达到所需要的温度时,再将要烤制的食品放入,烤制时注意食品原料是否受热均匀,必要时可进行调整,烤制完毕后,先将各旋钮旋至"关"的位置,切断电源,再取出食物;由于电烤箱耗电量大,一般不适用于普通线路,以防线路过细造成火灾,而且电烤箱需用专用插座取电;电烤箱应置于远离水池的地方,避免受潮;在使用电烤箱时,不可经常开关烤箱门,以免热效率下降;在烤制有油汁的食物时,应该将烤盘和烤架同时使用,以防油汁滴入加热器影响其使用寿命;待烤箱内温度下降后,用软布擦净烤箱污迹,烤箱内部清洁不可用水或其他洗涤剂,只能用干的排笔或软钢丝刷进行;使用完毕后,应该将电源插头拔下,以防事故发生。

(九)微波炉

微波炉的使用和维护需要注意以下事项:不可将金属盛器放入微波炉,以免金属会反射微波并引起火花,一般宜选用耐高温的瓷器及玻璃制品;微波炉的上层食品不要摆满,因为微波是自上而下的,上层空间过满时会影响微波对下层食物的辐射,但是被置入微波炉的食物也不宜过少,以免微波得不到完全吸收,从而影响磁控管的使用寿命;使用完毕后,及时清除炉内的溢出物,经常用中性溶液清洁微波炉内部空间,以免污垢积存后影响微波的反射,延长加热时间;定期检查炉内排风管是否畅通,并清除阻塞物;检查微波炉门缝是否密闭,连接开关是否完好,是否有微波泄漏;使用完毕后,要及时拔下电源插头,切断电源。

(十)冷藏设备

冷藏设备的使用和维护需要注意以下事项:不要经常开启这些设备或开启时间过长,影响其冷藏效果;物品堆放要留空隙,便于冷空气流动,在制冷蒸发器附近不要塞满食物,以免影响制冷效果;热的食品须待其冷却后才能放入冷藏设备内;定期彻底清洗冷藏设备,以免积存污垢,滋生病菌;定期检查是否有冷气泄漏现象,以免污染食品和环境;冷藏设备应该放置在远离热源的地方,避免阳光直射或过于潮湿,也不能将其放置在闷热而不通风的地方;冷藏设备搬运时不能倒置或过度倾斜及碰擦,一般来说,其倾斜角度不得超过45°。

（十一）通风排气设备

通风排气设备的使用和维护需要注意以下事项：经常清洗其内外表面,防止油污积存,影响通风排气效果;定期请专业技术人员对排风设备进行清洁保养;若通风排气设备有异响或油烟排放不出去时,要立即请专业技术人员来维修,非专业技术人员不得擅自拆卸维修。

第四节　厨房的生产管理

厨房的生产管理是指根据厨房生产的操作规范和工艺要求,控制厨房生产的质量、效率和成本,避免一切生产性差错,以期形成厨房生产的最佳生产秩序和生产流程。

一、厨房生产的成本控制管理

厨房生产的成本控制是指厨房的管理者通过对食品原材料采购和加工的成本、菜品生产制作过程中的成本等环节进行控制,以便厨房能够在保证菜品质量的前提下,降低成本和其他不必要的费用开支,防止生产成本过高的现象产生,确保餐饮经营的利润。一般来说,食品原料的成本控制主要是对食品原料的采购、验收、贮存以及领发等环节加以控制,力求降低食品原料购买的价格,减少其购买过程中的各种费用,保证其原料加工的质量以及对厨房生产的正常供给,防止食品原材料在进出领发过程中的各种浪费和损耗。

厨房生产过程中的成本控制主要包括食品原料加工、配份和烹调、成品销售三个环节。

（一）食品原料加工过程中的成本控制

食品原料加工过程中的成本控制是指厨房管理者制定各种食品原料的加工规格标准,明确这些食品原料的加工数量、加工时间、加工方法和加工质量指标,规范这些食品原料的加工程序,指导和督促厨房加工人员的工作,减少加工过程中的各种浪费,合理加工食品原料,努力提高其净料率,使这一加工过程的成本得到有效控制。

为了保证这一过程成本控制的有效性,厨房管理者往往采取责任控制法和重点控制法两种控制方法来加以控制。责任控制法是将食品原料的加工过程具体拆分为蔬菜加工、水产品加工、肉类加工、家禽类加工、野味加工、海鲜加工、干货涨发以及盘饰加工等环节,明确每一环节加工人员的工作职责,要求其对自己加工的食品原料的质量、成本和效率负责。而重点控制法是指厨房管理者对干货涨发、海鲜等价格昂贵、容易出现问题的地方加以重点控制,预见并针对食品原料生产过程中的薄弱环节,进行有的放矢的管理,从而确保其成本的有效控制。

在食品原料的加工过程中,厨房管理者一般应该注重以下几个环节:即控制厨房对食品原料的生产加工数量,应以销售预测和正常的生产需求为依据,根据已有的食品原料的剩余量和适当的贮存周转量,来确定食品原料的加工数量,避免因为加工数量过多造成浪费;控制厨房对食品原料的生产加工质量,严格参照食品原料的加工成形规格和卫生安全程序,依靠机械切割的技术,确保食品原料成形的标准化和加工质量;控制厨房对食品原料的加工出料率,既要根据已经制定的各种食品原料的净料率指标,又要对整个食品原料的加工过程进行跟踪抽查,确保各种食品原料的加工出料率达到规定要求;控制厨房对食品原料的下脚料的回收利用率,对回收的下脚料进行精细加工,使之成为另一道菜品的上品原料,能够有效地降低食品原料的生产成本,提高餐饮经营的毛利率;控制厨房对加工成品的管理,对已经加工完毕而又暂时未销售掉的加工成品,应该妥善保管,保证其原料质量的稳定等。

(二)食品原料配份和烹调过程中的成本控制

食品原料配份和烹调过程中的成本控制是厨房成本控制的关键,直接决定着菜品成本的高低,因此,厨房管理者应该加强对食品原料配份和烹调过程中的成本控制。一般来说,厨房管理者是通过制定标准菜谱卡、制定食品原料的配量标准和控制其配份成本、制定食品原料的投料标准和控制其调味成本以及制定食品原料的装盘标准等环节来控制这一过程的成本。

厨房管理者对其菜单上的部分或全部菜品制定标准菜谱卡,明确菜品的名称,主料、配料和调料的名称和数量,制作方法和制作要求,菜品的特点和用途,菜品制作的成本率和总成本,菜品的售价,盛器规格以及菜品标准照片等。厨房的配份和烹调加工人员即可根据该标准菜谱卡的规格要求,对食品原料进行标准化加工,既可以节省生产加工的时间和精力,又避免了对食品原料的浪费,从而有效地控制了成本。

厨房管理者根据食品原料的标准菜谱卡,制定该原料的配量标准,以便能有效控制其配份成本。在对食品原料的配菜过程中,应该不断强化并促进配菜厨师的配量技能,严肃配菜制度,凭单配菜,杜绝菜品配置过程中容易出现的漏配、错配、重复配等,坚决制止并惩罚无凭据配菜和带私情配菜,对配菜结束后所剩余的食品原料和食品加以妥善收藏和保管,保证其下一次加工还可以得到充分利用,以节省生产成本。

厨房管理者还要根据食品原料的标准菜谱卡,制定其各种味料的投料标准和原料上浆投料标准,稳定各种菜品烹制的味型,规范菜品的质量,节省并控制其调味成本。虽然调味品在每份菜品中所占成本比例很小,但一天经营生产下来,厨房对各种调味品的耗用量还是很可观的,因此,厨房管理者也必须加强对各种调味品的管理和控制,以降低生产成本。一般来说,应该侧重于控制一些成本较高、价格昂贵的调味品如鸡精、牛肉汁、进口海鲜酱、食用油脂、高级清汤等。在使用调味品时,既要按照比例标准准确投料,又应注意兑合调味汁的量,若缺乏较好的保藏条件时,不要一次性兑制过多,以防调味汁变质变味,造成浪费。

厨房管理者应该根据菜品的装盘标准,明确其盛菜器皿的尺寸大小和具体形状,在菜品的装盘过程中,应该对菜品盛器的尺寸大小进行控制,按照规格要求装盘,对菜品要分装均匀并控制好每盘菜的数量,从而确保这一环节的食品成本得到真正控制。

(三)食品原料成品销售过程中的成本控制

食品原料成品销售过程中的成本控制是厨房生产成本控制的继续,它要求厨房与各餐厅密切协作和配合,严格开票、取菜、收款等各项制度,防止产生各种差错和舞弊现象。这一部分的内容将在第七章详述,这里就略过不表。

二、厨房生产的质量控制管理

厨房生产的质量控制管理是指对厨房生产和制作的全部餐饮产品以及其加工制作的整个生产过程进行监督和控制,从而确保厨房生产管理的质量要求。

(一)影响厨房生产质量的因素

厨房的生产过程要涉及很多环节和工作,这些环节和工作的质量好坏又取决于各种因素,因此,在这里,我们有必要对这些影响因素加以梳理和介绍。

1. 厨房生产人员的素质

厨房内的生产环节和各项工作是通过其生产人员手工劳动完成的,因此,这些员工个人素质的高低、厨房生产技能的熟练与否将直接关系到厨房生产劳动的质量。所以说,厨房生产质量的控制管理环节之一就在于对其员工个人素质和劳动技能的培养和监督管理。

2.厨房的各种设施设备

厨房的所有生产环节和过程都要依赖其各种设施设备,这些设施设备的性能和运行质量的好坏将直接关系到厨房内每一道菜品的制作质量,因此,对厨房内设施设备的选购、保养和维护也成为厨房生产质量控制的一个重要环节。

3.食品原料的质量

质地优良的食品原料是烹制精美菜品的首要物质前提,所谓"巧妇难为无米之炊",如果食品原料的质量达不到烹制菜品的要求,那么,即便厨师有再高的生产技能,也烹制不出合乎要求的精美菜品,因此,食品原料的质量控制同样是厨房生产质量控制的一个重要环节。

4.烹制方法

制作精美菜品的另一个前提是要有一套正确的针对不同食品原料的烹制方法和管理程序,来规范和引导员工的工作行为,提升其烹饪技术,以保证厨房生产工作的质量要求。

5.厨房的工作环境

厨房的工作环境的优劣会对厨房的生产质量带来很大的影响,比如,厨房的温度过高的话,会极大地消耗厨房工作人员的体能,导致他们产生疲惫的感觉,从而影响厨房生产的效率和质量。再比如,由于厨房的温度过高,烹饪用的食品原料就极易在高温下变质腐败,若缺乏良好的管理和冷藏设施的话,就会极大程度地影响产品的生产质量。

(二)厨房生产质量控制的基本要求

为确保厨房的生产质量,有必要对影响菜品质量的各种可能因素进行分析研究,从而制定相关的质量标准,对厨房的生产质量进行全面系统的控制管理。一般来说,厨房生产质量控制的基本要求应符合以下几点。

1.制定菜品生产的操作规程和质量标准

厨房管理者应该根据其所在饭店和厨房的现状和生产特点,制定出菜品制作和销售过程的每一环节的操作程序和质量标准,确保菜品从原料的选购、加工、切配到烹饪的每一道工序符合其具体的质量标准。应该认为,正确合理的生产操作规程和菜品制作的质量标准是创造优质餐饮产品的前提条件和重要保证,因此,在厨房的生产质量管理过程中,必须确保厨房烹制的各种菜品的制作质量,绝不以次充好,严禁任何不符合质量标准的菜品流入餐厅销售,影响饭店声誉。

2.提高厨房生产人员的技术水平

厨房管理者应该意识到厨房工作人员的业务知识和技术水平是确保各种菜

品制作质量的关键所在,因此,应该有目的地进行多层次、多类型、多途径的员工技术培训,使厨房内的工作人员在技术力量上形成梯队,并保证厨房生产出来的餐饮产品质量的稳定性。

3.建立厨房生产质量监督检查制度

厨房管理者必须建立厨房生产质量的监督检查小组,配备专职的质检人员,制定餐饮产品质量检查制度,以全面检查、单项检查、相互检查、抽样检查、突击性检查、重点检查、集中检查等方式,控制菜品生产和出品的质量。

4.加强对厨房生产设施设备的管理

厨房管理者应该意识到先进优质的厨房设施设备是厨房生产质量的保证和前提,应该对厨房内的各种设施设备进行有效的管理,从而使其经常处于良好的运转状态,为餐饮产品的生产制作服务,并保证其生产质量。

(三)厨房生产质量控制过程

厨房生产质量控制过程包括对厨房生产前的控制过程、厨房生产过程中的控制过程以及厨房生产结束后的控制过程三个环节。

1.厨房生产前的控制过程

厨房生产前的控制过程是指在厨房正式生产之前,厨房管理者需要对厨房的设计和布局、厨房设施设备的配备和选购、厨房各种岗位人员的招募和聘用等方面加以控制管理,因为运转良好的厨房设施设备、技术熟练素质较高的厨房从业人员以及设计布局合理先进的厨房环境是生产精美餐饮产品的基本条件,决定着厨房生产的质量高低。因此,厨房生产前的控制过程是极为关键的一步,决定着厨房生产质量的成败。

2.厨房生产过程中的控制过程

厨房生产过程中的控制过程包括三个重要环节:即加强对食品原料的质量鉴定、严格控制食品原料的加工质量和严格控制食品原料的烹制质量。

(1)加强对食品原料的质量鉴定

食品原料的质量一般是指食品原料的食用价值、食品原料的成熟度、食品原料的清洁卫生以及食品原料的新鲜度四项指标。厨房管理者可以根据食品原料本身固有的品质来评判其食用价值的高低,如质地优劣、营养价值高低。而食品原料的成熟度是与食品原料培育、饲养或种植时间以及上市时间密切相关的,一般来说,厨房管理者应该选择食品原料成熟度最好,即其品质和食用价值最高的时机选购。当然,在食品原料的选购过程中,应该注意所选择的食品原料必须符合食品卫生指标,凡是变质腐败、受过污染、带有病菌或毒素的食品原料,一律应该拒之门外。厨房管理者应该根据食品原料的形状、色泽、水分、重量、质地、气味等,选购新鲜优质的食品原料,以便烹制出精美而富有营养的餐饮产品。

（2）严格控制食品原料的加工质量

厨房管理者须严格控制食品原料的加工质量,保证食品原料的清洁卫生,在加工过程中,尽量缩短鲜活原料的存放时间,保持食品原料的新鲜度和营养价值,减少其营养成分的流失。另外,厨房管理者还必须根据每一道菜品的烹制要求,制定统一的加工标准,合理使用食品原料,严格参照该食品原料的加工规格和加工标准进行加工制作。

（3）严格控制食品原料的烹制质量

厨房管理者应该建立标准菜谱卡,引导厨师按照标准菜谱卡操作,保证各种菜品在色、香、味、形等方面的烹制质量,同时,还必须建立食品原料烹制质量的检查制度,侧重对烹制工序、烹制成品以及烹制过程的全面检查,确保食品原料的烹制质量。另外,还应该严格培训和督查厨师的烹饪技艺和基本功,努力提高员工的工作责任感、工作经验、烹调业务知识和技术水平,从而提高厨房生产质量。

3.厨房生产结束后的控制过程

厨房生产结束后的控制过程主要是指厨房管理者针对厨房在烹制各种食品原料时所发现的关于质量问题的反馈意见的处理以及针对消费者或餐厅对菜品在销售过程中关于质量问题的反馈意见的处理,管理者应该根据具体情况,查明影响质量的因素,及时改进厨房生产工作,确保同一类型的质量问题永不出现。

（四）厨房生产质量控制的基本方法

厨房生产质量控制的基本方法主要有消费者监督法、质量检查法和记录分析法三种方法。

1.消费者监督法

消费者监督法是指通过来自餐厅的消费者对菜品质量的信息反馈,对消费者投诉的主要问题进行仔细分析,了解消费者对菜品质量的反应,并对消费者投诉的问题及时处理,以便在较短时期内有效提高厨房生产质量的一种方法。若消费者反映的菜品质量问题是由于厨师技术不到位或操作不当造成的,应该对该厨师进行批评教育、技能培训,必要时还可以将其调离工作岗位,以严肃厨房的工作纪律,从而确保厨房的生产质量。

2.质量检查法

质量检查法是根据厨房所规定的菜品烹制质量标准,采用专职质检人员定期检查、厨房生产人员自查和互查相结合的检查制度,对食品原料从采购、加工、切配到烹饪的各道工序严格检查对比各种菜品的生产质量的一种方法。根据这一检查标准,采购人员必须按照所需生产的菜品选购食品原料,对于不符合采购质量标准的食品原料坚决不进货;验收人员拒绝接受不合格食品原料;加工人员也必须根据所需菜品的加工标准进行加工;配菜人员对不符合质量要求的加工制品不予配菜;炉灶人员应该检查所需菜品的切配质量;由厨师长或专职质检人员检查最后烹制的菜品是否符合质量要求等等。

3.记录分析法

记录分析法是将厨房在生产过程中或成品销售过程中发生的菜品质量问题逐一进行记录,分析其发生原因,制定相关解决措施并检查措施执行效果的一种质量控制方法。记录的内容应该包括问题发生的时间、地点、当事人和消费者姓名、问题发生的原因和经过、厨房对问题的解决方法或措施、消费者对处理结果的反馈意见以及今后厨房对这一类事件会采取的预防措施、该项质量监督人的姓名以及检查结果等等。厨房管理者对厨房的各部门、各环节的生产质量的控制均可以通过这种方式进行,记录所发生的各种问题,定时对其进行规律性分析,制定具体的改进措施,以便预防和减少和厨房生产质量有关的问题,确保厨房的生产质量。

三、厨房生产的效率控制管理

厨房生产的效率控制管理是衡量厨房生产组织合理与否、生产技术先进与否以及生产人员积极与否的标志之一,决定着厨房生产管理的成功与否。厨房的生产效率事实上是指厨房生产人员将食品原料转化成餐饮产品的生产能力,厨房的生产人员、各种设施设备、食品原料和生产方法决定着厨房生产效率的高低。根据经验,只有调整厨房生产的工序,改变厨房生产方式,合理编排厨房生产人员的工作班次,努力提高厨房生产人员的专业知识和技能,才能真正提高厨房的生产效率。

(一)影响厨房生产效率的因素

影响厨房生产效率的因素可以分为内在因素和外在因素两种。

1.内在因素

影响厨房生产效率的内在因素主要有厨房工作岗位分配不当、员工对所在岗位无兴趣、员工无法胜任所在岗位的工作技术要求、员工与领导以及同事关系紧张导致情绪低落、员工的客观困难得不到解决(如住房困难、小孩入托无门、家庭其他纠纷、经济拮据等)。这些内在因素会影响员工的心理,打击他们的工作积极性,从而影响厨房的生产效率。

2. 外在因素

影响厨房生产效率的外在因素主要有餐饮的销售量不稳定导致厨房的生产量忽高忽低从而影响厨房的生产效率；厨房对菜品烹制的时间短且集中、生产品种多而复杂导致厨房生产忙闲不均从而影响厨房的生产效率；各厨房均按照生产工序设置粗加工组、切配组、炉灶组、点心组、冷菜组等，使得饭店有多个厨房就会产生多个粗加工组、切配组、炉灶组、点心组、冷菜组等，工序重复、效率低下，各班组之间工作量不平衡，厨房的生产成本不易控制，从而影响厨房的生产效率；厨房的设计布局不合理、员工的技术力量不充足以及设施设备不先进完备以致于无法满足厨房生产的需要，从而影响厨房生产的效率。

（二）提高厨房生产效率的方法

提高厨房生产效率的方法主要有改变传统的厨房生产方式、购置和使用先进高效的厨房设施设备、科学合理地编排厨房工作人员的工作班次和劳动时间、简化厨房工作程序和提高劳动的有效性。

1. 改变传统的厨房生产方式

我国传统的厨房生产方式是饭店所属的各个厨房均按照其食品原料的生产工序设置粗加工组、切配组、炉灶组、点心组、冷菜组等，使得一家饭店若拥有多个厨房就会产生多个粗加工组、切配组、炉灶组、点心组、冷菜组等，工序重复、效率低下，各班组之间工作量不平衡，厨房的生产成本不易控制，从而影响厨房的生产效率。目前较为先进的厨房生产方式是将所有食品原料的加工工作都集中在一个大型的加工厨房内完成，其他的厨房若需要用料，可凭单据来这个加工厨房领取他们所需要的经过加工的食品原料及其半成品，这样可以免除其他厨房的加工工作量，节约了劳动力，减少了食品原料的浪费，统一了各厨房生产的标准，从而降低了食品原料的成本。

2. 采用高效先进的厨房设备

采用高效先进的厨房设备如去皮机、粉碎机、搅拌机、锯骨机、切片机等机械设备，不仅可以保证食品原料加工的品质一致性，而且还可以节约大量的人工劳动力，提高了厨房的运作速度和生产效率。

3. 科学合理地安排厨房员工的工作

厨房生产环境相对较差，员工工作时间较长，工作强度较大，容易有疲劳感，会导致员工生理和心理的厌倦懈怠情绪，从而导致厨房生产效率的下降，影响厨房正常的工作运转。因此，厨房管理者应该科学合理地安排厨房工作人员的劳动时间和劳动班次，既保证厨房有充足的人手满足其生产高峰的工作需要，又保证员工拥有足够的休息时间养精蓄锐，以便更好地投入工作，提高厨房的生产效率。

4.简化厨房工作程序、提高劳动的有效性

简化厨房工作程序、提高劳动的有效性是指厨房管理者应该取消那些不必要的无利于厨房生产效率的工作步骤,通过对厨房整个操作流程以及每一个具体运作步骤进行仔细具体的研究,从而真正取出那些华而不实的工作步骤,就那些对实际厨房生产有用的工作重新制定工作程序,以期提高厨房生产劳动的有效性。

思考题:

1.厨房有哪些类别? 厨房生产的特点是什么?

2.画出大、中、小型厨房的组织结构图。

2.厨房生产场所设计和布局的具体要求是什么?

3.厨房主要设备是如何进行选购、使用以及保养的?

4.如何确定厨房的面积大小? 厨房各作业点的布局要求分别是什么?

5.请叙述厨房的工作流程,并画出其工作流程示意图。

6.影响厨房各作业点人员配备的因素是什么? 厨房各主要岗位的工作职责分别是什么?

7.影响厨房生产质量的因素是什么? 控制厨房生产质量的基本方法有哪些?

8.影响厨房生产效率的因素是什么? 控制厨房生产效率的基本方法有哪些?

第七章　餐饮企业的成本管理

由于餐饮企业的生产与销售具有同步性特点,其生产环节所涉及的食品原料种类繁多,规格复杂,从而导致其在生产、销售过程中的各个环节的经营费用难以明确区分,难以对每件产品进行清晰完整的成本核算,使得其成本管理的过程显得格外复杂难控。另一方面,餐饮企业的成本管理又非常关键,势在必行,因为这关系到企业经营最终利润的多寡以及企业经营的成功与否。因此,我们在这一章中对餐饮企业的成本管理问题作一详细介绍。

第一节　餐饮成本概述

一般来说,餐饮企业的成本主要是指该餐饮企业在生产餐饮产品时所占用和消耗的资金。按照其性质可以分为固定成本和可变成本两类,而从实际管理出发,又可以将其分为可控成本和不可控成本、标准成本和实际成本。

一、餐饮企业的成本概念

(一)餐饮企业的固定成本和可变成本

餐饮企业的固定成本是指总量不随餐饮企业的生产或销售量的变化而发生相应变化的成本。一般是指餐饮企业所购买或租用的土地、房屋、大宗设备的折旧费、大修理费等。而餐饮企业的可变成本是指总量随餐饮企业的生产或销售量的变化而发生相应变化的成本。一般是指餐饮企业生产和销售的食品原料的成本、餐厅服务用品的消耗以及洗涤费用等。

(二)餐饮企业的可控成本和不可控成本

餐饮企业的可控成本是指在较短的经营期间内,餐饮企业的管理人员能够改变或控制其数额大小的成本。一般是指食品原料的成本以及一些像办公费、差旅费、广告费等相对固定的费用。餐饮企业的不可控成本是指在较短的经营期间内,餐饮企业的管理人员无法改变或控制其数额大小的成本。一般是指餐饮企业固定资产的折旧费、利息、正式工的固定工资费用等。

（三）餐饮企业的标准成本和实际成本

餐饮企业的标准成本是指为使餐饮企业高效正常的运行,其餐饮生产和销售所涉及环节应该占用或消耗的成本指标。一般是指其每份菜的标准成本、平均标准成本、标准成本率等。餐饮企业的实际成本是指餐饮企业在其实际生产和销售过程中实际消耗的成本。考察餐饮企业的标准成本和实际成本的差异,可以比较便利地了解企业经营成本控制的现状,以便及时出台相关的措施应对并改变企业的经营面貌。

二、餐饮企业的成本构成

餐饮企业的成本构成主要是指其生产和销售的食品原料的购置成本,餐饮企业在其经营管理过程中所消耗的一切经营费用如工资、水电燃料费、折旧维修费、办公费、广告差旅费等,餐饮企业所需缴纳的营业税费。下表是指某星级饭店餐饮部门所涉及的成本费用明细表(见表7-1)。

餐饮企业饮食产品构成的三个主要方面是指烹制食品的主料、辅料和调味品,这三大类原材料是核算餐饮企业饮食产品成本的基础。其中,饮食产品的主料和辅料成本是该饮食产品成本的主要组成成分,在核算其成本时,首先应该对其主辅料成本加以核算。调味品虽然在饮食产品的烹制过程中用量较少,但由于餐饮企业每日经手的菜品数量巨大,调味品累计消耗量也巨大,因此,在计算饮食产品成本时不应忽视对调味品成本的核算。

表 7-1　某星级饭店餐饮部门所涉及的成本费用明细表

项目	金额(元)	占营业费用百分比	占营业收入百分比	备注
工资				
福利费				
燃料费				
折旧费				
大修理费				

项目	金额(元)	占营业费用百分比	占营业收入百分比	备注
修理费				
低值易耗品摊销费				
洗涤费				
差旅费				
广告费				
教育培训费				
水电费				
邮费				
服装及劳保费				
物料消耗费				
工作餐费				
包装及运杂费				
其他费用				

三、餐饮企业成本管理的特点

(一)餐饮企业的可变成本所占用的比例较大

餐饮企业的可变成本在其生产销售所涉及的成本费用中所占的比例较大,而且这些成本会随着餐饮企业生产和销售量的变化而发生变化。因此,餐饮企业的可变成本的管理是企业成本管理的核心和关键所在,对这一部分可变成本的控制得当与否直接关系到餐饮企业的经营成功与否。

(二)餐饮企业成本流失点较多

餐饮企业的成本管理涉及企业菜单的设计、食品饮料成本的控制、餐饮产品销售控制以及其成本核算等各个环节,其中,餐饮企业菜单设计中关于各个菜品的定价直接决定了这些菜品的成本率的高低,其食品原料的采购、验收、贮存、加工、烹饪的各个环节处理得当与否直接关系到这些食品原料的折损和流失量的高低等等。因此,餐饮企业成本控制的每一个环节都有可能产生成本流失和浪费,企业管理人员应加强餐饮成本控制的管理意识,设置专门的餐饮成本控制员,监督企业生产销售各个环节中对成本的控制。

四、餐饮企业成本核算的意义

成本核算是餐饮企业经营管理的重要环节,关系到企业经营利润的多寡甚至企业经营的成败。正确合理的成本控制可以帮助企业制定合埋的食品原材料的耗用量,严格控制和管理食品生产的每一个环节,杜绝成本流失和浪费,提高企业的经营效益和声誉。一般来说,餐饮企业成本核算的意义主要有以下几点:

（一）为厨房生产制定操作规范和投料标准

由于餐饮生产品种繁多,制作程序不一,生产操作人员技术各异,难免会造成厨房生产的成本流失,因此,餐饮企业的成本核算在于制定各式菜谱的标准配方,规定其主料、辅料和调味品的投料数量以及其标准烹制方法,从而为各式菜品制作提供了操作依据和衡量标准,防止成本流失以及短斤缺两的现象发生,既保证各式菜品的质量,又控制了菜品生产操作的成本。

（二）有助于了解和反思企业成本变化的原因

餐饮企业通过制定各式菜谱的标准配方来确定其制作的标准成本,从而可以将厨房烹制各式菜品时实际耗用的原材料成本和其标准成本相比较,并根据其差额查找这些菜品烹制的实际成本和标准成本之间产生差异的原因,通过分析找出其实际成本忽高忽低的原因,提出改良意见和措施,加强各式菜品净料率和净料成本的测算,提高操作技术,使得这些菜品制作的实际成本和标准成本之间的差距不断缩小。

（三）有助于餐饮企业合埋定价

餐饮企业可以根据其制定的各式菜品的标准菜谱,测算其净料的单位成本,确定其主料、辅料和调味品的投料数量,从而计算出这些菜品的总成本,再根据主管部门所规定的毛利率幅度,准确计算出这些菜品的销售价格。因此说,餐饮企业的成本核算有利于企业的合理定价。

（四）有助于餐饮企业改善经营管理,合理盈利

餐饮企业进行成本核算,可以确保其合理地使用食品原料,减少其各式菜品烹制过程中的损耗,降低其原料制作的成本和费用,提高这些原材料的使用效

率,促使企业增加利润。与此同时,由于餐饮企业加强成本核算,就促使其财务部门根据生产第一线的各项成本和费用资料,进行会计核算和财务分析,并从中发现企业生产经营管理中的薄弱环节,从而促使餐饮企业改进各式菜品的制作工艺,提高企业管理水平。

第二节 餐饮成本核算的方法

一、净料率的计算

餐饮企业购进的未经任何加工处理的食品原材料,除瓶、听、罐装原料外,均称为毛料。而这些食品原料的毛料经过宰杀、切割、拆卸、拣洗、涨发、初熟、拌制等加工处理后可以用来配制菜点的原材料称为净料。

净料率是指食品原料经加工处理后的净料重量与其毛料重量的比率,其计算公式如下:

净料率＝净料重量÷毛料重量×100％

案例1:

某厨房购入平菇5kg,涨发后得到水发平菇17.5kg,问:该平菇的净料率是多少?

案例1解答如下:

根据净料率公式:净料率＝净料重量÷毛料重量×100％

得出:该平菇的净料率＝17.5÷5×100％＝350％

答:该平菇的净料率是350％。

与食品原料的净料率对应的是其损耗率,其计算公式如下:

损耗重量＝毛料重量－净料重量

损耗率＝损耗重量÷毛料重量×100％

损耗率＋净料率＝100％

净料重量＝毛料重量×(1－损耗率)

案例2:

某厨房购入土豆20kg,经过冷加工后得到净土豆12kg,问:该土豆的损耗率是多少?

案例2解答如下:

根据公式:净料率＝净料重量÷毛料重量×100％

得出：该土豆的净料率＝12÷20×100％＝60％

又根据公式：损耗率＋净料率＝100％

得出：该土豆的损耗率＝100％－净料率＝100％－60％＝40％

答：该土豆的损耗率是40％。

餐饮企业也经常根据食品原料的净料率来计算其净料重量，其计算公式如下：

$$净料重量＝毛料重量×净料率$$

案例 3：

某厨房购入鲑鱼 30kg，经加工后，其净料率为 85％，问：该鲑鱼的净料重量是多少？

案例 3 解答如下：

根据公式：净料重量＝毛料重量×净料率

得出：该鲑鱼的净料重量＝30×85％＝25.5kg

答：该鲑鱼的净料重量是 25.5kg。

二、主辅料的净料成本计算

餐饮企业各式菜品的主料、辅料是核算其成本的主要组成成分，而从食品原料的加工过程来看，其净料单位成本的计算方法主要有两种：即一料一档和一料多档。

（一）一料一档计算法

一料一档是指食品原料的毛料经过加工处理后，只得到一种净料，没有任何可以利用的下脚料。一料一档的净料单位成本计算公式如下：

$$净料单位成本＝毛料重量×毛料单价÷净料重量$$
$$即：净料单位成本＝毛料进价总值÷净料重量$$

案例 4：

某厨房购入萝卜 15kg，其进价为每 kg0.5 元，经加工后得到净萝卜 12kg，问：该萝卜的净料单位成本是多少？

案例 4 解答如下：

根据公式：净料单位成本＝毛料重量×毛料单价÷净料重量

得出：该萝卜的净料单位成本＝15×0.5÷12＝0.625（元/kg）

答：该萝卜的净料单位成本是 0.625 元/kg。

(二)一料多档计算法

一料多档是指食品原料的毛料经过加工处理后,得到了一种以上的净料。一档多料的净料单位成本计算公式如下:

某种净料单位成本=(毛料进价总值-其他各档净料成本总和-下脚料成本总和)÷某净料重量

案例5:

某厨房购入50kg的一批鸡,进价为10元/kg,经加工处理后得到鸡脯肉8kg,鸡腿20kg,净料单位成本为12元/kg,鸡脖等下脚料4kg,净料单位成本为4元/kg,问:该批鸡加工后所得鸡脯肉的净料单位成本是多少?

案例5解答如下:

根据公式:某种净料单位成本=(毛料进价总值-其他各档净料成本总和-下脚料成本总和)÷某净料重量

得出:鸡脯肉净料单位成本=(50×10-20×12-4×4)÷8=30.5(元/kg)

答:该批鸡加工后所得鸡脯肉的净料单位成本是30.5元/kg。

三、调味品的成本计算

在厨房的生产过程中,各种调味品能掩去食品原料中的异味,增加菜品的口感,促进就餐者的食欲,是各式菜品制作过程中不可或缺的组成成分之一。虽然在每道菜品的烹制投料内调味品所占的比例不高,但日积月累,从总体看来,调味品在所耗用的食品原料总量内仍占据相当多的比重,因此,在计算各式菜品的成本时,调味品的成本计算不可或缺。

调味品的估算方法主要有三种:即容器估量法、体积估量法和规格比较法。容器估量法是指在已知容器容量的前提下,根据调味品在容器中的容量,估算出其重量,再按照其进价计算出该调味品的成本。这种方法主要适用于计算料酒、油类等调味品的成本。体积估量法主要适用于粉质或晶体调味品如糖、盐、味精等的成本计算,它是根据这种调味品在一定总价下的体积和重量,再根据其所用调味品的体积和重量,计算出这部分调味品的成本。规格比照法是对照某些菜品的烹制方法而选择并确定与其用料、质量相仿的调味品用量,这种估算方法相对简单,但却不够准确。

调味品的成本核算主要分为两种:即单件调味品的成本核算和批量生产调味品的成本核算。单件调味品的成本是指单件制作的产品的调味品成本,其成本计算过程分以下步骤进行:即先计算出单件产品所用的各种调味品用量,再根据这些调味品的购入价格,计算出不同调味品各自的成本,然后将这些不同的调味品成本逐一相加,就得到单件产品的调味品成本总和。

案例 6:

某厨房生产"鱼香肉丝"一份,耗用生油 70g,单价为 10 元/kg,料酒 10g,单价 4.8 元/kg,味精 1.5g,单价 18 元/kg,酱油 12g,单价 5.6 元/kg,糖 6g,单价 6 元/kg,湿淀粉 36g,单价 5 元/kg,问:这道"鱼香肉丝"的调味品成本是多少?

案例 6 解答如下:

这道"鱼香肉丝"的调味品成本＝生油成本＋料酒成本＋味精成本＋酱油成本＋糖成本＋湿淀粉成本＝$70 \div 1000 \times 10 + 10 \div 1000 \times 4.8 + 1.5 \div 1000 \times 18 + 12 \div 1000 \times 5.6 + 6 \div 1000 \times 6 + 36 \div 1000 \times 5 = 0.7 + 0.048 + 0.027 + 0.067 + 0.036 + 0.18 = 1.301$(元)

答:这道"鱼香肉丝"的调味品成本是 1.301 元。

批量生产的调味品的成本核算可以分为以下三个步骤进行:即先计算出批量生产的产品所需的各种调味品的总用量,再根据这些调味品各自的进价计算出这些调味品的总成本,然后将这些调味品的总成本去除以批量生产的产品数量或重量,从而获得这些调味品各自的单位成本。

案例 7:

某厨房批量生产"鱼香肉丝"十份,耗用生油 700g,单价为 10 元/kg,料酒 100g,单价 4.8 元/kg,味精 15g,单价 18 元/kg,酱油 120g,单价 5.6 元/kg,糖 60g,单价 6 元/kg,湿淀粉 360g,单价 5 元/kg,问:每份"鱼香肉丝"的调味品成本是多少?

案例 7 解答如下:

该厨房批量生产的十份"鱼香肉丝"总成本＝生油成本＋料酒成本＋味精成本＋酱油成本＋糖成本＋湿淀粉成本＝$700 \div 1000 \times 10 + 100 \div 1000 \times 4.8 + 15 \div 1000 \times 18 + 120 \div 1000 \times 5.6 + 60 \div 1000 \times 6 + 360 \div 1000 \times 5 = 7 + 0.48 + 0.27 + 0.67 + 0.36 + 1.8 = 13.01$(元)

每份"鱼香肉丝"的调味品成本＝$13.01 \div 10 = 1.301$(元)

答:每份"鱼香肉丝"的调味品成本是 1.301 元。

第三节　餐饮产品的成本分析和控制

一、制作餐饮成本分析报表

餐饮企业的成本控制应基于其每日的经营情况进行汇总分析,以便及时掌握其食品原料生产的成本实际消耗情况,发现问题、查明原因、立即采取相关改善措施,减少并杜绝食品生产过程中成本流失现象的发生。

食品原料的每日消耗成本是由企业的餐饮成本控制员将直接发送至厨房的食品原料数量和金额加上由企业库房发货的食品原料的数量和金额,再加上由其他餐厅或厨房调拨的食品原料的数量和金额计算出当日该厨房生产单位总计进货的食品原料数量和金额,然后减去当日该厨房生产单位结束生产时所剩余的食品原料数量和金额,再减去由该厨房调拨出的食品原料的数量和金额,得到该厨房当日所耗用的食品原料的数量和金额,即该厨房当日食品原料的生产成本。

一般来说,餐饮企业的每日成本分析报表可覆盖以下内容:即食品原料的直接进料成本、仓库发货的食品原料的成本、由其他部门转入的食品原料成本、调拨出该厨房的食品原料的成本、员工用餐成本、招待宴请成本以及其他杂物事情开销的成本等。(见表7-2)

表7-2　餐饮企业每日餐饮成本核算表

2009 年　8 月　　　　　　　　　　制表日期 2009-7-30　(单位:元)

项目	食品	饮料
月初库房库存额		
月初厨房酒吧库存额		
本月库房采购额		
本月直拨采购额		
月末库房库存额		
月末厨房酒吧库存额		
本月食品饮料总消耗		
转食品饮料成本		

续表

项目	食品	饮料
转饮料的食品成本		
客房赠客水果		
赠客饮料		
招待用餐饮品		
职工工作餐		
其他杂项扣除		
扣除总额		
净食品饮料成本额		
食品饮料净营业收入		
标准成本率		
实际成本率		

餐饮企业除了每日对食品原料的耗用情况制定日报表记录分析之外，还应该按月制作企业食品生产的月度报表，计算企业每月月终的餐饮成本，总结企业当月餐饮生产的成本控制情况。（见表7-3）餐饮企业每日经营的情况由于各种原因会有营业、采购以及其他波动，因此，企业有必要累计一定时期的餐饮成本控制情况，以月为单位发现企业生产食品原料时对其成本控制不力的地方，并根据食品原料的实际耗用成本和标准成本的差异来寻找管理不善的原因，从而加强管理，改善经营，提高经营利润。

表 7-3　餐饮企业月度成本报表

| 日期 | 直接进料 | 仓库发料 | 内部转让 | | 职工购买 | 余料出售 | 宴请成本 | 食品成本 | | 营业收入 | | 食品成本率 | |
			转入	转出				当日	累计	当日	累计	当日	累计
1													
2													
3													
4													
5													

续表

日期	直接进料	仓库发料	内部转让		职工购买	余料出售	宴请成本	食品成本		营业收入		食品成本率	
			转入	转出				当日	累计	当日	累计	当日	累计
6													
7													
8													
…													
30													
31													

仓库盘存物账调整：　　　　　　　　　　月终食品成本：
库外存货物账调整：

二、确定标准成本率

食品原料的标准成本率是指一种食品原料经加工后所得净料的单位成本和其毛料的单位成本之比,其计算公式如下：

食品原料的标准成本率＝食品原料净料的单位成本÷食品原料毛料的单位成本

当食品饮料市场价格波动时,餐饮产品烹制中所使用的主料、辅料和调味品价格也随之波动,使用食品原料的标准成本率可以方便于重新计算其净料成本和单价,有利于餐饮企业准确迅速调整各种菜品的价格。一般来说,食品原料的标准成本率有两种计算方法：即每千克食品原料的标准成本率和每份菜品所需要的食品原料的标准成本率。其中,每千克食品原料的标准成本率是用来计算食品原料所用净料每千克所涉及的成本。

案例 8：

某厨房于近日购入某种食品原料 40kg,进价为 8.5 元/kg,总价值为 340 元,经加工后得到一档一料的净料 30kg,问：该种食品原料的净料单价和每千克标准成本率分别是多少？

案例 8 解答如下：

该种食品原料的净料单价＝340÷30＝11.3(元/kg)

该种食品原料每千克标准成本率＝这种食品原料净料的单位成本÷这种食

品原料毛料的单位成本＝11.3÷8.5＝1.33

答：该种食品原料的净料单价是 11.3 元/kg，其每千克标准成本率是 1.33。

上例中，若该种食品原料单价波动时，即可简单的用其每千克标准成本率乘以其新的进货价格得出其新的净料单价。如该种食品原料单价上涨至 10.5 元/kg 时，其新的净料单价则为：

10.5×1.33＝14.0(元/kg)

每份菜品所需要的食品原料的标准成本率是指一份菜品制作时所需要的主料、辅料和调味品的投放量所消耗的成本。

案例 9：

某厨房生产"糖醋排骨"，每份需要主料猪排 0.3kg，猪排进价为 13 元/kg，问：在每份"糖醋排骨"的制作过程中，猪排的投料成本以及猪排在每份"糖醋排骨"的标准成本率分别是多少？

案例 9 解答如下：

猪排的投料成本＝0.3×13＝3.9(元)

猪排的每份标准成本率＝3.9÷13＝0.3

答：在每份"糖醋排骨"的制作过程中，猪排的投料成本是 3.9 元，猪排在每份"糖醋排骨"的标准成本率是 0.3。

同样地，在上例中，若猪排的进价发生波动时，也可以简单地使用其在每份"糖醋排骨"中的标准成本率来乘以其新的进货价格得出其新的净料成本。如猪排单价涨价至 15 元/kg 时，其在每份"糖醋排骨"中的净料成本则为：

15×0.3＝4.5(元)

当然，餐饮企业还可以根据企业的经营目标和利润目标确定其综合标准成本率，其计算公式如下：

企业的综合标准成本率＝1－经营利润率－经营费用率－营业税率

这种标准成本率的制定有利于餐饮企业对企业宏观经营态势的分析和把握，以便企业寻找和发现其成本控制中的漏洞，制定相应的措施，提高企业的经营利润和声誉。

三、计算标准成本和实际成本的差异

在厨房的实际生产过程中，往往会因为生产条件的变化、生产操作员工的技术差异、食品原料选购质量和价格的波动等等因素，造成企业在实际生产过程中所获得的实际成本与标准成本有一定的差异，那么，企业往往会根据这种差异来调查分析产生差异的原因。

餐饮企业计算其实际成本和标准成本的差异是通过比较实际成本和标准成本的差额来进行的,其具体的计算公式如下:

某种菜品的成本差异＝实际成本－标准成本＝标准单位成本×实际耗用量－标准单位成本×标准投料量

案例 10:

某厨房成本控制员抽查某厨师制作的某种菜肴一份,其实际投料量与标准投料量数据如下:

食品原料 净料	实际投料量 （kg）	标准投料量 （kg）	标准单位成本 （元/kg）	实际耗料 成本（元）	标准耗料 成本（元）	成本差异 （元）
主料 1	0.53	0.5	14.00	7.42	7.00	0.42
主料 2	0.12	0.10	3.50	0.42	0.35	0.07
辅料 1	0.11	0.10	2.50	0.275	0.25	0.025
辅料 2	0.08	0.06	7.00	0.56	0.42	0.14
调味品	0.04	0.02	1.80	0.07	0.04	0.03
总计	/	/	/	8.745	8.06	0.685

从上表中,该成本控制员发现该厨师由于投料用量偏大,他所生产的这道菜每份实际成本要比其标准额定成本要多 0.685 元。这样一个月下来,这道菜的制作量达到 600 份的话,厨房仅这道菜成本就增加 411 元。

有些时候,由于餐饮菜品品种繁多,若对每一项菜品制作都采取逐项统计计算的方式可能会既费时又繁琐,因此,餐饮企业除了对占据成本额度较大的菜品进行抽样检查之外,还往往采用每月定期结算的方式来掌握企业的食品原料成本的耗用情况。其计算公式如下:

厨房所消耗的某种食品原料成本＝厨房月初结余额＋厨房本月领用额＋厨房本月原材料购入额－厨房月末盘存额。

企业然后根据其与标准额定成本的差异比较分析目前的成本控制和管理情况。

四、分析产生成本差异的原因

餐饮企业出于经营管理的需要,往往通过每日核算和定期核算相结合的方式来分析和控制企业的生产成本。每日核算是指企业通过将不同的食品原料加以分门别类,并每天对这些不同种类的食品原料进行记录、分析和核算,以便生产管理人员掌握其食品原料的消耗动态,发现问题可以及时制止并妥善处理。

定期核算是指企业在每月月末的时候统计并核算这个月来企业对各种不同的食品原料所耗用的总成本。因为有时候每天的生产情况会有偶然性和突发性,必须经过一定时期的观察积累,数据才有说服力。

一般来说,餐饮企业产生成本差异的原因有以下几个方面:

（一）厨房管理存在问题

厨房管理存在的问题主要有:

1. 厨房的生产管理若控制不力,如生产过剩造成浪费、食品原料加工折损率过高、厨师投料量过高等,会造成食品原料耗用成本增加,导致企业成本率上升。

2. 厨房库存管理不严谨,缺乏专人管理,会造成食品原料被盗用以及损坏率增加,也会增加食品原料的损耗量,人为增加经营成本。

3. 厨房领料或直接采购过多,造成厨房积压食品原料过多或生产过剩,会由于食品原料的易坏性特点而造成浪费损耗,导致成本增加。

（二）采购和库存管理存在问题

采购和库存管理存在的问题主要有:

1. 采购以次充好、短斤缺两,验收监管不严,导致食品原料质次价高,数量短缺,从而引起生产经营成本增加。

2. 库房管理混乱,库房储存条件较差,导致易坏性食品原料损坏率上升,引起成本上涨。

3. 库房对发料管理松懈,缺乏严格的制度控制,导致物品被轻易偷盗挪用,引起成本流失泄漏。

（三）销售管理存在差异

销售管理存在差异的主要情况有:

1. 餐厅对高价菜、饮料酒水推销不力,虽然餐厅的总销售量很高,但由于主要是由于低毛利率的菜品贡献而至,导致企业总成本上升,利润下降。

2. 由于前来餐厅就餐的客源情况发生变化波动,如客人人数减少、客人平均消费额降低导致餐厅内主要目标客源偏好的菜品偏向低毛利率的菜品,也会导致餐厅高毛利率的菜品滞销,引起经营成本上升。

（四）其他管理存在问题

其他管理存在的问题主要有:

1. 没有专门的员工食堂,导致员工用餐与正常营业用餐的生产厨房合为一体,管理容易混乱,导致成本开销增大。

　　2.企业内属各部门及其管理人员接待费用过高,出现没必要的拿企业利益作人情的私自接待和赠送情况,导致企业成本增加。

　　3.企业推销和广告活动缺乏科学的预算和评估,经费使用盲目贪大,而且往往无法带来相应的经济效益,造成相当大的浪费,引起企业成本增加。

　　思考题:

　　1.餐饮企业涉及哪些成本? 它们的概念分别是什么?

　　2.餐饮企业成本管理的特点是什么? 对其进行成本核算的意义是什么?

　　3.餐饮成本核算的具体方法有哪些?

　　4.餐饮企业产生实际成本和标准成本差异的原因是什么?

　　5.某厨房购入鲈鱼 30kg,经加工后,其净料率为 83%,问:该鲈鱼的净料重量是多少?

　　6.某厨房购入南瓜 25kg,其进价为每 kg1.5 元,经加工后得到净南瓜 18kg,问:该南瓜的净料单位成本是多少?

　　7.某厨房购入 30kg 的一批土鸭,进价为 13 元/kg,经加工处理后得到鸭脯肉 6kg,鸭腿 12kg,净料单位成本为 18 元/kg,鸭脖等下脚料 2kg,净料单位成本为 5 元/kg,问:该批土鸭加工后所得鸭脯肉的净料单位成本是多少?

　　8.某厨房批量生产"油焖春笋"十份,耗用:生油 800g,单价为 10 元/kg;料酒 80g,单价 4.8 元/kg;味精 15g,单价 18 元/kg;酱油 300g,单价 5.6 元/kg;糖 80g,单价 6 元/kg;湿淀粉 80g,单价 5 元/kg。问:每份"油焖春笋"的调味品成本是多少?

　　9.某厨房生产"宫爆鸡丁",每份需要主料鸡脯肉 0.4kg,鸡脯肉进价为 30 元/kg,问:在每份"宫爆鸡丁"的制作过程中,鸡脯肉的投料成本以及鸡脯肉在每份"宫爆鸡丁"的标准成本率分别是多少?

第八章　餐饮企业的酒水管理

在人们外出就餐的过程中,大多数客人会品茗饮酒,以酒会友、以酒识人,可以说,酒水已经成为人们日常饮食和休闲交流中必不可少的一个环节。目前,随着我国百姓收入的逐步增加以及餐饮业的日益兴旺,酒水的销售数量以及酒水销售所带来的利润收入也越来越可观。虽然酒水的采购和保管要比食品原料的采购、保管和烹制简单得多,但是酒水销售的盈利更大,管理漏洞也相当多,因此,餐饮企业往往非常重视对酒水的管理工作,力求确保酒水管理的效率和酒水销售的效益。这一章着重对酒吧经营管理,酒水种类、起源以及饮用习俗,酒水销售和成本管理作一介绍。

第一节　酒吧经营管理概述

酒水的成功经营必须依托相关组织,一般来说,酒吧被视作是独立经营酒水的单位或依附于星级饭店或大型社会餐饮企业内专门为酒水经营和销售而设置的部门机构。下面本节对酒吧的概念、分类、组织设置以及岗位要求、主要设施设备加以介绍。

一、酒吧概述

(一)酒吧的概念

酒吧是专门经营酒水的独立企业或部门机构,是专门负责为客人制备或提供各种酒水饮品以及相关服务的场所。一般来说,酒吧主要旨在供应客人各种酒水饮品、若干佐酒小吃,不提供客人任何正餐服务,因此,酒吧更多地被视作是一个休闲交流、放松身心的场所。酒吧通常是由前吧、后吧和服务区域三个部分组成。

前吧分为吧台和操作台两个部分。一般来说,吧台高度要达到 120 厘米,再配以 90 厘米高的吧椅,往往用来接待单个前来酒吧饮酒的客人。值得一提的是,在吧台外侧距离地面约 20 厘米处有一根用不锈钢或黄铜制成的踏脚杆。在英文里,杆子被叫成 bar,酒吧在英文里也被称作 bar。据说,在古时候,人们出外旅行没有别的交通工具,只能依赖马匹,因此,当时的酒楼客栈往往在大门外设置一根粗粗的杆子,让前来光顾的客人方便拴马,久而久之,这根拴马用的杆子就成了酒楼客栈的象征了,远处的客人只要一看到这样的一根杆子,就知道有酒楼客栈。后来,随着汽车的出现,人们出行渐渐不再骑马了,很多店家也纷纷把门前的这根杆子拆了下来,只是其中有一位专门经营酒水的店主觉得把这根具有象征意义的杆子就这么扔了,很是可惜,就把这根杆子悄悄拿进了店里,放在吧台下面,供客人们搁脚之用。由此开始,这些专门经营酒水的店家就被叫做 bar,也就是我们日常说的酒吧。

前吧的另一个组成成分是操作台,一般高达 90 厘米,宽达 65 厘米,被用来作为调酒师调制配备酒水饮品的地方,其台面往往用不锈钢材料制作以便利于清洁。

后吧主要是指靠墙放置的酒柜、冷藏柜和陈列柜等,用于存放各种酒水、酒具和其他酒吧用品。一般来说,前吧和后吧之间要保持 1 米以上的通道距离,便于调酒师开展工作,当然,这个通道距离也不宜于太过宽敞,致使调酒师取酒不便。

服务区域是指专门接待客人品尝酒水的场所,往往设有高级的桌椅、沙发等高档家具,铺设豪华的地毯,再配以各类精致的饰品点缀,由酒水服务员穿梭于各种巧妙布局的廊道,提供客人一个美妙的品茗品酒空间。

（二）酒吧的分类

现阶段,随着酒吧的普及和发展,酒吧越来越成为人们休闲交流、商务洽谈以及结交朋友的场所,酒吧的形式也日益多样化,令人眼花缭乱。参照不同的标准,酒吧可以有多种分类方式。

1. 按照酒吧经营的方式和内容分类

按照酒吧经营的方式和内容分类,可将酒吧分为静吧和闹吧两种。前者侧重于以安静温馨的音乐烘托舒适的品酒环境,让客人在安宁舒心的空间里放松品酒。而后者则配以喧嚣的音乐、闪烁的迪斯科舞场、刺激的蹦迪活动等等让客人在酒水的饮用放纵之下尽情恣意和发泄。

2. 按照酒吧经营的独立与否分类

按照酒吧经营的独立与否分类,可将其分为星级饭店酒吧和私营社会酒吧两种。前者隶属于某个星级饭店,借其大堂、长廊、行政楼层、各式餐厅或歌舞厅、宴会厅等地方布局经营。

常见的有主酒吧(Main Bar 或 Open Bar),也称鸡尾酒吧和英式酒吧,国外称为 English Pub 或 Cash Bar,一般强调个性,突出主题,会有一些特有的设施设备,如台球、沙壶球、飞镖等。吧台边有吧凳,有助于交流与欣赏表演。经营的酒水饮料品种较为齐全,如葡萄酒、开胃酒、烈性酒、餐后甜酒、啤酒、软饮料、果汁和鸡尾酒等。

而大堂吧(Lobby Bar),通常设置在星级饭店的大堂,布局和装修与西餐厅相似,主要经营茶、咖啡、小吃、快餐、常用烈酒和鸡尾酒。

还有通常位于星级饭店行政楼层的酒廊(Lounge),这种酒廊与咖啡厅很接近,多经营碳酸饮料、较为知名且流行的烈酒以及中西式小点心,一般配以高档西式家具。

歌舞厅酒吧(Music Bar)通常有歌舞和现场乐队的表演,一般中心有舞池,供客人跳舞,酒水经营上与主酒吧相似,主要经营啤酒、烈性酒、鸡尾酒、葡萄酒、咖啡、茶、碳酸饮料、餐后甜酒等,种类也较为齐全。

通常设在中、西餐厅中的服务吧(Service Bar),也称之为餐厅酒吧(Restaurant Bar),主要提供佐餐酒、中国白酒以及啤酒等,当然,在西餐厅中,对这一类酒吧的设计更为讲究,提供的酒水品种会更齐全一点。

宴会酒吧(Banquet Bar),也称临时性酒吧(Set Up Bar),通常会根据宴会的性质、人数来决定酒吧的风格、大小,酒吧吧台的设计会随着不同性质的宴会而改变。

客房小酒吧(Mini Bar),在客房内设置小冰柜,提供简单的酒水饮料,供住在客房内的客人休闲时品茗品酒。

私营社会酒吧是指独立经营酒水饮料的酒吧,常见的有咖啡馆(Coffee Shop 或 Café)、啤酒花园(Beer Garden)、网吧(Internet Bar 或 Internet Café)、氧吧(Oxygen Bar)、书吧(Book Bar)和其他主题酒吧等。私营酒吧在夏季也会为了满足更多客人消夏休闲的要求,在酒吧外的空场地临时搭建而成,只要摆设几张大遮阳伞和几套桌椅,再摆上供客人挑选的酒水小菜就成。网吧类的酒吧除了供客人上网的同时,还备有酒水、咖啡、茶和各类无酒精饮品供应给客人。

3. 按照酒吧的营业形式和收款方式分类

按照酒吧的营业形式和收款方式分类,可将酒吧分为三种,即:现金酒吧:在酒吧饮酒的客人若取用酒水,需要随取随付钱。往往适用于社会私营酒吧和大型宴会的宴会酒吧,在这种酒吧里,宴会主办单位不负担宴会酒水费用,客人酒水要自己承担费用。赞助酒吧:这种酒吧的客人取用了酒水饮料无须付钱,可凭券取酒水,酒水费用由赞助者承担。一次结账酒吧:即客人在酒吧里可随意取用酒水饮料,所有费用会累计记账最后由单位或客人一次性结清。

4.按照酒吧销售方式分类

按照酒吧销售方式分类,可将酒吧分为立式酒吧、餐厅酒吧和鸡尾酒吧三种。立式酒吧是一种最常见也最具有代表性的酒吧。"立式"是一种传统的称呼,它的特点指的是以吧台和靠凳为中心,以桌椅、沙发为凭借形成面向吧台的整体布局。

餐厅酒吧,也称之为服务酒吧,是专门为配合各餐厅菜品销售而设置的一种酒吧,以销售佐餐酒水和软饮料为主,几乎不销售混合配制饮料,其特点是吧台酒水员不直接面对客人,客人购买酒水是通过桌面服务员开票,再由桌面服务员到吧台将酒水提供给客人。因此,其酒水销售以瓶装或原包装为主。

鸡尾酒吧,又称鸡尾酒廊,比如饭店的大堂酒吧。休闲酒吧大多属于这一种。鸡尾酒吧的特点是设计高雅,环境美观、舒适,一般比立式酒吧宽敞,大多有钢琴、竖琴或小乐队演奏,气氛安静,配乐节奏缓慢,客人可以在此尽情享受。

5.其他分类方式

酒吧还可以有其他分类方法,如按客源对象划分为男士酒吧、女士酒吧、会员酒吧、公共酒吧等。

男女性酒吧是男女性专用的酒吧,外国来客多利用它,因为是男女性专用的社交场所,有时也设置供赌博、戏耍使用的设备,并由男女性工作人员支持,但这种形式的酒吧极其有限。

会员酒吧原则上只有会员以及会员的随从或参加酒吧举行的竞赛活动的人员才能利用它,不过在饭店住宿的客人也可以沾光。这种酒吧采用饮料保管制度,常用作接待或社交,还采用会员制的形式引进乐队演奏,举行各种各样的表演娱乐。

公共酒吧,也叫大众酒吧,它是由英国起源并发展到世界各国,主要以年轻人为主,经营以大众需求为准绳,近年来,成为酒吧中的佼佼者,越来越受欢迎。

另外,酒吧从风格上又可分为英式酒吧和美式酒吧。英式酒吧的吧台通常呈圆弧形,吧台前设置直身高椅,吧台上方倒挂着一排排高脚酒杯,环境清静典雅;美式酒吧的吧台则成直线型,吧台前比列高椅,顾客常并肩而坐,谈笑风生,其环境色彩浓烈,衬托出热烈的氛围。

(二)酒吧设备和用具

不同规模、档次和风格的酒吧提供的产品和服务有较大的差异,同时各酒吧的消费者构成也不尽相同。因此,目前酒吧的设备用具品种五花八门,且某一类酒吧设备又有不同的规格、形态。表8-1所示的是较为常见的酒吧设备与用具。

表 8-1　酒吧设备配置表

前吧设备	后吧设备
1.酒吧用酒瓶架	1.收款机
2.三格洗涤槽	2.瓶酒储藏柜
3.冲洗水池	3.瓶酒、饮料陈列柜
4.饰物配料盘	4.葡萄酒、啤酒冷藏柜
5.储冰槽	5.饮料配料冷藏柜
6.啤酒配出器	6.饰物冷藏柜
7.软饮料配出器	7.制冰机
8.空瓶架	8.酒杯储藏柜
9.废物箱	

表 8-2　酒吧工具用具表

1.调酒壶	15.长匙
2.调酒杯	16.长叉
3.电动调酒杯	17.冰夹
4.量酒杯	18.冰勺
5.量酒器	19.冰桶
6.水果刀	20.水桶
7.削皮刀	21.奶勺
8.水多榨汁器	22.碎冰机
9.砧板	23.盐、豆蔻等调味瓶
10.开瓶钻	24.糖碗
11.开瓶器	25.糖盅
12.滤冰器	26.食签盒
13.搅酒棒	27.酒吧毛巾与纸巾
14.调酒匙	28.洗涤消毒剂

　　酒吧常用多种不同用途和杯型的酒杯。不同的酒水需要用不同的酒杯盛量,不可混用,特别是鸡尾酒和混合饮料更是要注意。酒吧通常配备的主要有:

　　1.汤姆＊柯林斯杯。它为圆形大容量玻璃杯,容量为 10—12 盎司左右。

　　2.白兰地杯。它又称白兰地吸入器,口小,底大,能使酒液香味充分散发并集中,最大容量 12 盎司,一般盛装 2 盎司。

　　3.酸味威士忌杯。它四壁平行,口径较细,杯深,一般容量为 3—6 盎司

　　4.鸡尾酒杯。它有各种各样的样式和大小,其特点是杯口大、杯身浅、呈碟形,容量为 3—6 盎司。

　　5.葡萄酒杯。它有白葡萄酒杯红葡萄酒杯之分,又有多种形状和规格,一般

容量为 5—10 盎司。

6.高飞球杯。形状和汤姆＊柯林斯杯基本相同,体积略小,容量为 5—10盎司。

7.啤酒杯。有直筒形、带柄形、不规则形多种,容量一般为 10—16 盎司。

8.甜酒杯。它杯柄较短,杯身细长,与郁金香形杯相似,有的杯身有 1 盎司的刻度。一般容量为 3 盎司。

9.古典式杯。它杯身矮短,上部比底部略宽,有不同规格,容量为 6—10 盎司,常用于盛加冰纯饮料或加冰鸡尾酒。

10.香槟酒杯。它呈浅蝶形,以郁金香形香槟酒杯最为流行,容量为 4—5盎司。

11.雪利酒杯。它上部大,边斜,杯底较浅,容量为 2—3 盎司。

二、酒吧的组织形式和岗位职责

酒吧和其他的餐饮组织一样,也必须拥有自己独特的组织机构来设定岗位、配置人员、组织和计划工作等等。一般来说,酒吧的组织机构设置应如下图所示(见图 8-1)

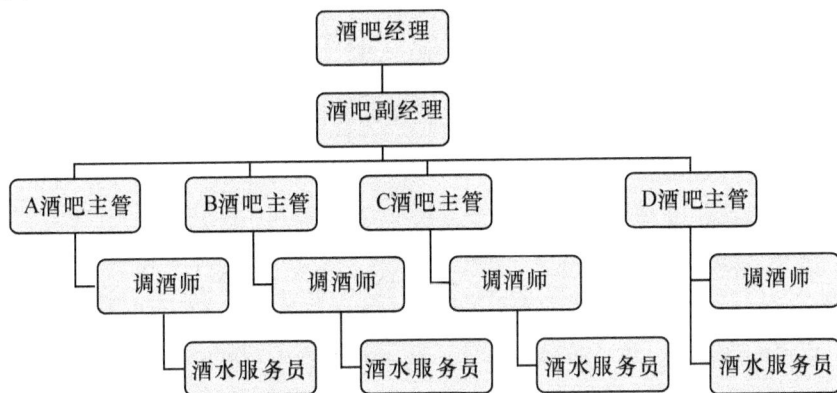

图 8-1　某酒吧的组织机构图

在了解了酒吧的组织机构之后,有必要进一步了解一下酒吧内各主要岗位的名称和职责,以便对酒吧经营管理的运转有一个基本的框架。

酒吧经理、酒吧副经理的岗位职责主要是:在餐饮部经理的领导下,直接管理、督导酒吧的日常经营管理工作,负责组织、招聘、调配酒吧各岗位工作人员并布置、检查和考核这些人员的具体工作,注意维护、保养和添置酒吧内各种设施设备、酒具用具,统计和分析酒水饮料的销售情况,制定并执行酒吧管理的各项规章制度和酒水配制与服务的规程,及时妥善处理投诉,发展和维护良好的宾客关系,确保酒吧经营正常、高效地运行。

各酒吧主管的岗位职责主要是:在酒吧经理、副经理的领导下工作,执行并下达酒吧经理布置的相关工作,负责本酒吧范畴内的酒水经营事务,制定并实施相关工作标准、操作规范和管理要求,分派并检查、督促下属工作,做好员工技能和岗位培训工作,控制酒水储存数量、损耗数量和调制成本,定期检查并保养维护酒吧内各种设施设备、酒具用具,向上级提出合理化建议,认真处理客人投诉,确保所管理的酒吧经营顺利,实现管理高效率和高效益。

调酒师的岗位职责主要是:调制各种酒水、各式混合饮料即鸡尾酒,定期从仓库领取所需酒水、佐酒食品、酒具和其他服务用品,清洁吧台、冰箱等各种设备,清洗并擦亮酒杯等各类酒具用品,准备当天装饰要用的各种水果以及新鲜冰块,为坐在吧台前的客人提供服务如更换烟灰缸,负责每日营业报表的填写,定期清点和盘存酒吧内的酒水饮料。

酒吧服务员的岗位职责主要是:做好营业前准备工作,准备各式酒具、用具如烟灰缸等,礼貌问候迎送客人,根据客人需要为客人填写酒水单、到吧台领取酒水并提供酒水服务,保持营业场所服务环境的整洁卫生,清理客人用过的酒具、桌面,并将脏的酒具用托盘送至洗涤间,熟悉各种酒水名称、特点、调制方法、价格和酒吧服务规程与要求,熟悉不同类型的杯具以及它们适宜搭配的酒水,协助调酒师整理摆放和清点记录各种酒水及其销售情况,营业繁忙时协助调酒师斟倒甚至调制各式酒水。酒吧侍应生:主要负责接收入席客人的订单,把他们送给调酒师,并为客人们端送酒水、菜肴等。

三、酒吧经营的特点

酒吧经营不同于餐饮企业的其他部门,由于酒水配制相对简单稳定,酒吧的经营管理也反映出它的一些特殊性。一般来说,酒吧经营主要呈现以下特点:

(一)酒吧规模小、酒水销售随机性强

饭店的酒水销售一般是以酒吧销售和各餐厅吧台销售为主,而酒吧的场地一般都偏小,只有几十个座位,内部环境美观、舒适、高雅,是客人休闲交往的场所。从酒水销售的实际情况来看,它不是每个到店客人都必去的地方,只有部分客人会常去酒吧,因此,酒吧的酒水销售具有相当大的随机性,客人喜欢用哪些酒水也没有固定的规律。

（二）酒水销售单位小、品种多、酒水调制专业性高

酒水销售以瓶装和杯装为主，酒吧销售的酒水饮料则主要是杯装，销售单位较小。从品种看，酒水的种类很多，制成鸡尾酒后其品种更多。从客人来看，酒吧的客人虽然有的也逗留较长时间，但大多数客人匆匆而来、匆匆而去，逗留时间较短，因此客人流动性较大，调制酒水的任务也因此加重，而酒吧里的酒水销售又以杯酒为主，每杯酒水的分量皆不相同，每杯酒水调制方法也大为不同，因而增加了酒水销售服务的难度和专业性。

（三）酒水成本低、销售毛利率高，酒吧经营回报快、资金无积压

酒吧将瓶酒或整装酒拆零销售，拆零杯装后加价销售，成本率一般在25%左右，毛利可高达75%左右，比食品原料的毛利率要高得多。所以，餐饮企业一般都很重视酒水饮料的销售，往往愿意投资酒吧经营，因为只要经营得当，酒吧经营的回报较快，资金回笼也快，不会出现资金积压的情况。

（四）酒水销售网点多、成本流失点高、管理不易控制

星级饭店的餐厅、宴会厅、咖啡厅、各种酒吧和客房酒吧的酒水销售都由酒水部统一控制，销售范围较广，销售网点多。销售过程中，整装或瓶酒拆零，鸡尾酒制作溢出、流失的可能性都存在，导致酒水调制的成本难以控制，管理会增加难度。社会私营酒吧虽然销售网点较少，但酒水调制销售时由于易溢出、挥发，导致其成本控制的难度也较大，管理也存在问题。

第二节　酒水知识介绍

本节内容旨在帮助读者了解酒水的不同种类、各种酒水的特点和相关历史知识等。通过本节内容的学习，读者可以加强对各种酒水和非酒精饮料的认知和了解，熟悉葡萄酒、蒸馏酒、餐前酒、甜点酒、利口酒、鸡尾酒等常见酒水的起源和发展，从而奠定其今后酒水管理的基础。世界各地酒水饮用的习俗和礼仪，在第十章中将有详细讲述，在这里就不作赘述。

一、酒类术语

在熟悉各种酒水知识之前，读者首先有必要对各类相关的酒类术语加以了

解。可以说,只有了解了酒水的含义和特点、酒精度的表示和换算以及不同的酒类术语所代表的名称和意义,我们才可以进一步对不同酒水的鉴赏详加介绍。

(一)酒水的含义和特点

1.酒精

酒是多种化学成分的混合物,其中,酒精是其主要成分,其他如水、酸、酯、醛、醇等化学物质含量很低,但也在不同程度上影响了各种酒水的质量和特色。

酒精,又称乙醇,常温下为液态,无色透明、易燃、易挥发,是一种可以适量饮用的饮料,无需进入人体的消化系统,而是通过胃壁和肠壁,直接进入人体的血液循环系统,并迅速扩散到人的全身。当人体血液内酒精含量超过每公斤人体体重1—1.5毫升酒精时,会有微醉的感觉,若超过每公斤人体体重摄入量5毫升以上就会出现昏迷现象,超过6毫升以上时则可能会导致酒精中毒甚至醉酒身亡的情况出现。

合理节制地饮用酒水不仅不会对人体有任何损伤,反而有给人提神解乏、增进食欲和促进人体的血液循环的好处。过量饮酒的确会影响并损害人体的健康,因为酒水的吸收是通过人体的肝脏来完成的,而健康人的肝脏每小时仅仅可以氧化7克左右的酒精,若过度饮酒则造成肝脏的负担,长此以往,对身体是有害无益的,而且酒精经肝脏过滤后,会由血液循环系统输送到心脏、大脑和神经中枢,此时,高浓度的酒精会致使血管收缩、血量供应不足,大脑会出现缺氧现象,并导致神经中枢发生功能性障碍。

根据常识,成人的安全饮用酒水量是每小时45度烈酒20毫升,5度啤酒168毫升以及10度葡萄酒114毫升。超过这一限度,就会因为醉酒而难以自我控制,或恣意生事造成社会伤害事故发生、或出现酒精中毒甚至醉酒身亡的不幸事件。

2.酒精饮料(Alcohol)和非酒精饮料(Soft Drinks)

根据常识,酒精含量在0.5%以上的饮料即被称作是酒精饮料(Alcohol)。但是市场上常见的酒精饮料的酒精含量并不相同,啤酒类酒精饮料在5%以下,白兰地、威士忌和伏特加等外国烈性酒的酒精含量都在40%以上,我国的一些知名白酒如五粮液、茅台等酒精含量都很高,一般都在38%以上,有时甚至高达60%以上。

非酒精饮料,即Soft Drinks,也叫non—alcoholic—beverage,中文名叫"软饮料",是指不含任何酒精或酒精含量不超过0.5%的饮料,如茶、咖啡、果汁、汽水、矿泉水、可乐及其他各种不含酒精的混合饮料等。

3. 果味酒(Wine)和烈性酒(Spirits)

Wine 并不用来代表所有酒水,一般只能用来代表各种果味酒,即被用来泛指一切以水果为原料的酿造酒,而且在 Wine 前还必须加上那种水果的名称,如 Apple Wine(苹果酒)、Strawberry Wine(草莓酒)等。当然,有时候人们也用 Wine 来直接表示葡萄酒,倒不必在其前面特别加 Grape(葡萄)一词。而 Spirits 是专指伏特加、威士忌、白兰地等烈性酒的,不能与 Wine 换用。

4. 酒味

事实上,酒是有很多味道的,比如酸、甜、苦、辛、咸、涩等。酸味是酒的一种主要口味,常给人以开胃的感觉,目前在市场上,很多消费者喜欢品尝带有酸味的干型酒。干(Dry),是一个专门的酒类术语,代表此类酒是不甜的或没有糖分的,Dry　Red　Wine 即是代表"干红葡萄酒"的意思。

由于在酿酒原料中普遍存在着糖分,因此只要这些糖分不在发酵中耗尽,就会使酒带有甜味。当然,也有些酿酒者为迎合消费者的偏好,特意在制酒的过程中添加糖浆或糖汁,使其带有甜味,以增加该酒水饮用时的舒适感。

世界上也有不少酒以苦味著称,如人们所熟悉的餐前酒干巴丽(Campari),因其恰到好处的苦味给人以止渴开胃的感觉而让人留下深刻印象。另外一款赫赫有名的苦酒是安格斯特拉酒(Angostura),它以朗姆酒(Rum)为主要原料,配以龙胆草等药草调味,酒味略苦、酒香悦人。一般来说,酒中的苦味是由其酿酒原料带入的。

辛味,即辣味,是酒中的主要味道,酒水的酒精度越高,其辛味也越足,当然,酒的辛味不同于我们平时所称谓的辣味,我国一些酒精度高的白酒辛味就很足,非常呛人。

有时候由于酿酒工艺的粗糙,会导致酒液中滞留过量的盐分,使酒水带有咸味。但是,若在酒水中添加少量的盐分,也可促进味觉的灵敏,使得酒味更加醇厚。墨西哥人在饮酒时,常在酒水中添加少许盐分,以增加特吉拉酒(Tequila)的酒味。

涩味是由于在制酒过程中对于酿酒原料处理不当,使之含有过多的单宁和乳酸等物质而产生的,涩味常给人以麻舌、烦恼和粗糙等感觉。

5. 酒色和酒香

不同种类的酒有不同的颜色,酒的颜色主要来自于其酿酒原料的颜色以及在酿酒过程中由于发生化学变化而产生的颜色或者由于温度的变化和酒长时期熟化等原因而增加了颜色。比如红葡萄酒的颜色是来自于其原料红葡萄的颜色,而很多白酒经酿制蒸馏以后脱去了其原有原料的颜色而往往呈现无色。当然,也有酒是因为人工增色而形成了酒的颜色,如轩尼诗(一种白兰地酒)是经过调色和勾兑变成褐色。

酒有各种香气,这些香气主要来自酒的酿酒原料、酵母菌、香料及在酿酒过程中发生化学变化而产生的气味。人们往往通过口鼻感受不同酒水的香气而作出不同的反应。

6.酒形和酒体

人们常用酒形和酒体来评价酒的质量。一般认为,酒形代表酒液的流动性与透明程度,好的酒形应该是清澈、流动、透明、纯净的,劣质的酒形则是浑浊、粘滞、缺乏光泽的。而酒体则代表酒的风格,它是一个综合概念,代表人们通过对酒的色、香、味和形等的评判而由此形成的对此种酒的一种总体评价。

(二)酒精度的表示和换算

1.酒精度含义

酒精度是指酒中乙醇含量大小的表示,目前,国际上有三种常用的方法表示酒精度:即国际标准酒精度、英制酒精度和美制酒精度,其中前两种酒精度表示方法较为常用。

国际标准酒精度是指在以 20℃的条件下,每 100 毫升酒液内含有的乙醇毫升数。国际标准酒精度是著名法国化学家盖·吕萨克(Gay Lusaka)发明的,因此,国际标准酒精度又称盖·吕萨克酒度(GL),用百分比表示。例如,32%表示在 100 毫升酒液中含有 32 毫升的乙醇,通常称为 32 度。

英国在 1818 年的第 58 号法令中规定了酒精度衡量标准。英国将衡量酒精度的标准含量称为 proof,是由赛克斯(Sikes)发明的液体比重计测定的。英制酒精度(proof)是指在华氏 51℃(大约 10.6℃)的条件下,比较相同体积的酒和水,因为酒精的密度小于水,所以规定在酒的重量是水的重量的 12/13 时,酒的酒精度为 100proof。100proof 等于 57.06 国际标准酒精度,用 57.06%表示。酒液中的酒精含量在 57.06%时,定为 0 Sikes,然后分"不足"及"过量"向两头计算。

美制酒精度是指在华氏 60℃(大约 15.6℃)时,200 毫升的酒液中含有的乙醇的毫升数。美制酒精度也以 Proof 为单位。在 15.6℃条件下,若酒液内酒精含量达到酒液体积的 50%时,酒度为 100 Proof,因此,一个 Proof 等于 0.5%酒精含量。如果某种酒的商标上标有 86 Proof(美制酒精度),则该酒的酒度相当于 43%。美制酒精度大约是国际标准酒精度的 2 倍。

2.酒精度的换算方法

根据酒精度的换算方法,在忽略温度对酒精的影响后,1 国际标准酒精度表示的乙醇浓度等于 2 美制酒精度表示的酒精浓度;1 国际标准酒精度表示的酒精浓度约等于 1.75 英制酒精度表示的酒精浓度,同理换算得:2 美制酒精度表示的酒精浓度约等于 1.75 英制酒精度表示的酒精浓度。其换算公式如下:

$$国际标准酒精度×1.75＝英制酒精度$$
$$国际标准酒精度×2＝美制酒精度$$

二、酒水的分类

酒往往可以通过其制作工艺、酒精度、酒色、酒香、酒形、酒体和酒的功能等因素将其分类。下面将酒按照其制作工艺、酒精度、酒色、酒的原料、酒的功能、酒的产地、酒的等级和酒水经营企业常见的分类方法将酒水的分类作一介绍。

(一)按酒的制作工艺分类

酒水按照其制作工艺分类,可将其分为发酵酒、蒸馏酒、配制酒和鸡尾酒四大类。

1.发酵酒

发酵酒是以水果、谷物等为原料,经发酵酿造后提取或压榨而得的酒精饮料。发酵酒酒精度较低,酒精含量一般在 3.5%—12% 之间,其固形物含量较多,刺激性较弱。葡萄酒、啤酒、日本清酒、中国黄酒等均属此类。

由于葡萄酒是一种比较重要的发酵酒,在世界市场和国内市场均非常受欢迎。在这里,我们对葡萄酒作一重点介绍。

(1)葡萄酒

葡萄酒是以葡萄为原料,经发酵酿制而成的低度酒。葡萄酒有红白之分,红葡萄酒是采用红葡萄为原料,连皮带汁发酵酿造而成的酒。一般来说,在酿酒的过程中,葡萄皮滞留时间越长,葡萄酒的酒色越红。而白葡萄酒则是由葡萄挤汁发酵酿成,葡萄皮不参加发酵过程,因而各种颜色的葡萄均可采用作为其酿制的原料,葡萄颜色对葡萄酒酒色没有影响。

国外葡萄酒上市时,酒瓶上最多可带有四枚标贴:一是瓶口封贴,通常为地区性酒商协会的产品鉴定标签,作为对产品的产地及其可靠性的补充保证。二是颈贴,多为酒商或进口商的标贴,若没有带有专门的颈贴,其相关内容可并入主标贴上。三是收获年成号标贴,有些葡萄酒酿造使用单独的收获年成号标贴,有些则将年成号印在主标贴上。四是主标贴,通常是包括了葡萄酒名称、类型、酒度、体积、葡萄原料品种、收获年成号、产地、酒厂名称地址和进口商名称地址等。

国外葡萄酒名称的命名标准,各地略有不同,归纳起来其商标识别可有五种基本类型：

庄园装瓶命名类。多见于法国波尔多地区出产的红、白葡萄酒。所谓庄园，系指葡萄园或大别墅。此类酒名的标准是该酒的葡萄种植、采收、酿造和装瓶必须都在同一庄园进行，因而就以庄园的名称作为葡萄酒的名称，主标贴上都有法文 MIS EN BOUTEILLE AU CHATEAU 字样，意为此酒由生产庄园装瓶，是一种保证质量的标志。

地区命名类。以地区名称命名的葡萄酒，其葡萄原料必须全部或绝大部分来自该地区。此类名酒有雪比利（Chablis）白葡萄酒、保祖利（Beaujolais）红葡萄酒及眉多克（Medoc）波尔多红葡萄酒等。雪比利、眉多克等皆为法国著名的葡萄产区。

葡萄品种命名类。也有相当一部分葡萄酒是作为其原料的优秀葡萄品种命名的，如雷司令（Riesling）、夏当尼等。

此外还有借用同类名牌葡萄酒名称命名的，如借用法国同类名酒名称的美国出产的雪比利葡萄酒等，或使用某一无真实意义的商标名称命名、通过广告和宣传手段赢得消费者认可的商标命名类，如葡萄酒中最著名的葡萄牙的玛特斯牌红葡萄酒等。

（2）葡萄酒的等级。

法国人把葡萄酒等级分为四个：

A.O.C.（Appelation d'Origine Controlee）为国家名酒，产量极少，品质极佳，必须符合有关规定和条件。

V.D.Q.S（Vins Delimites de Qualite Superieure）为优质葡糖酒，仅稍逊于A.O.C 名酒。

V.D.P.（Vins de Pays）级葡萄酒，此类酒价不贵，适合日常消费。

V.O.（Vins Ordinarie）级为普通葡萄酒，无严格质量规定，通常由不同地区生产的酒调兑而成。此类酒的质量赖于酒商的知名度和可靠性。

德国生产的葡萄酒按质量分成三类：德国佐餐葡萄酒、法定区域优质葡萄酒和高级葡萄酒。高级葡萄酒按其原料采取时不同的特殊处理程序又可分为六小类：

Q.m.P. Kabinett：采收期采收；

Q.rn.P. Spătlese：晚期采收；

Q.m.P. Auslese：穗选采收；

Q.m.P. Beerenauslese：粒选采收；

Q.m.P. Trockenbeerenauslese：粒选干缩采收；

Q.m.P. Eiswein：霜后采收、带冰榨汁。

德国生产的优质、高级葡萄酒必须经过官方质量检查,因此酒瓶标贴上带有检验号(APNR)。

(3)葡萄酒的分类

淡酒,即无汽葡萄酒。它是指酒精含量在14％以下的各式红、白葡萄酒,如法国波尔多红、白葡萄酒,德国莱茵、莫泽尔葡萄酒等,我国的王朝、长城白葡萄酒也属于此类酒水。

有汽葡萄酒。有汽葡萄酒的酒精含量通常也在14％以下,但因其酿造方法不同,须在瓶内进行第二次发酵,其间产生的二氧化碳气体便自然地聚集在瓶内,使酒液带上气泡。香槟酒是有汽葡萄酒的代表。

强化葡萄酒。强化葡萄酒是在发酵酿制过程中掺和葡萄白兰地或食用酒精,使发酵中断,留下糖分,并提高酒精度而得到的葡萄酒。强化葡萄酒的酒精含量一般多在14％以上,但不超过24％。有代表性的强化葡萄酒有西班牙雪利酒(Sherry)、马拉加酒(Malaga)以及意大利的马赛拉酒(Marsala)等。

芳香葡萄酒。芳香葡萄酒本身也是一种强化葡萄酒,再以各种芳香剂如水果、果实、香料等浸入酒内,以改变原有的自然酒香,使之带上特殊的香味。最有名的芳香葡萄酒包括法国干味美思(Dry Vermouth)、意大利甜味美思(Sweet Vermouth)、奎宁酒(Quinined Wines)和其他开胃酒如杜波内酒(Dubonnet)、比尔酒(Byrrh)、利来特酒(Lillet)、星酒(Cin)等。芳香葡萄酒不仅常用作开胃酒,也经常被用来作基酒调制各种鸡尾酒。

2.蒸馏酒

蒸馏酒,又被称作为烈性酒,是取水果、果汁或谷物先行发酵,然后蒸馏其含酒精的发酵原液而成的烈性酒。蒸馏酒的酒精度常在38度以上,最高可达66度,世界上大多数蒸馏酒酒精度在40度至46度之间。乙醇是蒸馏酒的关键原料,因此,蒸馏酒首先表现为乙醇的特点,其酒味香醇浓厚,可以纯饮、也可以作为基酒配置各色鸡尾酒。

蒸馏酒的风味也会在一定程度上由随着酒精一起被蒸馏出来的各种物质如水果、谷物或甘蔗中所含的芳香物质、矿物质等微量成分所决定。然而,不论使用何种原料,新蒸馏出来的酒液一般多无色透明,没有显著的差别,往往彼此相似,香味、口感甚差。如果当酒精含量高达180proof即90％时,即使有经验的酿酒师也难以区分酒的种类。

蒸馏酒可以长期储存。蒸馏酒必须置于橡木桶中贮存,在贮存期间,酒液汲取橡木桶中的化学物质,从而变得醇厚,各自的特点也渐渐鲜明突出起来并发生变化,贮存越久、变化越大。氧化作用及木桶贮存使得酒内各种脂、酸成分聚集增加,醛类成分也有所增加,而酒精成分则有所减少,使得酒液变得较原来醇厚和香甜。但倘如把蒸馏酒密封置于玻璃瓶中,由于隔绝了空气,便不会发生上述变化。

洋酒中蒸馏酒主要有以下品种:

(1)白兰地(Brandy)

白兰地是由葡萄酒或其他发酵果汁原液蒸馏而成的烈性酒。白兰地酒为褐色,其酒精度在40度至48度之间。此外,以其他水果为原料制成的蒸馏酒也称为白兰地酒,但往往在该白兰地酒之前加上原料的名称。如以樱桃为原料制成的蒸馏酒,称为樱桃白兰地酒(Cherry Brandy)等。

在用其他水果为原料制作的白兰地中,饮用最广泛的是葡萄白兰地,酒吧中常用白兰地调制鸡尾酒以及其他饮料,除非宾客点名要某种白兰地,一般都使用葡萄白兰地。新蒸馏的白兰地酒液须贮存在橡木桶中使之成熟,并须经过较长时期的贮藏,至少二年之久白兰地酒的品质才变得芳郁醇厚,并产生色泽。有的酒厂也加焦糖于酒中,使之达到所需的颜色。大多数白兰地在包装前都经过掺和,一如中国白酒的勾兑,通常还注入蒸馏水使其酒精含量降至80—100 Proof。

在世界各地流行的白兰地中,数法国产品最受欢迎.而法国白兰地产品中,又以科涅克或称干邑最为著名。科涅克白兰地必须是以法国南部夏朗德和海滨夏朗德两省间一个法定区域内所产之葡萄酿造蒸馏而成。其他地区的产品只能叫白兰地,但不得称科涅克。科涅克之所以成为世界上最负盛名的白兰地,除了该地区所采用的独特的酿造蒸馏方法外,还在于该地区得天独厚的土质、气候条件。科涅克产区分七个小区,最著名的是大香槟区和小香槟区,然后依次是博尔德区、芬斯博侬区、邦博区、博侬奥汀纳区及博侬泰勒区。

人们往往用字母表示白兰地质量,起先都由各酒厂随意规定。到1955年,这些字母方与酒龄联系起来,表示白兰地质量的字母有:

V:Very,表非常、极优纯;

O:Old,表陈年;

S:Superior,表上等、高级;

P:Pale,表浅色、淡色;

E:Extra 或 Especial,表特醇;

X:Extra,表特级;

F:Fine,表精美;

C:Cognac,表科涅克。

例如,VO与VSOP不仅分别代表"陈年白兰地"及"陈年浅色高级白兰地",而且表示该酒至少已贮存4.5年。标有 Extra 或 Napoleon 的科涅克白兰地酒龄则不低于5.5年。事实上,标有 VSOP 的科涅克,酒龄都在7—10年左右。

但市场上的所谓80年陈甚至104年陈的拿破仑白兰地,只不过是酒厂或酒商的一种推销术而已。

干邑白兰地的名品很多,远销世界各地,常见的有:人头马(Remy Martin)、马爹利(Martell)、轩尼诗(Hennessy)、拿破仑(Courvoisier)、普利内(Polignae)、百事吉(Bisquit)、长颈、蓝带马爹利(Ribbion Martell)、人头马俱乐部(Remy Martin Club)、卡米(Camu's)、人头马路易十三〔Remy Mattin Louis XⅢ(Paradise)〕、天堂轩尼诗(Hennessy Paradise)、天堂马爹利(Martell Paradise)、金像(Otard)、海因(Hine)、卡姆斯(Came's)、大将军拿破仑(Courvoisier Napoleon)、奥吉尔(Augier)、金路易拿破仑(Louis P'or Napoleon)等。

鉴别法国白兰地质量的最好办法不是看星号多少或字母的组合,而是看商标上的酒厂名称或产地。例如"Fine Champagne",意为香槟区精美产品。说明该白兰地所用的葡萄系大香槟区或小香槟区出产。而至少有50%的葡萄来自大香槟区,因而酒的质量必定精美。

(2)威士忌(Whisky)

威士忌酒被称作"生命之水",是以谷物为原料经发酵蒸馏而成的烈性酒。威士忌酒颜色为褐色,酒精度常在38度至48度之间。威士忌酒可以纯饮,可以放冰块饮用,也可以作为基酒配制各种鸡尾酒。据记载,15世纪末期,苏格兰就有威士忌生产。现在世界上许多国家都生产威士忌,如加拿大、爱尔兰、美国、日本等,但仍以苏格兰威士忌最负盛名。一直以来,苏格兰和加拿大两地的威士忌写作Whisky,其他国家写作whiskey。美国的烟、酒、火器管理局在"鉴别标准"中规定省略字母e,使美国产威士忌也写作whisky,但同时又允许继续沿用Whiskey一词。

苏格兰威士忌(Scotch whisky)有四个主要产区:高地(Highlands)、低地(Lowlands)、凯贝尔敦(Campbeltown)和依雷(Islay)。各区生产的威士忌酒都有其独特的风格。苏格兰威士忌以苏格兰出产的大麦为主要原料,高地上生产的泥煤又是烘焙麦芽的特殊燃料。酿制苏格兰威士忌的六大操作程序是:①将大麦浸水发芽;②烘干、粉碎麦芽;③入槽糖化;④入桶发酵;⑤蒸馏;⑥催熟掺和,使得苏格兰威士忌的韵味有别于其他威士忌产品。苏格兰出产的各种威士忌主要区别在于焙烤以后麦芽颜色的深浅程度。例如凯贝尔敦以深色焙烤著称,而低地则注重浅色、中度熔烤。威士忌至少贮藏4年之久。上乘的威士忌则往往需要贮藏10年以上。

要制造色、香、味俱佳的威士忌,还必须经过掺和调制,而这需要威士忌再至少贮藏3—4年以后才能进行。掺和调制是制造精美威士忌的关键所在。苏格兰威士忌往往得用50种以上的麦芽威士忌加上6种谷物威士忌,才能达到完美的程度,掺和的比例通常是 20%—50% 的麦芽威士忌,其余皆为谷物威士忌。调制后的威士忌再注入曾经装盛过雪利酒或波本威士忌的酒瓶,再行储藏待运。

爱尔兰威士忌(Irish Whiskey)也是当今国际市场上相当畅销的,它的销售量比苏格兰威士忌小。爱尔兰威士忌是由大麦、玉米、稞麦、小麦以及燕麦组成混合物经粉碎发酵蒸馏而成,制作过程与苏格兰威士忌基本相同。通常贮藏在旧木桶内成熟,酒龄至少 4 年,但一般都为 7 到 8 年才可上市。

美国产的威士忌.以肯塔基(Kentucky)州的波本威士忌(Bourbon)最为著名、波本威士忌也是以玉米、黑麦、大芽麦为原料酿蒸而成的。

所有威士忌酒都有相似之处,但又各具特色。世界各地酿制的威士忌酒依其所用原料不同,可分成四类:

麦芽威士忌(Malt Whisky)。麦芽威士忌主要由苏格兰高地地区生产。但仅占苏格兰威士忌产品的极小部分。麦芽威士忌所用原料中,麦芽的比例不得小于 51%。麦芽威士忌酒液相当醇厚、质地精美。

黑麦威士忌(Rye Whisky)。黑麦威士忌所用的原料中,黑麦的比例不得小于 51%。黑麦威士忌色泽与波本威士忌相仿,但风味独特。在调制鸡尾酒时,千万不能用来代替其他威士忌。

玉米威士忌(Corn Whisky)。玉米威士忌所用的原料中,玉米的比例不得少于 80%。蒸馏后须用未灼烧的橡木桶贮陈。贮陈期较短。玉米威士忌色泽浅黄,玉米香味浓郁,在酒吧中也不能用来代替其他威士忌酒。

谷物威士忌(Grain Whisky)。谷物威士忌由成芽小麦和成芽大麦,经糖化成麦汁,再加入未发芽的小麦或燕麦酿蒸而成的酒液。威士忌常用于与上述威士忌掺和制成混合威士忌。

普通威士忌(Standard Whisky)名品有:特醇百龄坛(Ballantine's Finst)、金铃威(Bell's)、红方威(Johnnie Walker Red Lable)、白马威(White Horse)、龙津威(Long John)、先生威(Teacher's)、珍宝(J and B)、顺凤威(Cutty Sart)、维特(Vat69)。

高级威士忌(Premium Whisky)名品有:金玺百龄坛(Bal lantine's Gold sed)、百龄坛 30 年(Ballantine's 3O Years Old)、高级海格(Haig Dimple)、格兰(Grant's)、高级白马(Logan's)、黑方威(Johnnie Walker Black Lable)、特级威士忌(Something Special)、高级詹姆斯·巴切南(Strat bconon)、百龄坛 17 年(Ballantine's 17 Years Old)、老牌(Old Parr)、芝华士(Chivas Regal)、皇室敬礼(Chivas Regal Royal Salute)等。

(3)伏特加(Vodka)

伏特加酒是用来源充足而且相当廉价的农产品如土豆、玉米、小麦、大麦、稞麦等为原料,经过发酵、蒸馏、过滤酿制而成的纯度高的烈性酒。伏特加酒酒精度在 35 度至 50 度之间,酒液无色、无杂味、无臭、不甜、不酸、不涩,有时候,人们还添加药草或浆果来增加伏特加酒的味道和颜色。伏特加原是俄罗斯的特产,据历史学家考证,早在 14 世纪,俄罗斯即有伏特加酒生产,建于 1818 年的莫斯科斯米尔诺夫制酒厂是素负盛名的伏特加酒厂之一。现在生产伏特加酒的国家有俄罗斯、波兰、美国、德国、芬兰、乌克兰和英国等。

伏特加酒和威士忌酒生产工艺的不同之处仅在于威士忌生产时采用低酒精度蒸馏法,使其酒液的酒精含量在 140～160 Proof 之间,以保留其酒液的自然香味和特色。而生产伏特加酒时则采用高酒精度蒸馏法,其酒液的酒精度不低于 190 Proof,并在复馏以后,去掉头酒和尾酒,取其精馏部分原酒,注入活性炭过滤槽内作数小时的过滤,使酒液与活性炭充分接触,以滤去原酒中的所有微量成分如油类、酸类、醛类、脂类及其他微量物质,方成为伏特加酒成品。因此伏特加酒无香、无色、无味,不似其他酒类都具有各自的特殊气味,伏特加酒入口不酸、不甜、不苦、不涩,只有火一般的刺激,这便是伏特加酒的特点。

除了上述无色、无味的纯净伏特加外,尚有一类芳香伏特加酒。这类酒在波兰、俄罗斯等国最受欢迎。芳香伏特加酒系在酒液中投放药材、芳草、树皮和果子浸制而成,因此有些芳香伏特加带有色泽,具有甜味和果香,成为伏特加甜酒。最常见的芳香伏特加一般在 70 Proof 或以上。芳香伏特加还有柑橘香型、柠檬香型、香莓香型、薄荷香型及葡萄香型。

常见的伏特加名酒有英国的哥萨克(Cossack)、夫拉地法特(Viadivat)、皇室伏特加(Imperial)、西尔弗拉多(Silverad),美国的宝狮伏特加(Smirnoff)、沙莫瓦(samovar)、菲士曼伏特加(Fielshmann's Royal),芬兰的芬兰地亚(Finlandia),法国的卡林斯卡亚(Karinskaya)、弗劳斯卡亚(Voloskaya)以及加拿大的西豪维特(Silhowltte)。

由于伏特加酒自身没有特殊的香味,因而被认为是最有用途的饮料基酒之一,它能与各种果汁、各种香型极好地混合。鸡尾酒"螺丝钻"(Screw Driver)、"曲玛丽"(Bloody Mary),就是最早出现而颇受欢迎的伏特加掺柑橘汁和伏特加掺番茄汁的代表饮料。在酒吧中,伏特加还经常代替琴酒(Gin)用于调制各式鸡尾酒。

伏特加如若用于纯饮,一般需冰镇或加冰饮用,佐以调味较重的开胃菜如熏鲑鱼、鱼子酱等等。

(4)朗姆(Rums)

据说,早年入侵西印度群岛的西班牙殖民者发现从那些原始的制糖作坊里排出的糖渣极容易发酵,于是就试着用来蒸馏加工,结果得到了一种香味宜人的酒精饮料,这便是最早的朗姆酒。后来有人把这种饮料带回欧洲,受到人们的普遍欢迎。

朗姆酒是利用蔗糖汁或蔗糖浆,但更多的是利用糖渣、泡滓或其他蔗糖副产品经过发酵和蒸馏加工而成的酒精饮料。朗姆酒的生产也采用高酒精度蒸馏的办法,但一般都不超过 190 Proof,以使酒液保持朗姆酒所必须具有的芳香、醇厚的风格。朗姆酒包装上市前通常都经过稀释至不低于 80 Proof 的酒度标准。朗姆酒酒精度在 40 度左右,有深褐色、金黄色和无色三个品种。朗姆酒除了饮用外还可作为面点的调制酒。目前,有很多国家和地区生产朗姆酒,如古巴、多米尼加、海地等生产清淡型朗姆酒;牙买加、圭亚那、巴巴多斯等生产浓烈型朗姆酒。朗姆酒可作为餐后酒,可纯饮,也可作为基酒配制各色鸡尾酒。

常见的朗姆酒有三种:即酒体轻盈类(波多黎各朗姆,维尔京群岛朗姆)、酒体丰厚类(牙买加朗姆,巴巴多斯朗姆,德梅拉拉朗姆)、轻盈芳香类(阿拉克朗姆)。

波多黎各朗姆酒(Puerto Rico Rum)。制造波多黎各朗姆酒的原料是蔗糖渣,而不是所谓的甘蔗蜜糖。波多黎各朗姆酒用柱型蒸馏器蒸馏,馏液的酒度控制在 160 Proof 或以上,属高酒精度蒸馏,因此,波多黎各朗姆酒内微量物质少,酒体轻盈,酒味较为中性。波多黎各朗姆只取馏液中精馏部分,舍弃头酒尾酒,并注入旧酒桶内进行贮陈,酒桶通常是经过灼焦的橡木桶。但如果生产色泽浅淡的朗姆酒,则须用未经灼焦处理的酒桶。波多黎各朗姆一般贮藏 1—6 年(该地法律规定至少贮陈 1 年)。贮陈以后,酒液还须经过滤处理,并以传统方法进行掺和调配。较年轻的波多黎各朗姆酒味较淡,酒体清澈,通常称为白标牌或银标牌。那些较陈年(至少 3 年以上)的波多黎各朗姆称做金标牌或琥珀标牌,这些酒色泽较深,香味较浓,而通常有焦糖调色剂加入。白标牌和金标牌波多黎各朗姆酒的共同特点是味干,略带糖渣香味,两者相比,后者味略甜、香味稍浓。

牙买加朗姆酒(Jamaican Rum)。典型的牙买加朗姆酒体富厚,其制造方法与第一类朗姆即酒体轻盈的朗姆大相径庭。一是原料成分不同。在制作牙买加朗姆的糖渣原料中,通常又加入前一次蒸馏留下的浮沫泡滓以及一部分馏渣。二是发酵方法不同。牙买加朗姆酒的原料发酵不用任何人工培植的酵母,而是借空气中酵母菌自然侵入使原料发酵,人们称之为野发酵、自发发酵或自然发酵。自然发酵过程缓慢,费时较久,一般需 5—20 天不等,取决于酵母菌的数量、增殖速度、外界气候、温度等条件。发酵结束后,将发酵液抽入锅型馏器进行低酒精度初蒸。初蒸所得的馏液转入另一锅型馏器进行第二次蒸馏,只取其中馏部分,酒精度通常在 140—160 Proof 之间或以下。由于牙买加朗姆酒原料成分丰富,发酵时间较长,又采用低酒精度蒸馏法加工,因此其酒体醇厚芳香。

巴达维亚·阿拉克朗姆(Batavia Arak Rum)。巴达维亚是印度尼西亚首都雅加达的旧称。阿拉克朗姆酒的生产原料来自巴达维亚附近一家糖厂的糖渣,由于对糖渣的处理方法特殊,用于发酵的河水水质优良,加之所用酵母系一种未经培养的野酵母菌,以及在发酵时糖渣中又加入由爪哇岛特产红米蒸制的米糕,所以,阿拉克朗姆具有干而芳香的特点。阿拉克朗姆酒的陈年期通常在7—10年左右,而后才能配制装瓶。其饮用方法与其他朗姆酒相同,但它最大的用处是用于配制瑞典式的混合饮料。

(5)琴酒(Gin)

琴酒也称"毡酒"、"金酒"或"杜松子酒",此酒无色透明,酒精度约为40度,具有独特的香味。它的主要成分是杜松子。杜松属松衫科,常绿乔木,果实为球果,肉质可供药用,有利尿和兴奋的作用。琴酒主要分为三类,一类是荷兰琴酒,荷兰琴酒的制造方法是先将配料比例基本相等的麦芽、玉米、黑麦粉碎、煮透成谷麦芽浆,然后发酵成啤酒液。将上述酒液注入锅形蒸馏器进行蒸馏加工,蒸馏可以进行二次甚至三次。但最后一次蒸馏须是较高酒精度的蒸馏,使收集到的馏液中酒精含量高于前两次,但一般酒精含量仍相当低,只在100—110 Proof之间。然后将馏液注入另一锅形的蒸馏器,同时加入杜松子及其他一些芳香原料,这些香料的数量和种类与制造英国和美国琴酒的用量不同。此次蒸馏称为复馏,所得的酒液始称为琴酒,酒度在94—98Proof之间。另一类是干琴酒(Dry Gin)。由于生产方法不同,英国和美国产的琴酒具有不同于荷兰琴酒的明显特点,通常把它们归入干琴酒一类以区别于荷兰琴酒。还有就是果味琴酒,如柑橘型、柠檬型、菠萝型、薄荷型果味琴酒等,这些是在琴酒中加入特定的果味香精而成的琴酒,加香精的过程被称作为精馏。

琴酒的主要产地除荷兰、英国、美国以外,还有德国、法国、比利时等国家。比较有名的琴酒有:辛肯哈根·德国(schinkenhager)、布鲁克人·比利时(Bruggman)、西利西特·德国(Schlichte)、菲利埃斯·比利时(Filliers)、多享卡特·德国(Doornkaat)、弗兰斯·比利时(Fryns)、克丽森·法国(Claessens)、海特·比利时(Herte)、罗斯·法国(Loos)、康坡·比利时(Kampe)、拉弗斯卡德·法国(Lafoscade)、万达姆·比利时(Vanpamme)、布苓吉维克·南斯拉夫(Brinevec)。

琴酒多用于调制鸡尾酒。鸡尾酒风行于世,琴酒成为调制鸡尾酒中用的最多的基酒,其配方多达600余种。脍炙人口的有干马丁尼(Dry Martini)、亚历山大(Alexander)、吉臣(Gibson)、吉姆立特(Gimlet)等等,都是盛夏消暑提神的极好饮料。

3.配制酒

配制酒,又称为再加工酒,是以各种发酵酒、蒸馏酒或食用酒精为基酒,加入一定数量的水果、香精、药材、蜂蜜、花卉等增香、增味、增甜原料,经浸泡贮陈后,以过滤或复馏的方法制成的混合酒精饮料,如琴酒、香甜酒和各类药酒。配制酒有不同的颜色、味道、香气和甜度,其酒精度从 16 度至 60 余度不等,法国、意大利和荷兰是著名的配制酒生产国。

配制酒主要分为开胃酒、甜点酒和利口酒三种。开胃酒是指人们习惯在餐前饮用,具有开胃作用的各种酒。有的开胃酒以葡萄酒为原料,加适量白兰地酒或食用酒精、自然药草和香料制成,酒精度在 16 度至 20 度;有的开胃酒以烈性酒为原料,配以草药、茴香油等物质制成苦酒或茴香酒,酒精度从 20 余度至 40度不等。

甜点酒,也称甜食酒或点心酒,是指以葡萄酒为主要原料,酒液中勾兑白兰地酒或食用酒精,是欧美人用于和甜食一起食用的酒。甜点酒的口味有甜味、半甜和干味,酒精度常在 16 度至 20 度之间。

利口酒,也称利久酒、香甜酒或餐后酒,是指人们在餐后饮用的香甜酒。利口酒常以烈性酒为基本原料,加以糖浆或蜂蜜,并根据配方勾兑不同水果、花卉、香料等增香、增甜、增味物质,其酒精度在 20 度至 60 度之间。利口酒颜色喜人、口味香甜,可以纯饮,也可以配制鸡尾酒勾兑后饮用。

我们在这里对几种常见的配制酒,即雪利酒、味美思酒、苦酒和茴香酒加以介绍。

(1)雪利酒(Sherry)

雪利酒,又称雪梨酒,是指以葡萄为原料,经发酵、勾兑白兰地酒或葡萄蒸馏酒制成的加强葡萄酒,其酒精度在 16 度至 20 度之间,酒色呈麦秆黄色、褐色或棕红色。干味的雪利酒常用作开胃酒,而甜味的雪利酒则常用作甜点酒。雪利酒的产地是西班牙的赫雷斯·德拉·弗朗特拉地区,是以地名命名的一种酒。

雪利酒的生产工艺十分特殊,它采用分层熟化法形成了以醛类化合物为主体的特殊芳香,是典型的氧化型陈酒。雪利酒是以西班牙当地品质优良的白葡萄—帕洛米诺为原料,经过 2 至 3 天的曝晒后,榨汁,并将该葡萄汁液放入长有菌膜的木桶中发酵,经过数天发酵后,将酒液的沉淀物分离再熟化 2 至 3 个月,使酒液与空气接触而终止发酵,这种发酵方法使葡萄酒具有特别的香气和味道。

(2)味美思酒(Vermouth)

味美思酒,也称苦艾酒,是指以葡萄酒为原料,加入少量的白兰地酒或食用酒精、苦艾和奎宁等数十种有苦味和芳香的草药制成的配制酒。不同风味的味美思酒使用的香料品种和数量各不相同,世界上最著名的味美思酒生产国是意大利和法国,其主要品种有干味美思酒、白味美思酒和红味美思酒,其著名的品牌有新加诺和马丁尼。

(3)苦酒(Bitters)

苦酒是以烈性酒或葡萄酒为原料,加入苦味的药材配制而成的酒,酒精度常在16度至45度之间。配制苦酒常用的植物或药材有奎宁、龙胆皮、苦橘皮和柠檬皮等,苦酒有清香型和浓香型以及淡色苦味和浓色苦味之分。苦酒可纯饮,也可作基酒勾兑鸡尾酒饮用,其主要功能是提神和帮助消化,主要生产国有意大利、法国、荷兰、英国、德国、美国和匈牙利等。

(4)茴香酒(Anisette)

茴香酒是以蒸馏酒或食用酒精配以大茴香油等香料制成的配制酒,其酒精度在25度至40度,酒液无色或呈淡黄色,糖度在29%左右,香气浓、味重,加水稀释后,成为乳白色,有开胃作用。茴香酒的传统制作工艺是将大茴香子、白芷根、苦扁桃、柠檬皮等香料物质放在蒸馏酒中浸泡,然后加水精馏,在瓶装前加糖和丁香等。

(5)波特酒(Port)

波特酒,又称钵酒,是以葡萄酒为基本原料,在发酵中添加白兰地酒,终止发酵,并将酒精度提高至16度至20度,保留了其酒液中糖分的甜葡萄酒。波特酒产于葡萄牙的波尔图地区,并通过杜罗河的河口运往世界各地,波特酒也是根据生产地命名的一种配制酒。

(二)按照酒水的生产地分类

1.根据国家分类

按照酒水的生产地分类,可将酒水分为中国酒和外国酒两种。

(1)中国酒

在中国,名酒品种繁多,在国际上享有盛誉。其中有白酒类、果露酒类、黄酒类、啤酒类等酒水。白酒类有茅台酒、汾酒、五粮液、剑南春、古井贡、洋河大曲、董酒、泸州特曲;果露酒类有烟台红葡萄酒、中国红葡萄酒、沙城白葡萄酒、烟台味美思、烟台金奖白兰地、竹叶青;黄酒类有绍兴加饭酒、龙岩沉缸酒;啤酒类有青岛啤酒等。

(2)外国酒

外国酒习惯称之为洋酒,世界上许多国家都有各自产酒的历史和文化。目前,洋酒的品种很多,酒牌更是五花八门,举不胜举。比较著名的产酒国家有:法国、英国、德国、意大利、美国、俄国、瑞士、西班牙等,这其中最为著名的当首推法国。法国生产的白兰地、香槟酒、红白葡萄酒及各种烈性甜酒,都是首屈一指的。

其次是英国,英国生产的金酒和威士忌酒,都非常受人们的欢迎。苏格兰威士忌特有的烟熏味道使其在威士忌家族中独占鳌头。德国的啤酒以其悠久的历史而闻名于世。还有原苏联和北欧的伏特加、牙买加的朗姆酒,更是远近皆知。美国的酿酒工业虽然起步较晚,但也有比较著名的波本威士忌等。

2. 根据生产地分类

很多同一种类的酒,往往会由于其酿酒原料的生产地不同,而致使其酿酒过程的天气、温度、湿度等条件有所不同,同时,又由于制酒过程中的生产工艺和勾兑方法因地而异,所以不同生产地生产出来的同类酒,其酒质也会有很大差异。比如大家熟悉的两种常见的白兰地酒:干邑白兰地酒(Cognac)和亚马涅克白兰地酒(Armagnac),其中干邑白兰地酒以夏特朗地区葡萄园的干葡萄为原料,经两次蒸馏,并在橡木桶中长期熟化,通过勾兑成为口味温和的白兰地酒。亚马涅克白兰地酒以酒味浓烈,具有田园风味而闻名于世。

(三)按照酒精度分类

按照饮料是否含有酒精,可将饮料分为酒精饮料和非酒精饮料两种。酒精饮料在上面的分类中已有详细的介绍,这里主要介绍鸡尾酒。

1. 鸡尾酒(Cocktail)

鸡尾酒是由两种以上酒水混合配制,并以一定装饰物点缀的酒精饮料,酒味温和,酒度适中,一般在10—20度之间。一款色、香、味俱佳的鸡尾酒通常是由基酒、辅料、配料和装饰物三部分构成的。

基酒又称酒基或酒底,主要以烈性酒为主,如金酒、威士忌、朗姆酒、伏特加、白兰地和特吉拉等蒸馏酒,也有少量鸡尾酒是以葡萄酒或利口酒为基酒的。中式鸡尾酒一般以茅台酒、汾酒、五粮液、竹叶青等高度酒作为基酒。基酒决定了一款鸡尾酒的主要风味,所以其含量不应少于一杯鸡尾酒总容量的三分之一。

辅料又称调和料,是指用于冲淡、调和基酒的原料。辅料与基酒原料混合后就能发挥一款鸡尾酒的特色。常用的辅料主要是各类果汁、汽水以及开胃酒、利口酒等。

配料是指一些用量较少但能体现鸡尾酒特色的材料,常用的配料有盐、胡椒粉、糖粉或糖浆、淡奶、辣椒油、奶油、玉桂粉、豆蔻粉、鸡蛋、洋葱等。

装饰物主要起点缀、增色作用。常用的装饰物有红绿樱桃、橄榄、柠檬、橙、菠萝、西芹等。装饰物的颜色和口味应与鸡尾酒酒液保持和谐一致,从而使其外观色彩缤纷,给客人以赏心悦目的艺术感受。

2. 非酒精饮料

非酒精饮料,即 Soft Drinks,又叫 non-alcoholic-beverage,也称软饮料。这

里主要介绍一下咖啡和茶等非酒精饮料。

咖啡树是生长在热带和亚热带高原（海拔为 1000—2000 米）上的一种常绿灌木，栽种三年后开始结果。果实呈深红色，内有两颗种子，即为生咖啡豆。

每一品种的咖啡豆都有其不同的特点，为适应消费者的不同饮用需求，一般应将不同种类的咖啡豆进行混合。混合后的咖啡豆即可进行焙炒，使咖啡变得香味浓郁。焙炒好的咖啡豆经磨制而成为咖啡粉后即可调制咖啡。磨制时应注意咖啡粉的颗粒大小，一般说来，细颗粒的咖啡粉味浓，粗颗粒的咖啡粉芳香，为使调制好的咖啡既浓又香，应将粗细不同的咖啡粉进行混合，这样做也有利于咖啡粉的保存。

咖啡是一种营养较为丰富的饮料，既能提神解渴，又能助消化，深受消费者喜爱，特别是欧美客人，更将其作为日常生活中必不可少的一部分。调制咖啡最常用的方法是冲泡法和蒸馏法。冲泡法即是将沸水冲浇在咖啡粉（过滤袋装好）。浸泡三分钟后滤入咖啡壶或咖啡杯中即可。蒸馏法主要是在咖啡机内自动加工完成，成品应盛放在咖啡壶内搁在咖啡保温炉（Coffee Warmer）上，随时为客人斟倒。有的饭店常用速溶咖啡来调制咖啡，其方法较为简单，只需将速溶咖啡粉直接放入咖啡杯内，冲入沸水至八分满即可。将咖啡调制好后再加上不同的配料，即可制出各式风味的咖啡饮料提供给客人。饭店中最常见的咖啡是清咖啡，在服务时随上淡奶壶和糖缸，由客人自己选择是否加或加多少，也可按客人要求在咖啡中加入泡沫奶油而成为意大利咖啡，还可制成爱尔兰咖啡（加入爱尔兰威士忌，是一种混合饮料）等等。

茶树原是一种野生植物，据传说，第一个发现并饮用茶叶的是四千多年前的神农帝。茶树的正式栽培是从秦汉时期的佛门弟子开始的，至隋唐时期，我国人民渐渐养成饮茶习惯，并传输至国外。茶既是一种解渴饮料，又能利尿解毒、帮助消化，所以是一种较受人们喜爱的饮料。

茶叶的种类主要有：

绿茶。绿茶是不发酵茶，经高温杀青（如炒、烘等）制成，冲泡后汤色和叶片均呈绿色。其名品有杭州的西湖龙井、江苏的碧螺春、安徽的黄山毛峰等。绿茶较受我国江南一带人民喜爱。

红茶。红茶是全发酵茶，冲泡后汤色和叶底均呈棕红色，其名品有安徽祁门红茶、广东英德红茶、四川红茶、云南红茶等，红茶较受我国老年人和欧美客人喜爱。

乌龙茶。乌龙茶是一种半发酵茶，其叶片中心呈绿色，边缘呈红色，兼有绿茶和红茶的特色。其名品有福建的铁观音、武夷岩茶等。乌龙茶较受南方沿海地区人民的喜爱。

花茶。花茶又称香片,是在茶叶中加入香花特制而成,既有茶香、又有花香。其名品有茉莉花茶、玉兰花茶、玳玳花茶等。花茶较受我国北方消费者喜爱。

紧压茶。紧压茶是以各种成品茶为原料经蒸软后放入模具压制成砖状或饼状的块形茶,故又被称为砖茶或饼茶。其名品有青砖、茯砖、米砖、普洱茶等。紧压茶较受我国内蒙、新疆、西藏等地区的消费者喜爱。

泡茶方法。茶是一种有益健康的饮料,其中的茶多酚对某些疾病具有良好的抵抗作用,但饮用不当会有一定的副作用。一般说来,每杯茶放两三克茶叶即为中等浓度,且冲泡三次即可,因多泡会将茶叶中的有害成分浸泡出来。

泡茶用的茶具以陶器为最佳,其次为瓷器,再次为玻璃器皿及其他器皿(如不锈钢器皿等)。泡茶的水温以在80℃左右时为最理想。如水温太高,会将茶叶"烫熟",头泡茶苦涩,二三泡则无味;但水温过低,则会使茶叶浮而不沉、不香不醇。

其他软饮料则有:

果汁(Juices)。果汁品种繁多,在饭店中常用的果汁有橙汁、柠檬汁、番茄汁、西柚汁、菠萝汁,西瓜汁、苹果汁和葡萄汁等,酒吧还常用青柠汁(Lime Juice)和红石榴汁(Grenadine)等作为辅料。目前不少饭店也有黄瓜汁、胡萝卜汁等蔬菜汁供应。果汁通常有现榨果汁、瓶(罐)装果汁和浓缩果汁之分。

矿泉水(Mineral Water)。矿泉水因水质纯净、无杂质污染、富含多种矿物质而深受消费者欢迎。近年来全国各地开发了许多优质矿泉水,各饭店可根据需要选用。

汽水(Aerated Water)。汽水是一种富含二氧化碳气体的饮料,品种繁多,大致可以分为可乐型汽水、柠檬(或橙)味汽水及奎宁类汽水等几类。

还有许多其他软饮料,如牛奶、可可类饮料、苏打水、蒸馏水等等,各饭店可根据客人的需要备用。

第三节　餐饮企业酒水销售服务管理

餐饮企业除销售菜品食料以外,各种酒水产品的销售也是企业主要的销售环节。在饭店的一些部门的业务活动中,酒水销售则是主业。饭店酒水销售以就地销售、现场服务为主要表现形式,其销售过程就是其服务过程。这一过程对酒水产品质量和服务质量的要求都很高。本节主要讲述餐饮企业尤其是酒吧的酒水营销原则、销售控制和酒水销售服务过程与规范;了解酒水经营的各种竞争策略。掌握科学的酒水营销方法和原则,包括中餐厅酒水营销原则、西餐厅酒水营销原则、酒吧酒水营销原则、茶社营销原则;熟悉销售服务的要求与技巧;防范酒水销售与服务过程中出现的问题,并采取积极的措施。

一、酒水销售管理

在市场经济背景下,产品的销售不再是简单的买和卖的连接,而是一种营销活动。在企业把握外部环境下,它涉及市场、生产、销售、消费、售后等多个环节;涉及企业的各个部门、各经营时间段与不同地点。餐饮企业的产品销售也不例外。因此,酒水销售管理实际上就是酒水营销管理。

通常,餐饮企业为顾客提供酒水产品有多种途径:在饭店内除了主酒吧外,在大堂设有流动酒吧,方便大堂宾客使用;有的饭店在其顶楼设置高空酒吧,让宾客欣赏风景或夜景;在游泳池旁、花园里设小型酒吧,以满足宾客的休憩需要;在饭店的中西餐厅为宾客提供各种酒水服务;在客房设客房小酒吧服务;在中西宴会上设宴会酒吧服务。因而,餐厅、酒吧、宴会甚至饭店的歌舞厅、音乐厅等都是酒水销售的场所。酒水营销就是餐饮企业的营销人员(通常是服务员)针对特定的餐饮消费者,通过分析顾客的消费心理和消费水平,在餐饮企业内的各酒水消费场所,向顾客提供优质的酒水饮料和满意的餐饮服务,从而实现经营目标的行为过程。酒水营销成功的关键是提供具有特色的酒水产品和良好的餐饮环境与服务。

(一)酒水销售管理的特点和任务

饭店餐厅、酒吧及其娱乐中心是餐饮企业酒水销售的最主要场所,其销售方式与商店、酒水饮料厂的酒水销售不同。在餐饮企业,顾客就地购买、即时消费,因此具有销售与消费的同一性。同时,对于顾客来讲,购买和消费是为了获得一种特殊享受;对于餐饮企业来讲,酒水销售具有很大的边际贡献率,可实现较高的目标利润,培育一个稳定的客源市场。由此看来,餐饮企业的酒水销售管理不仅仅是商业性管理,更是一种主客间人际关系管理,具有多方面的特点和多重任务。

1. 餐饮企业酒水销售管理的特点

饭店餐厅、酒吧及其娱乐中心的酒水销售管理特点具有以下几方面:

(1)注重消费环境管理

随着现代餐饮行业规模的扩大和发展,酒水的数量和花色品种迅速增加,行业竞争加剧。饭店、餐厅、酒吧酒楼等餐饮企业为了实现经营利润的持续增长,吸引餐饮顾客,不断提高供应的酒水品质和服务质量,而良好并特具风格的消费环境也是悄然展开的竞争手段。这种消费环境的构成既包括地面、空间、器具、色彩、灯光等设施设备状况，也包括人员形象、语言行为、主题文化及品位等软环境。目前，我国著名的饭店餐厅、酒吧、酒楼酒庄其消费环境大多颇具特色：宏大气派，富丽堂皇，给顾客以高贵典雅的身份体验；巧布精致，给顾客以闲适静谧的情绪体验；传统古旧，给顾客以怀旧体验。另外，随着我国公民国际交往的增多，西方国家的餐饮消费文化深刻地影响着国内餐饮客人的消费内容和方式。顾客在饭店餐厅、酒吧酒楼的酒水消费目的更多的是环境和情绪的体验。

因此，饭店餐厅、酒吧酒楼的消费环境营造与维护是经营管理的中心之一，消费环境已是餐饮企业提供的整体酒水产品的重要组成部分。餐饮企业酒水销售管理的这一特点要求企业彰显消费场所独特的环境风格，营造主题文化；也要求销售管理人员保证餐厅酒吧器具的完好，维护消费环境。

（2）注重对客服务质量管理

现代酒水营销是以顾客为中心，为满足顾客对环境和酒水需求而实现企业经营目标。饭店餐厅、酒吧酒楼，虽然它们的类型不同，档次有高低、经营风味和消费环境各具特色、菜点和酒水饮料的花色品种或多或少、目标顾客层次和消费水平迥异，但其酒水销售管理的最终目的则是相同的：都是为了提供优质服务，获得理想经济效益。因此，提供优质服务是餐厅和酒吧销售服务管理的中心工作。

从顾客角度看，优质服务主要体现在满意的产品质价比、规范的销售服务流程和良好的服务态度，同时个性化服务也是重要的服务质量要素。但是，餐厅、酒吧提供的服务是一种对客个体服务，有别于对客户单位服务，质量标准难以界定。一方面，服务态度、礼节礼貌、语言行为、菜点质量、餐饮氛围、服务操作等都很难用一定规格、一定数量来界定其标准；另一方面，酒水消费顾客对产品质量和服务质量的需求和感受往往因人而异，客人对服务质量的满意度是建立在体验基础上的，这种体验性评价缺乏统一的评价标准。

要解决这些问题，餐饮企业应该借鉴该行业相对发达的西方国家的酒店管理方法。首先要把好酒水等物态产品的质量关，根据企业经营目标和市场状况，制定合理的价格水平，做到货真价实；其次要抓好员工的服务素质培养，细化管理制度，明确岗位职责；最后要拟定工作程序，严格操作规范，做到全过程质量管理。另外，管理人员在工作过程中，应适当提供个性化服务，加强对客情感联络，以满足各类顾客的合理需求。

（3）注重销售量管理

饭店餐厅、酒吧的酒水销售服务管理最终要落实到增加客人的消费量，保证各类酒水的销售量和利润率的不断增长上来。因此，在日常管理过程中，比较注重客人人数、客源层次、各类酒水的销售量、客人的人均消费量等指标。餐厅、酒吧通常会要求收银员统计各菜品的销售数、客人人数及营业收入。

酒水销售管理的这一特点要求企业管理部门和管理人员、服务人员做好酒水的市场分析;熟悉各类酒水的产品特点,掌握酒水类型与特点、酒单筹划、酒单设计和酒单定价;洞悉来客的消费心理和消费偏好,采取多种促销手段和劝酒方法,扩大酒水的销售量。

2.餐饮企业酒水销售管理的任务

现代餐饮企业的酒水营销是以顾客为中心,为满足不同顾客对环境和酒水需求而实现企业经营目标,综合运用各种营销手段,将酒水销售给来店消费顾客的一系列经营活动。而顾客则通过饮用优质酒水满足品味、聚会及宴请活动等需要。因此,餐饮企业的酒水消费场所如中西餐厅、鸡尾酒吧、歌舞厅等娱乐中心的酒水销售管理的任务是多重的。主要有以下任务:

(1)保证优质酒水供应

酒水销售人员要密切关注国内外酒水市场、分析酒水产品的供求关系及其产地、产量、价格和特点;发展、维持和调整与酒水供应商的业务关系;加强成品酒水的仓储管理;对于有些须在企业内进行再生产的酒水,如各味鸡尾酒、药膳酒及现榨饮料,应符合国家食品饮料生产和销售的有关规定和安全卫生标准,提倡绿色食品饮料,不断提高制作技术。

(2)营造适宜的消费环境

良好的餐厅、酒吧的酒水消费场所必定有舒适的消费环境。销售管理部门应在一定的档次的建筑和装饰条件下,一方面要营造具有特色物态环境风格,保证消费场所卫生整洁、舒适典雅,酒水器具完好如初;另一方面应突出主题文化,丰富其内涵,通过器物形状与摆放、灯光、色彩、植物花卉、挂画、着装等来表现。作为餐厅、酒吧的酒水服务人员,其仪表仪态和服务方式也是消费环境的重要组成部分,传递着主题文化。

(3)及时提供满意的对客服务

对客服务应贯串客人莅店与离店的始终。餐厅、酒吧酒水销售服务及管理人员每天每餐都要加强现场管理、走动式管理,注意着装佩证、仪表态度、礼节礼貌、语言行为,对每一位顾客做到热情、耐心、细致,主动询客,有问必答,有求必应。值班经理应随时督导员工认真做好迎宾问好、拉椅领座、递单点菜、传菜上菜、斟酒派菜等席间服务以及收款结账等各项餐饮服务工作,确保提供优质服务,提高服务质量和技巧。

(4)扩大销售量,提高销售收入

饭店酒水部的管理人员应十分熟悉各类酒水的产品特点,懂得酒文化、茶文化等酒水知识,掌握酒水类型与特点、酒单筹划、酒单设计和酒单定价;判断来客的消费心理和消费偏好,采取多种促销手段和劝酒方法,扩大酒水的销售量。酒水部应定期做好销售分析,发现问题,采取改进措施。

(二)餐饮企业酒水销售管理的原则与营销策略

饭店餐厅、酒吧的酒水营销管理是复杂的经营活动。受饭店经营活动的外部环境影响较大,并且客源层次不同,消费需要因人而异。同时各企业的经营目标和营销观念也不尽相同。尽管如此,经营管理者还是应遵循一些营销活动的基本原则。由于各类酒吧(包括啤酒屋、茶吧、咖啡厅)是专门的酒水消费场所,而各类饭店酒楼则是餐饮综合消费场所。因此其酒水经营服务对象及其方式方法不同。

1.饭店中西餐厅的酒水营销原则

饭店中餐厅是销售中国菜肴的餐厅,在此餐厅销售的酒水应以有特色的黄酒、中国白酒、茶类、果汁(成品或现榨)、冷饮、啤酒、鸡尾酒、葡萄酒为主要酒水产品。同时比较讲究就餐氛围和餐桌文化。但是,地区差异较大。俗话说:十里不同风,百里不同俗。不同地区的饭店中餐厅也必须考虑并迎合其所在地区的饮酒习俗。习惯上,位于东南沿海地区的高星级饭店常以销售葡萄酒、中国白酒、白兰地酒、威士忌酒和鸡尾酒为主;而在西北内陆地区或低星级饭店的中餐厅则常以销售中国地方性的烈性白酒、啤酒和饮料为主。因此,在这些餐厅的酒水销售和服务中,要秉承供应地方性、名特酒水原则和营造融洽敬酒劝酒等消费环境原则,开展适当的促销活动。

饭店西餐厅的主要客人是外宾、各类商务客及其他受西方餐饮文化影响较大的餐饮顾客。与西式菜肴相结合,客人主要消费白兰地酒、威士忌酒、鸡尾酒、葡萄酒及饮料、水果沙拉。

2.饭店酒吧的酒水营销原则

各类专业酒吧、饭店酒吧、娱乐中心是酒水的另一消费场所。由于专业性强,因此酒水品牌、调酒师的技艺都有一定的知名度。饭店酒吧主要有鸡尾酒吧、大堂吧、娱乐中心吧台、流动吧等,规模、环境、用途及主流消费客人都不同,因此酒水的营销方式应有不同的表现。

鸡尾酒吧也称主酒吧,其酒水应该是花色品种齐全,以专柜展示各地名酒,包括世界各地各种著名的开胃酒、葡萄酒、利口酒、烈性酒、鸡尾酒以及冷热饮等,并提供制作精美的各类点心和其他休闲食品,以迎合各层次的住店客人的需要。饭店大堂吧是星级饭店内外顾客交际和短时休闲的场所,应以销售多味饮料、啤酒、葡萄酒、鸡尾酒和新鲜果汁为主,环境设置高档、简洁明快。

在酒吧的酒水营销管理中,除了坚持饭店中西餐厅的酒水营销原则以外,还必须坚持营造典雅的私密的消费环境,酒水及器具进行艺术性的展示;延长营业时间;经常对调酒师、服务人员进行专业技能培训。

二、饭店餐厅、酒吧的销售服务

餐厅、酒吧是供宾客享用膳食、酒水及休憩、聚会等的场所,其服务质量的好坏直接影响到顾客的生理和心理感受。在星级饭店中,酒水销售服务应有规范化的服务程序与态度。一般包括服务准备、席间服务和结束工作三个阶段,而不同规模档次的饭店酒楼,根据其经营目标、风格,每个阶段又有许多操作环节。下面以酒吧为例介绍。

(一)酒吧营业前准备的工作环节和主要内容:

1. 酒吧的日常清洁卫生工作

酒吧的日常清洁卫生工作每天营业前是针对前吧、后吧、地面及酒杯器具的备齐、清洁、整理、保养,以及酒吧空间的除味。

(1)前吧的清洁卫生。吧台台面宽大、光滑,通常由大理石或硬木制成,有的还在表面用软材料进行包漆。在清洁时,每天应先用湿布擦抹后再干擦,使其光滑洁新;必要时喷上蜡光剂。

不锈钢操作台一般用清洁剂擦洗,然后用洁净的干布擦干,除去积垢。

(2)后吧的清洁卫生。每天应对冷藏箱(柜)外部除尘,可用去污剂擦洗;冷藏箱(柜)内应定期清箱,撤去过期的冷藏物品。一般要求每三天一次。

酒柜和陈列柜也应每天除尘,瓶酒和酒杯等也应每天保持其外表清洁无尘。应特别注意每天将酒瓶、酒杯及装饰品恢复摆放如初。

(3)空间、地面清洁卫生。吧台内地面多采用大理石等材料铺设,应用尘推推净地面,所铺的橡胶垫、塑料垫应每日冲洗干净。吧台外服务区域的地毯应每天吸尘,定期清洗,除去污迹和异味。室内经常开窗通风,适当摆放植物花卉,保持空气清新。

(4)酒杯、瓶架、茶具及其他用具的清洁卫生。酒杯、用具等应按卫生防疫的要求清洗、消毒,要求无水渍、无缺损。每天应复原其放置状态。

2. 日常的领料存放工作

严格有序的领料存放工作对于保证酒水产品质量,降低酒吧经营成本十分重要。其主要环节是:

(1)填写酒水领料单。检查昨日或上一班次用剩的奶油、果汁、调料等有无变质,并根据当日酒水的可能需求量、酒吧存货标准,确定领料种类及数量,如实填写领料单(或称申领单),送交主管人员签字。领用其他易耗物品也应按照此程序领用。

(2)仓库领料。凭主管签字核准的领料单去仓库领用酒水及其他物品。领料时应注意核对数量、型号规格、检查质量。仓库管理员收要领料单并存档。

(3)后吧存放酒水。从仓库领回的酒水应首先擦净瓶(罐)身,有的要除去外包装,然后按要求分类妥善摆放。易变质的或冷饮的酒水,如啤酒、果汁、牛奶等应迅速放人冷藏柜。瓶装酒一般应按摆放设计,存入酒柜或在陈列柜上陈列。瓶酒陈列时应注意三点:一是要分类陈列,如开胃酒、烈性酒、利口酒等分开摆放;二是要将贵重酒、普通酒或进口酒、国产酒分开陈列。三是要注意摆放得美观大方,吸引客人欣赏和分辨。注意酒瓶之间的距离,方便取用。其他用具、物品也应存放在容易取用的位置上。

3.酒水服务准备

在一天的开业前,酒吧服务人员,主要是调酒师、后吧服务区服务人员及结账人员,应按要求穿戴好工作服,在各自的岗位上准备好各种服务器具,调整好心态。

(1)调酒师

由辅助人员准备好调酒工具、酒杯及盘碟。按取用方便的原则将洁净的调酒工具和各式酒杯整齐地摆放在操作台上,鸡尾酒杯、啤酒杯等应放入冷藏柜冷藏。

制备冰块。从制冰机中取出冰块放在操作台上备用,同时备好冰块夹或冰铲放在旁边。

备好辅料、配料和装饰物。软饮料等辅料应备好存入冷藏柜。调酒用的一些配料如酱油、辣椒油、糖、盐、胡椒粉、鸡蛋等应按使用先后的顺序,摆放在操作台上备用。同时应切好部分橙片(角)、柠檬片(角)等水果装饰物摆放在操作台上,并用保鲜膜(袋)包好备用,红、绿樱桃等装饰物应从罐中取出用清水冲洗后放入杯中备用。佐酒小吃(果仁、薯条等)也应备好。

(2)服务员

合理分工,整理好桌椅;在桌面上摆好花瓶、烟灰缸、桌号牌等用品,摆放美观;

备好托盘、餐巾纸、杯垫、酒水单、点酒单、笔等其他服务用具。

4.检查

营业前,酒吧主管或值班经理应仔细检查酒吧的电器设备、安全卫生、物料准备、桌面摆放等有无不妥之处,如有不妥,及时采取措施纠正。同时要求服务人员整理好个人仪表仪容,站在规定的位置上迎候客人的到来。

(二)酒吧的具体服务规程:

1.迎领服务

(1)客人来到酒吧门口,服务员应主动上前微笑问好,问清人数后引入酒吧。

(2)如是单个客人可引领至吧台前的吧椅就坐。

(3)如是两位以上的客人,可引领到小圆(方)桌就坐。

(4)如需要等人的客人,则可引领至能看到门口的小圆(方)桌入座。

(5)迎领时应遵从客人的意愿和喜好,不强行安排座位。

(6)拉椅让座。待客人入座后,递上打开的酒单,并对客人说:"请看酒单。"

2.点酒服务

(1)递上酒单,让客人稍候片刻后,酒吧服务员(或调酒师)应询问客人喜欢喝点什么。

(2)向客人介绍酒水品种,并回答客人有关提问。

(3)填写点酒单,填写方法和要求与点菜大致相同。点酒完毕应复述一遍以获确认。

(4)点酒单一式三份,一份留底,其余两份及时分送吧台和账台。

(5)记住每位客人各自所点酒水,以免送酒时混淆。

(6)坐在吧台前吧椅上的客人可由调酒师负责点酒(也应填写点酒单)。

3.调酒服务

(1)调酒师接到点酒单后应及时调酒。

(2)调酒姿势要端正,应始终面对客人,去陈列柜取酒时应侧身而不要转身。

(3)调酒动作应潇洒、自然。平时应勤学多练,以免实际操作时紧张。

(4)严格按配方要求调制,如客人所点酒水是酒单上没有的,可请教客人,按客人要求调制。

(5)调酒时应注意卫生,取用冰块、装饰物等时应使用各种工具,而不应用手直接抓取,拿酒杯时应握其底部,而不能碰杯口。

(6)调制好的酒水应尽快倒入杯中。吧台前的客人应倒满一杯,其他客人斟倒八分满即可。

(7)如一次调制一杯以上的酒水时,应将酒杯在吧台整齐排列,分两三次来回依次倒满,而不应一次斟满一杯后再斟另一杯(以免浓度不一)。

(8)随时保持吧台及操作台卫生,用过的瓶酒应及时放回原处,调酒工具应及时清洗。

(9)当吧台前的客人杯中酒水不足三分之一时,可建议客人再来一杯,以促进销售。

4. 送酒服务

(1)服务员应将调制好的酒水及时用托盘从客人右侧送上。

(2)送酒时应先放好杯垫和免费的佐酒小吃,递上纸巾,再上酒,并说:"这是您的××,请慢用。"仪态亲切。

(3)巡视自己负责的服务区域,及时撤走桌面的空杯、空瓶(罐),并按要求撤换烟灰缸(烟头不超过两个)。

(4)适时向客人推销酒水,以提高酒吧营业收入。如客人喝茶水,则应随时添加开水。

(5)客人结账离开后,应及时清理桌面上使用过的用具,用湿布擦净桌面后重新摆上干净的用具,以便接待下一位(批)客人。

(6)在送酒服务过程中应养成良好的卫生习惯,时时处处轻拿轻放,手指不触及杯口。

(7)如客人点了整瓶酒,则按示瓶、开瓶、试酒、倒酒的服务程序服务。

5. 结账送客服务

其方法和要求与餐厅服务相同。

(三)营业结束工作

酒吧的营业结束工作主要有以下内容:

1. 清理酒吧

服务员应及时搞好吧台内外的清洁卫生;将剩余的酒水、配料等妥善存放;将使用过的杯具等送至工作间清洗、消毒;适时打开门窗通风换气,以消除酒吧内的烟味、酒味;分类处理垃圾。

2. 填制表单

值班经理或专管人员认真、仔细地盘点酒吧所有酒水、配料等的使用情况,填写酒水记录簿,如实反映当日或当班所售酒水数量。填写好每日(班)工作报告,如实记录当日(班)营业收入、客人人数、平均消费和特别事件等,以便上级管理人员了解、掌握酒水营业状况。

3. 当日检查

当日值班经理要全面检查酒吧的安全状况,关闭除冷藏柜以外的所有电器开关,关好门窗。

(四)酒吧服务注意事项

1. 应随时注意检查酒水、配料是否符合质量要求,如有变质应及时处理。

2.应坚持使用量杯量取酒水,严格控制酒水成本。

3.注意观察客人的饮酒情况,如发现客人醉酒,应停止供应含酒精饮料。为醉酒客人结账时应特别注意,最好请其同伴协助。

4.如遇单个客人,调酒师可适当陪其聊天,但应注意既不能影响工作,又要顺应客人。

5.记住常客的姓名及其饮酒爱好,主动、热情地为其提供优质服务。

6.认真对待并处理客人对酒水和服务的意见或投诉。如客人对某种酒水不满,应设法补救或重新调制一杯。

7.任何时候都不得有不耐烦的语言、表情或动作,不可催促客人点酒、饮酒,在临近下班时更应注意。

三、酒水销售控制

餐厅、酒吧要加强酒水销售服务管理的控制,以防止私自饮用、浪费酒水和酒吧销售作弊等问题的产生。同时酒水销售控制也是维护客人权益、降低消耗、保证酒水毛利率的重要措施。

(一)酒水销售控制的形式

一般有三种形式或系统,即量杯量度、酒瓶计量表量度以及电子饮料配出系统。

1.量杯量度法

是比较传统的方法,即用专用量杯调取调制饮料所需的基酒及其他散装饮料,采用的关键是每酒必量。这也是最经济、也较精确的一种方法。这种方法最大的优点之一是客观、明了,宾客乐意接受。但比较熟练的酒吧服务员则不喜欢,认为这种方法会影响配酒速度,即使不用量杯,任凭他们的经验,取汁配酒也同样精确。事实上,同一服务员在不用量杯的情况下,配制的饮料往往不可能完全一样,更不必说不同的服务员之间的差异了。酒水部应该要求调酒师和服务人员在零散取用酒水时使用量杯。其实,只要服务员一经习惯使用量杯,其取酒配汁的速度与不用量杯相差无几。酒水销售中,如果不用量杯,不仅酒水饮料的数量得不到应有的控制,而且宾客也得不到质量相同的服务。

2.酒瓶计量表量度法

由于饭店餐厅、酒吧在实际工作中,很难控制酒吧服务员做到每酒必量。酒水部有时使用酒瓶计量表量度来控制调制过程中的酒水取用量。这是一种可以固定在酒瓶上,其流量可以调节、锁定并能自动记录总流量的装置,即每一次的倒出量可以预先调节固定,而每倒出一次,计量表会作自动记录。这一方法的有效性是:使用这种装置,原料用量会得到严格控制,且每次倒出量完全相同,使饮料质量得到保证;只要每天开吧时和结束时分别记录表上读数,两者之差,便是这种酒当天的消耗量。这种装置的主要缺点首先是倒酒速度慢,而且倘若倒出量定为1英两,当配制饮料需要1.5英两时,就会带来很多麻烦;其次是由于酒吧中用酒较多,大量安装这种设备,费用往往很可观。因此,酒吧一般只有在饮料成本太高且极难控制时,才使用这种装置。

3.电子饮料配出系统

电子饮料配出系统是利用计算机数据处理功能来控制酒水的取用量的方法,是目前较为先进的酒吧设施。它可以与收款机连接,也可以有自身的微电脑或数据处理系统。使用这种系统,酒水贮藏窑可以设在离酒吧几十米的地方,服务员只要按动配出器上的键钮,便得到所需的规定数量的酒或配料。该设备由于省时省力、量度精确、控制严密,很受服务员的欢迎,但由于这种设备复杂,价格昂贵,且连入系统的基酒和配比的数量受到限制,通常只能把最常用的基酒和饮料数据连入,因此免不了还得用其他方法量取一般的基酒和配料。这也许是这种系统最主要的缺点。这种方法在中小饭店、酒吧酒楼不常用。

(二)酒水销售和服务控制

餐厅、酒吧在销售酒水时,出现数量、质量问题,可能有多种原因。有些是餐厅、酒吧有意而为的,比如有些饭店餐厅、酒吧为了降低成本,提高利润,采取克扣客人酒水量、稀释烈酒等不正当的销售方法;有些是饭店酒水部管理不严,使某些调酒、仓管及服务人员私自销售、私分酒水、虚报销量等不法行为有可乘之机。这些都会给经营企业带来利润、质量信誉的损失。

因此饭店餐厅、酒吧的经营管理部门的主管要巡查加强酒水销售和服务控制。首先,对员工进行工作规范的培训,提高员工的敬业精神,从思想意识上防止人为差错;其次制定严格的规章制度和规范的作业流程;最实效的是针对可能出现的问题采取积极的防范和惩罚措施,如下表所示:

表 8-3　酒店常见的舞弊现象和防范措施

项目	舞弊人	舞弊现象	防范
酒水销售	调酒师、服务员、仓管员	1.克扣酒水量,扣下酒水的销售收入装进私囊,或将额外酒水私分。	要求用标准量器配饮料,凭订单收款;订单要编号;凭空瓶领酒。
		2.多记流水量和免费赠送量,私吞这部分酒水收入将额外酒水私分。	赠送酒要主管部门负责人签字,退回酒水不准倒掉,控制标准流失量,凭空瓶领酒。
		3.稀释烈性酒或其他酒水,私吞额外收入或额外酒水私分。	使用订单收款并编号;凭空瓶领酒。
		4.以低质酒(如白兰地)充当高质酒,将高价销售的差额私吞。	要求订单上写清酒牌号,凭订单收费。
		5.将零点酒合一起算成整瓶价,算销售收入,将差额入私囊。	使用收银机打出账单来收款或用订单记录各销售项目的收款额。
		6.私带酒水来销售,使用私带账单收款私吞收入。	使用企业有标记酒瓶销售,使用企业特有订单收费。

思考题:

1.酒水销售管理有何特点?基本任务是什么?

2.酒精、酒度和酒精饮料有什么区别和联系?

3.什么是酿造酒?什么是蒸馏酒?他们的主要区别在哪里?

4.酒吧柜台有几种形式?怎么样做好柜台设计?

5.酒吧销售控制系统有哪几种?怎样做好酒水销售控制工作?

第九章　餐饮企业的宴会管理

　　饭店及其他餐饮企业经常要承接企事业单位及其他团体的宴会业务。由于宴会与日常餐饮接待工作差异较大,具有时间特定、客人众多、讲究礼节、消费档次高等特点,因此,许多高星级酒店设置宴会部,以统一设计和操作各种宴会、晚会的餐饮业务,有的还联合会务公司、礼仪公司及行政事业机构共同举办宴会活动。本章着重介绍饭店宴会部的组织结构、宴会的预订和设计流程、宴会的餐饮服务与酒水服务及宴会业务运营的原则等。另外,对美食节的策划和运作程序及运营的控制也做一些探讨。

第一节　宴会经营管理概述

一、宴会概述

　　宴会是一种因习俗或礼仪或某种社交目的的需要而按照一定礼仪标准和接待程序编排的,由整套菜品、饮品和点心水果构成的餐饮聚会。宴会活动既有群体社交功能,又有满足赴宴者飨饮美食的作用。在各地,宴会又被称为筵席、宴饮、会饮、筵宴、酒宴、宴席、酒席、酒会、乡聚等等。无论以何时何种形式举行,宴会都是以精心烹制的各式菜点来集中表现和汇集各种烹饪技艺和饮食文化。

　　古时候,人们席地就餐,筵和席都是就餐时人们铺设在地的坐具,贾公彦在疏《周礼·春官·司儿筵》中有言:"凡敷席之法,初在地一重即谓之筵,重在地上者则谓之席"。由此,筵席一词沿用至今,逐渐由宴饮的坐具演变为酒席的专称。由于筵席是宴会的核心,专指宴饮时主人所陈设的坐具和摆放的酒席,人们也因此称之为"筵宴"。最早的宴饮活动应该是发源于原始部落的各种祭祀和典礼。目前最早关于宴会的文字记载见于《周易·需》中的"饮食宴乐",除了犒劳饮食以外,多具有交流、娱乐成分。进入文明社会后,宴会活动又和宫廷王室贵族礼仪密不可分,常以多人围坐畅谈慢饮的聚餐方式出现。赴宴者有主宾、随行、陪客和主人,菜品丰盛精美,接待隆重热情。因此,古代的宴会实为国之礼仪,乡之习俗,远非商业性或者说大众消费性餐饮活动。

今天,宴会活动已风行民间,蔚然市井。宴会的形式也越来越多样化:有规格比较高的国家元首或政府首脑为了国家庆典或欢迎来访的外国国家元首而举行的正式的国宴;有觥筹交错之间信息流转和贸易商定的商业性酒会;有中国传统的具有民族风格特点的喜庆宴会;还有形式简单、气氛随意亲切的非正式宴会,也叫便宴,比如冷餐会、自助餐、酒会等。

可以说,各式宴会席面或考究或随意,往往分冷碟、热炒、主菜、汤品、甜点、茶果等程序,依次递进,因人而异、因时制宜,不一而定,自有一番情趣。一般来说,宴会无论大小,无论正式与否,均带有或多或少的社交目的,如国家庆典、亲朋团聚、接风饯行、乔迁开业、红白喜事、酬谢恩情、疏通关系、欢庆佳节等等,旨在加深了解、互通往来、敦亲睦邻等。

二、宴会部的组织结构

对于一家拥有 500 间以上客房、宴会厅可容纳 1200 人以上的饭店来说,宴会部组织结构如图 9-1 所示,如此大的饭店只设两名固定的宴会服务员,其他 30 名临时服务员都是由饭店餐饮部根据宴会的预订情况而随机进行安排的。社会餐饮中一些知名的酒楼餐馆,往往也会承接各种宴会,但由于其经营主要以餐饮食品为主,因此不专设宴会部。

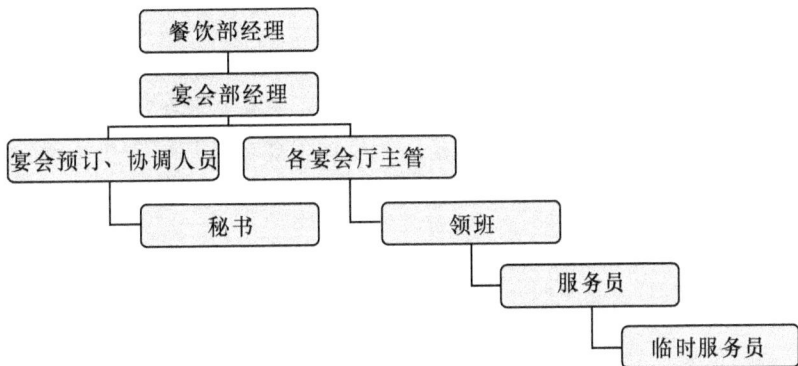

图 9-1　宴会部组织结构图

上图所示的宴会部各岗位都有专业化职责。其中,宴会部经理的主要岗位职责是:

主要负责各种宴会的市场营销开拓和接待管理,接受各式宴会的预订咨询,关注潜在的宴会客户,准备宴会预算;参加餐饮部管理例会,负责整个宴会部的纪律和所属员工的督导等工作。

宴会预订、协调人员的主要岗位职责是:

帮助宴会部经理处理预订、电话咨询、保持客户关系、记录预订日志和处理宴会信函;协助经理准备宴会订单;在经理不在时,行使宴会部经理的职责,在秘书不在时,负责秘书的日常工作等等。

各宴会厅主管的主要岗位职责是:

负责本宴会厅各种宴会的预订咨询、前期准备、接待和善后工作;督导本宴会厅所属员工的日常工作和奖惩考核,处理宴会进行过程中的突发事件和客人投诉事件;记录并保管宴会相关资料,维护客户关系等。

宴会厅秘书的主要工作职责是:

记录并传送宴会部经理的各项工作计划和安排;协助宴会部经理准备宴会营销开拓工作和重要客户的接待工作,维护重要客户关系;记录宴会部各部门的突发事件和投诉事件及其处理过程和事后反馈;协助宴会部经理搞好部门工作预算、各种制度建设和员工绩效考核等工作。

宴会部服务员的主要工作职责是:

熟悉各种宴会接待的规格要求和服务标准,了解宴会上菜程序和菜品典故,掌握宴会服务的对客心理艺术,具有一定应变能力;能妥善处理宴会服务中可能出现的各种突发事件和投诉事件;负责分管接待区域的安全卫生工作等。

三、宴会设计

宴会因其高规格、高标准的接待要求,往往要求举办者在其设计布局过程中要巧具匠心、别出心裁。一般来说,宴会的设计主要涉及以下三个方面:即宴会的台面设计、宴会的菜品设计、宴会的酒水设计。

(一)宴会的台面设计

宴会的台面设计就是将宴会的餐桌根据一定要求排列组成的各种格局,可根据宴会的就餐风格分为中餐宴会台面、西餐宴会台面和中西结合宴会台面;又可根据接待规格分为正式宴会台面和便宴台面;还可根据宴会台面的不同要求分为餐台台面、看台台面和花台台面等。虽然宴会的台面设计和布置不一而足,但是,宴会台面设计的总体要求是基本一致的,即突出主台、成一定几何型和有序性、间隔适当、留出主行道。下面是对常见的几种宴会台面的简单设计的介绍。

1.中式宴会台面设计

中餐宴会大多用圆台;餐桌的排列特别强调主桌的位置,主桌的位置应放在面向餐厅的主门,能够看清全厅的位置;将主宾入席和退席要经过的通道辟为主行道,主行道应比其他行道宽敞一些;其他餐台座椅的摆法、背向要以主桌为准;主桌的装饰很重要,除主桌外,其他桌子都应编号,号码架放在桌上,客人可以从座位图知道自己桌子的号码和位置。

摆餐椅时要留出服务员分菜位,其他餐位距离一样。若设服务员分菜程序,应在第一主宾右边、第一与第二客人之间留出上菜位。高级宴会还要留出分菜服务台。

2.西式宴会的台面设计

西餐通常使用小方台,西餐酒席宴会的餐台则是用小方台拼接而成的。餐台的台型和大小可按就餐人数、餐厅地形和顾客要求安排;20人左右的酒席通常可摆"一"字形长台或"T"字形台;40人左右的酒席通常可摆"I"行台或"N"形台;60人左右的宴会可排"M"形台。西餐宴会台面往往在其中间位置摆放象征宴会主题意义的设计精美的鲜花花篮,再利用不同色彩的台布、绢花和质地考究的各式餐具来烘托宴会的隆重氛围。

3.鸡尾酒会的台面设计

鸡尾酒会的台面设计相对简单随意,仅在宴会厅内布置多张小圆桌,不设菜台,也不设座位。为方便女宾和年老体弱者,也在宴会厅内靠墙四侧摆放少量的椅子,并在宴会厅的左右两侧摆上酒台,供服务人员送酒和备餐之用。

4.冷餐酒会的台面设计

冷餐酒会的台面设计主要有两种:即不设座位的冷餐酒会和设座位的冷餐酒会。不设座位的冷餐酒会应按出席酒会的客人人数的多寡来相应安排各式菜品的数量和种类,一般把长桌设在宴会厅的中间,周围摆设若干组菜台,供摆菜点、餐具以及酒水之用。设座位的冷餐酒会的台面设计主要使用小圆桌,每张桌边摆6把椅子,或者使用10人桌面,摆10张椅子,将菜品和餐具按中餐宴会的形式摆在餐桌上,也可按出席的人数用大圆桌或长条桌进行布置。

(二)宴会的菜品设计

菜品是组成宴会的重要部分,宴会设计首先必须立足于对宴会的各式菜品进行科学合理的设计。宴会的菜品设计包括对组织一次宴会的所有菜品的整体设计以及具体每道菜品的设计,它是一项既复杂也要求很高的创造性劳动。宴会菜品设计的整个过程就是指宴会菜品设计人员在接到宴会预订订单后或确定本次宴会特色后,在充分了解客人组织本次宴会的意图的基础上结合宴会厅的具体情况设计出适合客人需求的宴会菜品的过程。

首先,宴会的菜品设计者在设计前,准确把握参加宴会人员的年龄、职业、性别、民族、及参加宴会的目的,了解客人的饮食习惯、爱好和禁忌等,比如是否有忌讳猪肉、海参、葱姜蒜等,从客人的设宴目的出发,了解把握客人特点,分析客人设宴心理是出于好奇心,还是出于名望,或是出于无奈心情,了解客人是注重宴会的环境气氛和档次,还是注重宴会经济实惠等。

其次,宴会的菜品设计者需要把握宴会的主题与餐厅的特色。在了解了客人的饮食习惯和饮食心理之后,要兼顾本宴会厅的特色和宴会的主题,使两者恰当的结合,融合一体,使得本次宴会的消费档次、菜肴特色和服务方式都能凸现所在宴会厅的特色。

最后,宴会的菜品设计者还要把握本次宴会菜单中各式菜品的数量与价格,品种与营养的搭配。宴会的菜品数量是宴会菜品设计的重点,数量合理会令客人既满意又回味无穷。一般来说,宴会菜品的数量应与参加宴会的人数相吻合,以每人平均500克左右净料为原则。宴会菜品的品种是根据宴会的规格确定的,一般从12个到20个不等,值得注意的是,菜品品种少的宴会,每个菜品的数量要丰盛些;若宴会的档次较高,则每个菜品的数量可减少些,品种和形式则应丰富些,制作方法应精巧些;若宴会的档次较低,则每个菜品的数量可加大些,以平均每人吃到600克以上的净料为最佳。此外,还要注重各式菜品的荤素、酸碱以及色彩搭配的合理与否等等。比如鸭翅席,冷菜采用"一大带六或一大带八"即一个大彩盘带六个或八个单碟的素拼盘,上烤鸭时,要带四个素菜小炒,这样不仅有效地刺激了客人的胃口,增强食欲,而且营养丰富。

(三)宴会的酒水设计

宴会的酒水设计种类繁多、层出不穷。这里主要介绍宴会酒水品种与宴会的搭配、宴会酒水与菜品的搭配、宴会酒水与酒水的搭配三大原则。

1.宴会酒水品种与宴会的搭配原则

首先,宴会酒水应与所举办的宴会规格和档次相协调,若为高档宴会,则其选用的酒水也应该是高质量的,比如国宴用酒茅台酒,其质量与价格在我国白酒中独占鳌头,其身价与国宴也相匹配。其次,酒水的来源应与宴会台面设计的特点相符合。通常中餐宴会选用中国酒,西餐宴会选用外国酒,不同的台面在用酒上也应注意与酒席所属地域特点相适合。比如满汉全席应尽量选用中原地带的酒水,而在我国民间婚宴中往往选用"状元红"。

2.宴会酒水与菜品的搭配原则

宴会酒水与宴会所设计的菜品搭配也有一定的讲究,比如在我国南方,比较讲究黄酒的饮用要与宴会的菜品"对口",如状元红专配鸡鸭鱼肉、竹叶青专配鱼虾菜肴、加饭酒专配冷菜冷盘、吃蟹时专饮黄酒而不饮白酒等等。法国人也相当注重酒菜的搭配,有时甚至走向"舍此宁可不食"的地步,比如食用法国名菜"生食牡蛎"时,若就餐者不用"夏布丽葡萄酒"佐食会被认为是难以想象的事情。

总而言之,宴会菜品和酒水的搭配必须能充分体现和加强这些菜品的色、香、味,比如西餐讲究"白酒配白肉,红酒配红肉"的搭配原则。宴会所设计的菜品和酒水风味要相等、对称、和谐,淡雅的酒应配颜色清淡、香气高雅的菜品,而色香味浓郁、口感强烈的酒应配色泽鲜艳、口味浓杂的菜品。一般来说,咸鲜味的菜品应配干酸型酒,甜香味的菜品应配甜型酒,香辣品的菜肴应配浓香型酒。

3.宴会酒水与酒水的搭配原则

宴会酒水与酒水的搭配也有讲究,但是其搭配的复杂程度要比宴会酒水与菜品的搭配简单许多。一般来说,要遵循以下原则:即宴会中低度酒先上,高度酒后上;软性酒先上,硬性酒后上;有气酒先上,无气酒后上;新酒先上,陈酒后上;淡雅酒先上,浓郁酒后上;普通酒先上,名贵酒后上;甘洌酒先上,甘甜酒后上;白葡萄酒先上,红葡萄酒后上。

当然,宴会中酒水与酒水的搭配也比较丰富多样。我国民间饮酒一般由橘子水冲啤酒,葡萄酒掺合果汁。而东欧人喜欢用水兑酒精直接饮用,英美人则喜欢用冰水稀释烈性酒饮用,也有用咖啡兑酒(爱尔兰咖啡),或用奎宁水兑酒(金汤力),以及用巧克力同酒一同食用的(酒心巧克力)。

第二节　宴会服务运作管理

星级饭店的宴会部从属于其餐饮部门,宴会部的管理人员直接受餐饮部经理的统一领导和指挥,但是由于宴会部的管理也具有一定的特殊性,因为宴会是在普通用餐基础上发展而来的高级用餐形式,比如宴会的规模、菜品、酒水的种类、数量以及宴会台面设计布局、宴会会场的环境布置等都要求管理者事先准备充分、考虑停当,所以要求宴会部的管理者必须具备更强的组织各种宴会的实际技能和应变能力。

宴会的经营具有不同宴会等级规格的差异性和广泛性特点,而宴会的客人需求和其消费水平的高要求又决定了宴会不同于普通餐食的规格标准和服务档次,因此,宴会的经营服务过程很复杂,要做好一系列的工作,其涉及的范围必然很广泛,需要饭店各部门的协调配合。社会餐饮的宴会服务接待规格要求与星级饭店的宴会服务运作有一定的相似性,这里就不加以展开赘述。

一般来说,宴会服务运作管理的流程图如下所示:

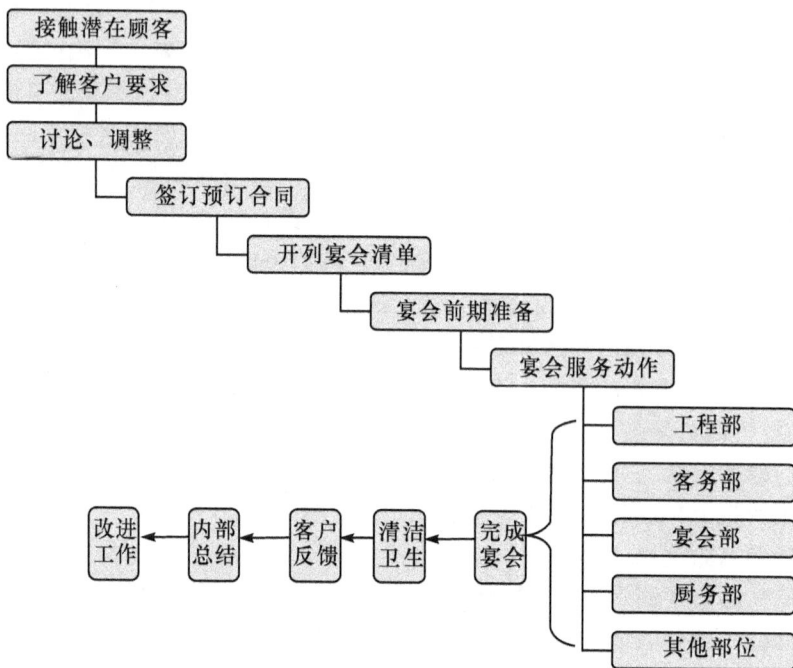

图 9-2 宴会服务运作管理流程图

一、宴会预订管理

（一）概念

宴会预订管理是指宴会部工作人员和宴会的主办方经过接触协商,根据宴会主办者对宴会举办的构想、设计和要求,以及根据本饭店宴会部的具体承办条件和状况,就宴会举办的具体内容和方案进行事先协商和确认,并签署预订合同、缴纳订金的过程。

(二)预订方式

1.直接预订

直接预订是宴会预订中最为有效和实用的一种通过直接面谈的形式来预订的方式。一般当宴会出席人员的身份较高或宴会的档次较高时,宴会主办者都会要求以面谈的方式直接预订,然后在面谈中,由宴会部的销售人员和预订员向客人详细介绍宴会的有关场地、菜单设计、服务要求等具体事项,尽量满足客人的要求,并协商确定付款方式,填写宴会预订单,记录预订者的姓名、地址和联系方式等。

2.电话预订

电话预订也是一种较为普遍的宴会预订方式,适用于小型宴会或非正式宴会的预订。与直接预订不一样的是它必须在电话中推销介绍宴会产品,并落实宴会的相关细节问题,口头填写宴会预订单,这种预订形式相对随意,因此,宴会前的准备工作也无法提前进行,往往要等到客人到了以后或交了预订订金后再作。

3.传真预订

传真预订是比较快捷的书面预订方式,客人能够更详细的要求宴会举行的质量和相关细节,具备一定的法律约束力,一旦确认预订,就不能随意更改,否则要承担相应的违约责任。

4.其他预订方式

在信息科技发达的今天,网络预订已经越来越完善,以其内容的准确性、预订时间和预订地点的不受约束性和便捷性以及具有一定的法律保护性等优点日益被客人和饭店所接受。当然,传统的书面写信预订方式虽已随着时代的变化,人们通讯交流方式的变异而逐渐淡出,但不可否认,仍有一部分客人乐于保留和使用这种预订方式进行预订。

(三)预订程序

1.预订准备工作

熟悉饭店宴会使用场地的面积、形状和布局等信息;掌握宴会菜单的价格和各种菜品组合,以及食品原料的时令特点和相应成本;熟悉不同档次宴会的服务标准和接待规格以及其宴会会场布置的硬件要求;根据酒店的淡旺季、新老客户的不同,了解酒店销售策略的实施技巧和充足的销售宣传资料;建立完整的客户资料,熟悉客人的消费习惯和偏好,利于制定销售策略;建立完整的客人投诉的记录,随时翻阅和纠正;了解未来半年宴会预订情况,对大型活动和重要客户紧记在心。

2. 接受预订

首先,接受客人来电或来访预订。在电话铃响三声以内接听电话,三声后接听应向客人道歉并热情礼貌地问候;如客人来访,应站立迎接,礼貌问好;仔细询问并记录下客人的单位、姓名、联系电话以及预订的人数、日期与就餐要求;如来电预订,可建议客人来酒店面谈,亲自视察,如来访预订,可为客人提供相关资料并陪同参观。

其次,确认预订。当客人提出预订要求时,要仔细查阅宴会预订记录本,了解相关场地是否已被预订,才可以跟客户进一步的协商讨论;倾听客人讲述宴会要求时,态度要诚恳,做到耐心细致,礼貌为客人做解释并主动向客人介绍饭店的设施以及菜品的种类。并认真记录宴会的类型、日期时间、出席人数、宴会名称、举办单位或个人联络电话、宴会厅名称和厅堂的设计、菜单的菜品和饮料、收费标准和付款方式、接受预订的日期等。等到双方就宴会的举办场地、就餐时间和服务项目均取得一致意见时,方可确认预订,要礼貌感谢,并为客人寄发宴会确认书,里面附加有关合同条款,预订订单等尽可能详细的资料,待收到客人回执后,认真核实有无变动要求,最后才算完成预订的确认工作

3. 签订预订合同

如客户和宴会部双方都认为举办宴会的细节问题已确定,那么就签订宴会合同,合同一式双份,双方各执一份,宴会合同一经签订,如需变更,需双方协商解决;收取定金,签订合同后,饭店可要求宴会举办单位或个人支付一定的数量的定金(一般为宴会总费用的 10%—30%);双方签署确定书后,一般在活动确定举办日期的前 15 天,要主动征询客人的意见,活动举办前的 7 天,要再次致电征询意见,举办的前三天,要向客人汇报我方的具体工作落实情况。最后将宴会预订单分成"待预订"和"已确认"两类按时间顺序分入档案,或输入电脑,对已确认的宴会预订单发出宴会通知单,送交各部门,预订员随时与客人保持联络,如客人对内容有变动或取消,应迅速填写"宴会更改通知单"或"预订取消报告",注明原编号以及变更的具体内容。

二、宴会组织管理

(一)宴会前期准备工作

大型宴会及其重要接待任务事先要召开主办单位和相关责任部门的沟通会议,明确活动内容和服务要求,解决保安、消防、批文、准办证、工程等方面的配

合、泊车位、公关和卫生事宜,落实具体安排,确保宴会举办的顺利开展;活动开始前,检查部门人员到位情况,检查布置情况。宴会部准备宴会清单,落实和布置场地和相关设施,安排服务员的具体工作及其服务要求。采购部和厨务部负责采购和制作各式菜品、饮品等。

（二）宴会意见反馈

宴会结束后,宴会的销售人员应该向宴会主办单位或个人征求意见和建议,并以电话或登门拜访的形式向客户表示感谢,善后服务有利于宴会部门了解市场需求,调整产品内容,改善服务方式,以提高服务质量。另一方面,也是饭店巩固老客户,发展新客户,吸引潜在客户的有力促销手段。

宴会结束后还有走访客户和举办联谊等活动,包括诸如返还客人的遗留物品,及时处理客户投诉等等。走访客户,主要是饭店宴会销售人员在每次活动结束后,在节庆日定期地用登门拜访或其他形式走访客户（主要是老客户、VIP 客户、团队客户、潜在客户）。走访前应事先用电话预约,约定具体时间,走访时应着装整洁、礼貌、诚恳、虚心地咨询客户对饭店宴会及其他餐饮活动的菜品和服务方面的意见和建议,走访完毕时可以留下一些小礼物。并且在返回饭店后及时将意见和建议反馈给餐饮部,以便以后扬长避短。

联谊活动,主要为与客户联络感情、加强沟通、餐饮部在一些节假日或不定期举办一些客户联谊活动,形式灵活多样,如便宴、歌舞等文艺演出,联谊活动应拟定待邀请的客户名单,印发请柬,并用电话联系落实出席客人人数,做好组织准备,诚恳地征求客人意见,以便提高宴会服务质量。

（三）建立客史档案

宴会的客史档案是饭店的财富和资源,它可为企业领导的决策提供科学的依据,为饭店开展公关、提高知名度提供详细的资料,为宴会组织者提供丰富的经验,还可为新员工上岗培训提供生动、具体、真实的教材。

它主要包括下述内容:私人或企业团体的宴会预订表;客人预订宴会的电话记录稿、书信复印件、电子传真件;政府指令性预订宴会的机密文件、资料;贵宾客人的有关资料;团体客人的名单和简况;大型宴会或高级宴会的领导小组成员以及会议简报;高级宴会的组织机构和岗位以及全部成员名单;饭店参与高级宴会活动各部门所指定的活动计划;宴会厅的布置和需求的物资用品清单;宴会菜单、账单;宴会现场偶发事件和应急处理的情况记录;参与高级宴会的饭店各部门所撰写的宴会活动总结;受表彰的宴会管理人员和服务人员名单以及先进事迹;宴会演奏的国歌乐谱、受欢迎的乐曲名称;宴会主桌上主人、主宾等宾客位置和名单;客人对宴会赞誉题词和馈赠、感谢等资料;客人对宴会的投诉复印件;主、宾对餐饮食品的反馈;饭店接待贵宾宴会的档案资料;宴会活动拍摄的录像、图片资料;宴会前和宴会中配套活动的主要资料;宴会服务组的工作汇报总结资料。

第三节　美食节的策划与运作

一、美食节概述

美食节,也被称作食品节,是以正常的餐饮经营为基础,以多种美食为表现形式,以系列主题餐饮产品为推销目的的营销活动。美食节和正常餐饮产品的销售方式有所不同,是产品内容上更丰富多彩,经营方式上更灵活多样,活动方式上更变化多端,社会影响范围上更深入广泛,组织过程上更复杂难控的一项食品展销活动,可以说,美食节活动是餐饮企业餐饮产品销售的延伸与发展。

美食节的组织形式是多种多样的,对餐饮产品的展销活动可根据餐饮企业不同的阶段目标,在活动内容、活动场所、菜品品种、就餐氛围和环境布置等方面有所变化,推陈出新,其常见的组织表现形式有:各式自助餐会、烧烤活动、花园酒会、冷餐宴会、池边晚餐会、小吃节等。目前常见的各地的美食节活动,有的是由一个国家或者一个地区举办的美食盛会,如俄罗斯每年7月举行的"土豆美食节"、我国江苏南京举办的"夫子庙金秋美食节"等,有的是由一家或几家饭店餐馆举办的小规模的美食活动,如肯德基举办的"新学期儿童套餐周"、以经营广东菜为主的餐馆举行的"粤菜周"等。

组织者在策划美食节活动时,为了烘托美食节的气氛、突出美食节的主题、丰富美食节的内容,往往会对美食节的就餐方式加以设计改良,穿插一些文化娱乐或游艺活动,来招徕客源、扩大影响、提升人气。

美食节因其较好地迎合了消费者猎奇求新的心理需求,在就餐方式和菜品制作方面推陈出新,既反映市场需求的变化、为餐饮企业集聚人气增加盈利作出贡献,又因其规模庞大、宣传活动集中突出而为企业带来极大的社会效应,有利于餐饮企业提高知名度和扩大市场影响力。美食节活动的构思是超脱于常规的餐饮销售和服务模式之外的,其创意设计不拘一格、层出不穷。如国外推崇的"画廊美食周"活动,组织者在餐厅的四周墙壁上悬挂各种名人字画,在餐厅的中间只摆放餐台,不摆放餐椅,在餐台上陈列各式精美的菜点饮品,让客人手拿盘子,伴随着音乐的流动,边欣赏山水人物、边品尝美味佳肴。

二、美食节组织与策划

(一)掌握市场契机、组织市场调研

针对美食节的市场调研活动是餐饮企业的管理者对本地区餐厅进行美食调查后,在美食节步入市场之前所做的关于这次美食节组织活动的竞争性预测和定向性资料的搜索、分析的过程。餐饮经营管理者通过市场调研设计自己的美食产品在市场中的定向、定位和竞争性,把握恰当的组织时机,适时推出设计新颖、活动方式富有创意的美食活动,从而加深市场及消费者对该餐饮企业的印象,增强自身的竞争实力,使自己的美食产品更为成功地投入市场。

关于美食节的市场调研内容主要有:近期餐饮市场的美食活动状况、市场中新兴餐饮企业的美食活动动向、竞争对手的美食活动策略变化动向以及市场上消费需求的新动向等等。

(二)确定美食节主题、组织预算

1.确定美食节主题

美食节主题的确定十分的重要,一般来说,餐饮企业在通过市场调研之后,根据本企业的特点,遵循以客人需求为重点、体现企业营销目的为核心的经营原则,设计反映该餐饮企业经营特色的美食活动,力求吸引客人、扩大销售和企业知名度。可以说,美食节主题的确定须遵循以下主要原则:即根据餐饮规模,体现经营特色;树立餐厅形象,刺激消费需求;创造竞争优势,保证利润目标;市场供求结合,符合企业实际。

2.美食节的主题设计

(1)以某一类原料为主题

以某一类原料为主举办的美食节,主要旨在体现其食品原料的风味特色及其烹制过程的特殊性,如"野味菜肴美食节"、"海鲜菜肴美食节"以及传统的"全羊席美食节"、"全鸭席美食节"、"全素宴美食节"等;或推出新上市的时令食料,如初春的"野蔬美食节"、夏令"鲜果菜美食节"、秋季的"阳澄湖螃蟹节"等。

居住在伏尔加河流域的人们,在每年的7月份都要举办"俄罗斯土豆节",用奶油烹炸土豆、用土豆烧牛肉、用草莓炒牛肉、用鲜花拌土豆丝等,举家而出,与亲朋好友一起欢庆节日,不亦乐乎。

又如瑞士的"洋葱节",瑞士人对洋葱有着特殊的感情,在每年的11月份都

要举办一次洋葱节,届时,城市中心广场上满目皆是洋葱,当地的人们和慕名前来的旅游者们品尝着各饭店推销出的洋葱展品,参与并深切地体验这一美食活动给他们所带来的视觉和味觉的双重冲击。

再看韩国的"酱菜节"。韩国人对酱菜的制作颇有心得,可谓色、香、味俱全,分外美味,每年有大量酱菜出口到世界各地。在每年的 12 月 5 日,韩国釜山市市民们会专门举办别具一格的酱菜节,以招徕游客和商机,每年到了酱菜节前后,釜山市的商人们就纷纷摆摊设点,摆出数百种各式风味的酱菜吆喝招呼人们前来品尝和选购。

我国也有类似的美食活动,如海南的"椰子美食节",在椰子节期间,许多当地的饭店都推出具有浓郁椰乡风情的各式椰子美食,各饭店的"椰子美食系列"、"椰子宴"纷纷登场,设计出各式由椰子制成的精美菜品如海南椰奶鸡、椰汁香芋鸡、椰液香酥鸭、椰奶咖喱蚵、椰茸焖仔鸡、椰子鸡饭、鲜椰糯米卷等等,煞是有趣。

以食品原料命名的美食节中有很大一批是以各式野味菜品命名的美食节,随着我国人民生活水平的提高,老百姓对吃更讲究挑剔了,往往弃"家禽"而逐"野味"起来。北京、上海、天津、广州等城市各餐馆推出各种"野味宴"、"野味菜"、"野味火锅",用烧、炒、蒸、炖、煨、煲、铁板烧等方法烹制出的各种异禽野味菜品,色、香、味俱全。上海天山路开设的首家名特优畜禽产品市场,宛如一家"迷你型"的世界珍禽动物园,如几内亚珍珠鸡、七彩山璃、绿零野鸭、小如手掌的鹌鹑以及果子狸等等应有尽有。近几年来,国外也兴起昆虫食品开发热,昆虫种类繁多,繁殖容易,且含人体必需的蛋白质、氨基酸和维生素,营养全面而且丰富,目前,以昆虫为食料命名的美食节活动正在世界各地悄然展开,引起了消费者极大的兴趣。

(2)以某一节日为主题

端午节是中国人的传统节日,端午节吃粽子是我国的传统习俗,粽子发展到今天,其品种之多,花式之繁,风味之异,不胜枚举。利用端午节这一传统节日推出的"端午粽子美食节"可以吸引中外宾客前来尝鲜品味,在美食节期间,可以策划推出不同形状、不同馅心、不同大小、不同风味的各式粽子,如按风味分有南味粽,分甜、咸两类;北味粽有纯米或加小枣、红豆,甜口或蘸糖吃;西北粽,有纯米或浇蜂蜜凉吃。又如按用料分,有纯米粽、包馅粽、夹果粽、豆粽、荤料粽等等;再如按形状分,有三角、四角、锥形、菱形、小脚粽、枕头粽、宝塔粽、筒粽、笔粽等等;还有按大小分,一般是南大北小,浙江居中,北方粽多 50 克糯米一只,广东一带则一般 150 克糯米左右,大的可达 500 克糯米一只。广西少数民族地区所包的一种巨型粽,里面可放整只猪腿,可供全家食用。

而西方人推崇的圣诞节也是饮食喧闹的火爆时期,许多饭店利用这一契机举行大型圣诞晚会——"圣诞狂欢夜",届时可推出各式圣诞平安夜自助餐会,邀请专业演员奉献精彩文艺节目,开展圣诞老人幸运大抽奖活动,免费提供软饮料等等。

当然,我国最为重要的节庆活动当属春节了,很多店家会利用这一节庆时节推出新春年夜饭和新春佳节美食节活动,辅以具有中国的浓重传统民族特色风味的新春佳肴,为各地食客所追捧。从除夕至正月十五,每日奉献价格适中、风味良多的系列新春套餐,套餐由客人任意选择,免收服务费,席间设置特大电视屏幕,直播新春各种晚会,幸运抽奖,品种丰富,给不同层次的客人都有选择的余地。

一般来说,节日是各餐饮企业举办各式美食活动的好契机,除了以上提到的各种节日之外,被我们中国人所重视和推崇的传统节日还有正月十五元宵佳节,可推出"元宵宴"、"花灯宴",赏花灯、闹元宵,品美食。另外还有"中秋月圆美食节","情人节套餐美食节"等。

(3)以某一地方菜系为主题

美食节也可以以某一地方菜系为主题,集中推出这类具有典型民族风味特色的菜系中的精品菜点,吸引对这一类菜有特殊爱好的消费者光顾品尝,从而扩大其市场影响和口碑。以某一地方菜系为主题的美食节,在我国常见的有"粤菜美食节"、"川菜美食节"以及"傣家风味美食节"、"瑶寨风味美食节"等。举办这类美食节,可利用烹制这类菜系特别有知名度和市场号召力的大厨师为主厨,再配以具有相应民族特色的餐厅、餐具来表现、渲染和烘托美食节的浓郁风情。

南京钟山宾馆西苑美食厅曾经推出为期一个月之久的"江苏菜美食节",特聘高级烹饪技师薛文龙先生担任美食节技术总顾问,并精心挑选若干款具有浓郁江苏风味的名菜名点包括闻名中外的名菜"沙河鱼头"、蟹粉狮子头、拆烩鲢鱼头、扒烧整猪头及三丁包子、翡翠烧麦、千层油糕等淮扬名菜点,在美食节期间,来自江苏各地的烹饪好手们纷纷携带各式精心准备的食品原料,展示其非凡的厨师技艺,烹制各式精致食品,让食客们流连忘返,大饱口福。

这一类美食节中比较知名的还有傣族的风味美食节。傣族居住在云南西双版纳、德宏以及联码、孟连两县,住着传统的傣家竹楼,他们以大米为主食,口味偏酸辣,肉类以猪肉为主,牛肉次之,喜欢吃油煎、炸之菜肴,很少吃炒食。鸡鸭为家常菜肴,也有若干鱼虾等水产,蔬菜则有白菜、竹笋和豆类等。这一类美食节,则往往借助于少数民族别具一格的民居住宅,配以拥有浓郁民族风情的少数民族服饰和环境氛围,让客人们借助美食之名,体验少数民族老百姓生活的民风民情。

4. 以某种技法和食品为主题

例如"系列串烹菜美食节",利用各种荤、素原料,切成棋子大小,都可用竹签串好,放入油锅炸制,然后喷洒上特别烹制的调料,分外美味,食客们可随各人意愿,随意投入各式荤素食料,穿联成串或入火锅烹炸而成,或入水锅汆煮而成,饮食过程动静相宜,饶有情趣,让人余味袅袅,欲罢不能。

还有享有盛誉的西安"饺子宴美食节",如"八珍羹"、"全素宴"等宴席,数百种风味各异的饺子,各具形态,如金鱼、白兔、飞燕、猴子、熊猫、孔雀等等,入口有百味,或咸或甜,麻辣香酸,不一而定,馅料则选自各地精美食料如鱼翅、海参、干贝等,以蒸、煎、炸、煮四种不同手法烹制而成。上饺的次序也是按照人们的口味习惯,炸、煎、蒸、煮依次而上,一般是先甜后咸,再麻辣或怪味。为了使食客不至于腻口,上几道饺子后,往往上一碗银耳汤,让客人清清口后再继续品尝。

5. 以其他方式为主题

当然,美食节的命名和主题确定并不拘泥,只要能吸引眼球,招徕客源即可,常见的美食节活动还有以知名人士、历史典故、著名小说或影视作品、具有特殊功用的食料如药膳、风景名胜等命名的,本书在此就不一一赘述。

(三)制定美食节活动方案

在对美食市场进行调研分析并确定美食节主题之后,餐饮管理部门需要根据美食节的主题来精心设计美食节的活动方案和市场策略,以期达到美食活动的预期效果。美食节活动方案的制定旨在将美食节活动的主题以及具体的策划以书面的形式落实下来,把美食活动中的具体工作分配给下属员工,并规定其完成任务的时间、内容和质量要求,然后餐饮管理者再根据美食活动的策划方案以及工作进程加以监督和鞭策,以确保整个美食节活动的顺利进行。

一般来说,一个成功的美食节活动方案须涵盖以下内容:确定美食节的主题及其活动时间和场所;确定美食节活动的组织方式、活动内容和相关菜单;确定美食节活动的主要目标客源及其价格定位;确定美食节活动的营销方式和广告媒体;确定美食节活动的工作人员及其工作内容和任务;采购相关食料用具、布置会场环境;开展各项美食节活动;总结美食节活动的成败得失。图9-3是美食节策划的具体流程图。

```
                    美食节计划
                         │
  ┌──────────┬──────────┼──────────┬──────────┐
美食节推        美食节主题      菜单的价格      餐厅的装饰      娱乐活动
出的时间           │             │             │             │
  │            添置设备        菜单及配方       员工制服       抽奖奉送
美食节的餐段         │             │             │
  │            营业用具        菜单的服务       餐台台图
  │                            │
  │                          饮料推销
  │                            │
  │                          食品来源
  │                            │
  └──────────┴──────────────┬──┴──────────────┘
                          赞助商
                            │
                          平衡预算
                            │
                          广告宣传
                            │
                          档案开启
                            │
                          跟进行动
                            │
                          总结评估
```

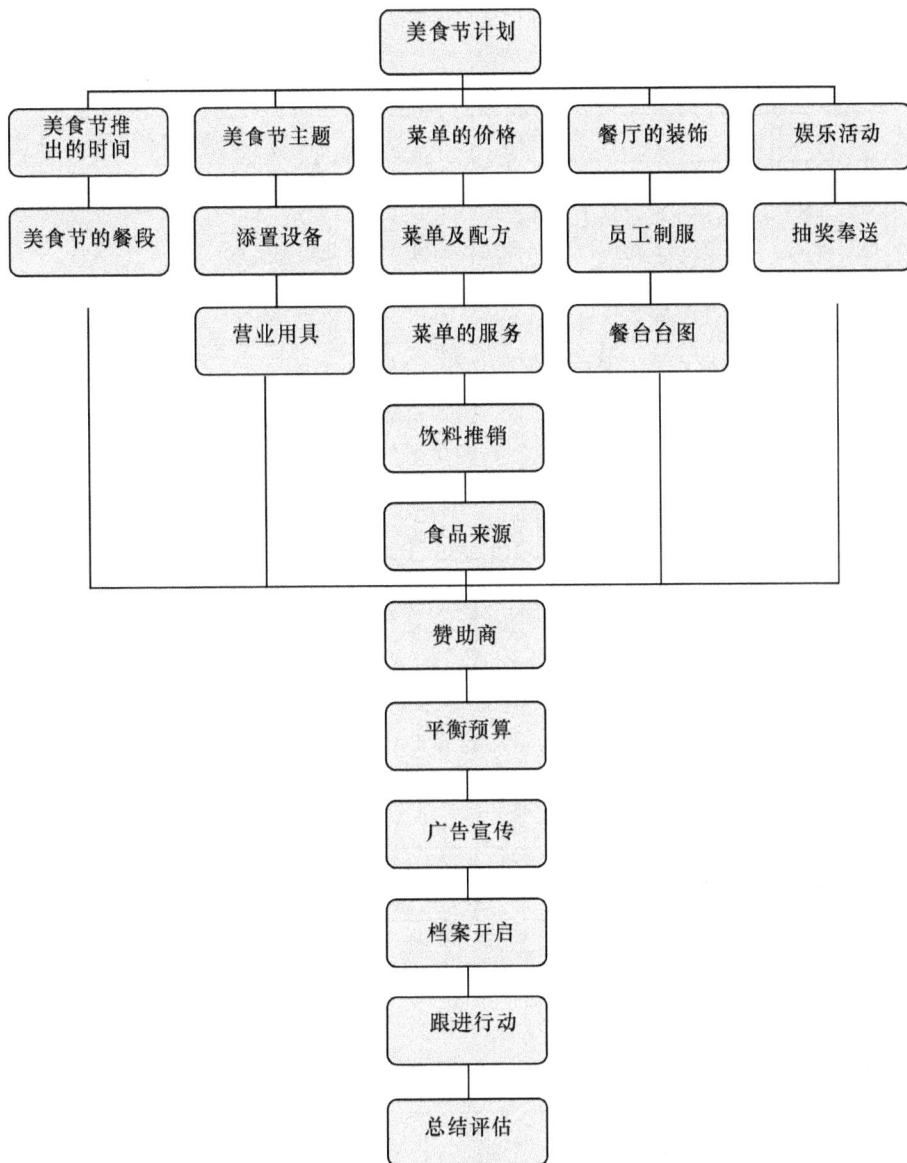

图 9-3　美食节策划的具体流程图

表 9-1　某美食节推销活动计划表

活动名称:烧烤美食节　　　　　　　　　　　　　编号:×××-×-×
时　　间:2007.12　　地点:花园餐厅

项　目	内容及要求	责任人	完成时间	备注
报刊广告 告示牌 客房推销	1. 11 月 20 日—30 日期间连续若干天在当地主要报纸上刊登广告 2.12 月初安排一次电视台现场拍摄 3.制作一大厅广告牌 4.制作客房推销卡	营销部经理	11 月 30 日前落实完成	
环境装饰	1.联系艺术学院设计装饰方案,提供效果图 2.预算费用 3.呈报总经理室审批	餐饮部经理	11 月 20 日完成	
原料物品购置	根据菜单采购原料和物品	采购部经理	11 月 30 日前完成	
培训厨师	熟悉掌握美食节菜肴制作标准和规范	花园餐厅厨师长	11 月 20 日前完成	
培训服务员	1.了解美食节菜肴特点 2.掌握有关服务规范和标准	花园餐厅经理	11 月 20 日前完成	
菜单筹划	1.厨房设计菜单内容、标准食谱及出品规范 2.标准菜单送印刷厂印刷	花园餐厅厨师长 餐饮部秘书	11 月 25 日前完成	
场地布置	1.艺术学院派员进行场地布置 2.工程部指导协助	工程部经理	11 月 30 日前完成	
实施菜肴制作	根据菜单标准要求实施	花园餐厅厨师长	现场	
实施前台服务	根据服务规范要求实施	花园餐厅经理	现场	
备注				

(四)开展美食节活动前期准备工作

在美食节活动方案确定后,往往由餐饮企业常务副总挂帅,组织餐饮部经理、总厨师长、公关部经理、销售部经理、采购部经理、各相关餐厅经理等一起成立一个美食节的领导小组,协调和落实美食节各项事务,由各部门分工合作,编排全面具体的工作进程表,落实美食节活动起止日期、每天生产内容和营业时间、场地、用具、人员、原料的组织和相关费用等,厨房生产由总厨师长召集各厨师长、领班，共同研究美食节菜单的设计和制作计划等等。

　　在确定了美食节菜单和工作人员以及工作进程表后，美食节活动的组织管理者就要着手筹备美食节活动所需要的各种食品原材料、调味品、烹制盛装器皿和装饰物品以及广告宣传资料，以便对餐厅的装饰布置和各式菜点造型加以修饰烘托，为美食节活动造势。例如北京丽都假日饭店曾经举办过一次名叫"情靡好莱坞"的浪漫的奥斯卡美食节活动，在其装饰成美国好莱坞影城般的沁园咖啡厅里，客人们不仅可以从数百种美国、墨西哥美味中随意挑选自己喜爱的菜品点心，还可以品尝到加利福尼亚香醇葡萄酒。就餐同时，既可以欣赏各部好莱坞怀旧经典电影歌曲，还可以观看历届奥斯卡颁奖晚会的录像集锦和本届奥斯卡颁奖晚会实况录像，让热爱电影的食客朋友们既可以回顾好莱坞电影的发展史，又可以追赶世界电影最新潮流。北京丽都饭店的这次美食节活动的策划和环境气氛的设计如下表所示。

表 9-2　北京丽都饭店"情靡好莱坞"美食节活动设计策划表

项目	内容	备注
举办时间	1999 年 3 月 11 日至 3 月 23 日	
举办地点	北京丽都假日饭店沁园咖啡厅	
就餐方式及主要食品	美国、墨西哥风味的特色美食自助餐	
饮品	美国加州葡萄酒	
灯光要求	采用声、光影相结合，静态与动态相结合的艺术表现方式，营造出好莱坞影城似的迷幻风采。	
环境布置	利用奥斯卡经典影片与影星海报、奥斯卡金像奖雕塑、老式放映机、电影胶片和电影胶片盒、电影道具、服饰、电影杂志烘托，在就餐环境中营造出某些奥斯卡影片中的经典场景。	
乐队表演	现场乐队演奏奥斯卡怀旧电影歌曲，大屏幕投影电视循环展播奥斯卡获奖影片集锦和历届颁奖晚会实况。	
外围环境布置	在美食节会场周边布置彩灯灯箱、美食节标志横幅、外墙壁画等。在美食节活动入口处布置相关模拟景观、展台、帷幔、气球、彩带和各式摆件等。	
工作人员服饰要求	服装符合奥斯卡电影节的艺术要求。	

（五）开展美食节活动

美食节的营业控制是举办美食节活动的餐饮企业经营管理的重要组成部分，针对美食节活动进行营业控制是美食节增加利润的重要保障。餐饮企业的管理者们可以通过降低食品原材料的采购成本、合理利用已购餐厨设备、降低食品原料加工过程中的损耗成本和节约人工成本、严格控制菜品销售和服务质量等有效途径来进行针对美食节活动的营业控制。

1. 采购控制

食品原材料的采购是美食节经营活动及成本控制的起点，只有在食品原材料的采购质量和价格方面加以控制，才能使整个美食节活动顺利进行。一般来说，采购控制包括以下内容和环节：根据美食节所制定的菜单，编制采购计划，严格执行"以销定进、以需定购"的采购原则；保证食品质量，调节控制数量。食品原材料分为鲜活原料和可贮存原料两种。两种原料都必须时刻根据现有食品原材料的库存量和美食节活动期间每天所消耗的用量，计算出下一次的采购量，采用多次少量订货的办法来进行采购；根据行情，制定货源报价单。总而言之，美食节采购过程中的最佳方式是签好业务合同，掌握进货渠道，在保证食品原材料质量的基础上，力求降低食品原材料价格和成本。

2. 验收和储存控制

美食节各项活动所用食品原材料的验收需要做好单据审核、验收数量和分量的审核，以及检查包装物品，其控制内容和环节包括：根据食品原材料的消耗和储备情况，提出采购意见和物资周转方案；对库存的物品防止微生物和病虫的侵害，以降低食品原材料的成本和损耗；控制出库食品原材料的质量和数量。总而言之，对美食节活动所需的食品原材料的验收和储存要把握以下原则：即一般性货物少验，贵重易碎的货物多验；本地产的货物少验，外地产的货物多验；易受潮变质的货物多验。这样方能保证入库货物的质量和数量，从而保证美食节活动的顺利进行。

3. 生产控制

美食节活动期间生产控制包括：根据美食节活动菜单和就餐人数，分析并预测就餐客人对各类食品原材料的喜好程度来制定美食节活动所需要的短期生产计划，确定并配备美食节活动所需要的各种工作人员和相关食品原材料的需要量，然后对美食节活动期间的生产过程加以组织和控制，即根据食品原材料的加工方法和净料率，建立相关生产烹制标准，减少生产过程中食品原材料的损耗，并在保证菜品质量和花色品种的基础上，控制生产制作成本。

4.销售控制

美食节活动的销售控制包括以下内容和环节:做好美食节活动的销售预测和促销宣传工作,招徕客源;根据美食节活动的销售方式、接待对象及每位员工的实际工作能力配备和组织美食节活动的销售人员,确定所需销售员工和管理人员的数量;制定合理的美食节活动的销售服务程序和销售方案以及销售预算,组织和落实相关销售业务;总结和分析美食节销售活动的成败得失。

(六)总结分析

针对美食节活动的总结分析包括:对美食节活动的开展成败与否,可以通过抽样调查的方式和客人投诉情况广泛收集食客、代理商、供应商和工作人员的意见;建立和完善客史资料和档案,为餐饮企业今后相关活动提供经验和决策依据,也为企业销售人员开展公关活动提供详细资料和信息。一般来说,美食节客史档案应包括以下内容:美食节客户姓名、宴会日期、人数、桌数、费用、菜单等记录;美食节菜单活动资料,尤其是美食节期间贵宾、宴会部接待的档案资料,如私人或企业团体的宴会预订表、宾客宴会的电话记录稿、书信复印件、传真等、政府指令性宴会预订的机密文件资料、团体宾客(VIP 的随行人员)人员名单和简况、大型宴会或高级宴会的领导小组成员和会议简报、高级宴会的组织机构和岗位以及全员名单;饭店参与高级宴会活动的各部门所制定的活动计划;宴会厅的布置计划和需求的物资用品清单;整套的宴会菜单(包括记者招待会、签字仪式、鸡尾酒会所需的茶水、饮料、小食品,还有随行、陪同、司机桌的菜单)、酒单和账单;美食节活动期间突发事件和应急处理的情况记录;美食节活动中,各部门所撰写的宴会活动总结;美食节期间受表彰的管理人员和服务人员名单及事迹;美食节期间日常演奏的乐谱及乐曲的名称;美食节宴会主桌上主人、主宾等宾客席次安排及台型布置;美食节活动所拍摄的录像、照片资料;宾客对美食节菜肴的赞誉题词和馈赠、感谢的资料;宾客对美食节活动的意见反馈;美食节活动中的各种配套活动的主要资料;美食节活动中工作人员的班次安排及各服务班组的工作汇报总结资料;美食节活动的绿化和鲜花装饰布置。

当然,在建立和完善了美食节客史档案之后,还需要通过对美食节的跟进调查,总结评估美食节活动计划与目标的一致性,美食节活动实施过程的绩效进行分析,从而肯定成绩,找出不足之处,并且为今后其他类似的美食节活动提供参照和经验教训。

思考题:

1.什么是宴会? 宴会管理有哪些基本特点?

2.宴会的前期准备有哪些要求?

3.宴会的类别及其经营的特点？

4.宴会的预订需要做哪些工作？预订人员应怎样受理预订,怎样能保证预订的准确性？

5.宴会厅的设计要注意哪些方面,其中台面设计有哪些种类？

第十章　餐饮服务管理

餐饮服务是饭店产品生产和销售的重要环节,也是饭店及其他餐饮企业经营活动的主要内容之一。美国现代饭店业先驱斯达特勒(MR. Statler)认为:"饭店从根本上说,只销售一样东西,那就是服务。提供低劣服务的饭店是失败的饭店,而提供优质服务的饭店则是成功的饭店。饭店的目标应是向宾客提供最佳服务,而饭店的根本经营宗旨就是为了使宾客得到舒适和便利。"随着旅游业和休闲业的发展,餐饮消费者的消费需求日益多样化,消费水平不断提高,人们在旅游饭店的餐饮消费和在社会餐饮企业的日常餐饮消费的人次数及消费量也大为增加。餐饮宾客对餐饮服务的要求越来越高,因此,完善饭店餐饮服务管理体系,提高餐饮服务质量,对于饭店及其他餐饮企业的生存和发展十分重要。

由于餐饮服务管理过程涉及餐厅的环境布置、管理人员和服务人员的配备、服务程序的安排等多个环节,同时,不同来源的餐饮宾客的餐饮习惯和方式差异较大,如中式餐饮、西式餐饮等,因此,餐饮服务管理内容具有很强的餐饮企业个案差异。本章着重阐述餐饮软环境和氛围的设计、餐饮服务人员的素质要求、服务流程和主要餐饮类型的组织及管理方法。

第一节　餐饮服务概述

饭店和其他餐饮企业生产和制作的菜肴、酒水、点心及构建的就餐硬环境,必须配备舒适而标准的餐饮服务,才能有效地满足餐饮消费者的多方面餐食需求。从消费者角度考虑,现代餐饮活动中,人们到餐厅就餐,不仅仅是满足饱食的生理需要,一些消费者更多的是要在这里获得餐食的情境体验和从事某种其他活动,如会友、事务洽谈等。有时,酒菜等餐饮有形产品本身反而成为餐饮消费的环境内容。

一、餐饮服务的概念、特点

(一)餐饮服务的内涵

不同时期,人们餐饮活动的内容和形式也不同,相应的餐饮服务的内容和形式也处在不断变化中。现代人的餐饮活动日益频繁,其活动的内涵也出进食果腹等生理需求发展为果腹、会友、聚会、情境体验、事务洽谈等多种类、多层次的综合性需求。因此,广义的餐饮服务包括在顾客各种餐食需求和情境下的就餐服务过程,它涉及就餐顾客从进店到离店的各个环节;狭义的餐饮服务特指在良好的餐饮环境下,饭店及其餐厅服务人员对就餐顾客施行的服务流程、行为和礼仪的总和。其中规范而个性化的工作流程是餐饮服务的核心,熟练适宜的行为和礼貌地对客交流是优质服务的体现。

饭店餐饮经营是将饮食原料制作成饮食产品,并以服务形式提供给各类顾客,满足其餐饮需求并从中获得利润。在这一经营过程中,厨房食用品的制作和餐厅就餐服务是同等重要的环节。从实践意义上讲,餐厅就餐服务是一个更为复杂的过程,它包括餐位安排、餐桌台面的布置、上菜、酒水饮料辅料的配置等硬件服务,也包括迎客、引座、上茶、点菜、派菜、斟酒、埋单和送客等礼仪流程服务。

1.餐饮服务是餐饮企业经营的重要过程

现代饭店餐饮企业所生产的产品包括菜品制作、就餐环境设置和就餐服务。一方面,餐饮服务是饭店餐饮部无数细微工作的综合表现,几乎贯串在饭店餐饮经营活动的各个方面,成为餐饮经营活动的主要内容。只有精美的菜点,没有高质量的服务不行,相反,只有良好的服务行为而没有精美的菜点也不行;另一方面,良好的服务有助于促进顾客的消费,增加饭店餐饮的营业额和经营收入。

2.良好的服务是餐饮企业树立形象的基础,是企业间竞争的主要手段

现代饭店餐饮业之间的竞争已不仅仅是菜品的竞争,更主要的是餐饮环境及服务质量的竞争。一些餐饮经营者已认识到服务质量关乎企业经营的成败,因而制定了完整的餐饮服务质量计划,规范服务标准,打造服务特色,为顾客提供多样化、个性化服务项目。这些经营理念和行为,进一步完善了餐饮企业的形象,提高了竞争力。餐饮企业是服务企业,在现代企业多层次、全方位的激烈竞争中,唯有弱化数量竞争、价格竞争,加强服务竞争、品牌竞争,才能赢得最大的市场份额。

（二）就餐顾客的消费需求

现代经济的高速发展,促进了人们生活的社会化程度日益提高,餐饮活动在较大程度上已从家庭转向社会。人们外出就餐也呈现多层次的需求,并且同一层次的需求也表现出多样性特点。在餐饮企业的经营中,餐饮消费者的需求状况决定着餐饮经营观念和服务方式,诸如原料采购、菜单制作、设施设备的配置、服务标准及规程等。因此,提高餐饮服务水平必须分析和掌握餐饮顾客的需求特点。

人们普遍认为,人的需求变化规律是从低层次向高层次发展。但这并不意味着低层次需求的淘汰。在餐饮需求上,无论是低层次的饱食需求,还是较高层次的饮食享受需求,都在不断地扩展其外延,表现出多样化和个性化发展趋势。虽然,餐饮消费者的个体需求是十分复杂的,难以简单地表述,但其社会需求具有类型性,主要包括三大类,即生理性需求、饮食安全性需求和心理性需求。

饭店餐饮产品是由餐饮实物和劳务服务即烹饪技艺、服务态度,以及环境、气氛等诸因素组成的有机整体,它不仅能满足消费者的物质和生理需求,还能满足顾客许多心理上、受社会尊重的需求。因此,要想留住顾客,培育顾客的忠诚度,必须深入了解顾客的各种需求,特别是在餐饮方面不同层次的需求,并且也只有在彻底地理解顾客不同层次的需求之后,饭店才能针对不同层次的需求,有针对性地提供或者改进现有的服务,增强顾客的满意度,建立忠诚的顾客关系,为企业的长远发展打下坚实的基础

1. 餐饮消费的生理性需求

（1）身体能量方面的需求。通常,人们就餐的初始动机是解决饥饿,增强体能以维持生命。因此,饱食与营养是就餐顾客第一生理性需求。

当前,人们的生活水平不断提高,但生活和工作的节奏也加快了。人们越来越关注体质和体能。因此,对于就餐顾客来说,来餐厅就餐不只是解决饥饿,而是希望餐厅能提供营养搭配合理的菜品及其他食物。

（2）感官刺激方面的需求

人们在饮食的时候,通过眼、口、鼻、皮肤等身体的显现部位去感受食物饮料的状况。食物及饮料对这些部位的细胞刺激,就会给就餐顾客留下感觉印象。餐饮顾客对食物饮料总有期望的感觉需求,并且不同的顾客对食物的感觉需求存在细微差异。这些细微差异既来自于食物原料本身,也来源于感觉者即顾客。现代餐饮顾客对饮料食物越来越注重这些细微差异,事实上这些差异在食物及饮料中通过厨师的调制就成为我们所说的餐饮风味。影响风味的相关因素主要有:食物制成品形态,或者说造型与色彩;口味即食物酸甜苦辣涩的调制结果;食

物的气味,如香味、酸味、焦味、辛味等;触觉,如浓稠、稀薄、粘韧、硬糙、松脆等;食物的温度,如生冷、温热、沸汤等。

饭店餐饮服务应当尽量满足顾客的饮食风味要求。在厨房食物饮品的制作过程中,力求选择风味独特、口味多样的食物原料,炊具精良,制作工序细致而科学,使主副食品和菜品色、香、味、形俱全。餐厅应该配备种类和档次丰富的酒水饮料、调味品以适应就餐顾客的不同需求,同时,餐厅服务人员要关注就餐顾客的来源地、饮食习惯和临时要求,以便合理地、针对性地服务于顾客。

2.顾客饮食卫生和安全需求

通常,餐饮消费者在进入餐厅和就餐过程中会比较注意餐厅环境卫生和食品卫生。有时餐饮企业的环境卫生状况和食品卫生与安全会严重影响餐饮企业的声誉。诸如食物中毒;就餐环境的脏乱差;苍蝇、蟑螂、老鼠的出现;餐饮设施的不整洁、不卫生现象及放置不稳妥等都会给就餐顾客带来卫生和安全威胁,尤其是服务人员的整洁卫生是餐厅卫生形象的重要标志。

饭店餐厅清洁卫生不仅使顾客称心、放心,而且会心情舒畅,所以要十分重视餐厅的卫生工作。为确保餐饮服务的卫生和安全,管理者应加强卫生和安全检查。

首先,是保证食品卫生,确保食品原料本身及其在采购加工等环节中不遭受有毒、有害物质的污染,并确保食品原料存放、制作符合食品卫生要求。

其次,员工服装整洁,服务人员不仅要穿着整洁,谈吐大方,而且养成良好的个人卫生习惯。服务人员在工作过程中也应注意工作卫生,如当班时避免触摸头脸,不能对着食品、顾客咳嗽;手指不可接触食物;不可使用掉落地上的餐具和席巾等。

再次,餐厅要搞好环境卫生,划片包干到人,如地面清洁,门窗擦洗,桌椅整洁等。做到"四定",即:定人、定时、定物和定标。保证餐厅环境卫生工作的日常化和制度化。

第四,要及时对饭店餐厅内的设施设备进行维修和保养,保证各个设施设备运行良好,从而保证使顾客得到方便、舒适的享受。

最后,防火和防盗都是保障顾客生命财产安全的大事,一定要有严格的流程管理,要签署责任状,制定预防措施,经常督促检查。

3.餐饮顾客的心理需求

餐饮顾客的精神需求是现代餐饮活动中的较高层次需求,主要表现在顾客对于餐饮企业品牌、餐厅环境、气氛、服务态度和特色等方面的要求。

(1)宾至如归的感受

餐饮客人总希望进入餐厅受到欢迎,熟悉而不陌生,亲切而不被冷落。客人从进入餐厅到用餐结束离店的整个过程都应得到服务人员热情而细致的关心：如鲜花与笑容相迎，及时问候引座，服务人员温馨而礼貌的语言和举止都会给客人留下美好的印象。同时，客人需要一视同仁地接待，反感被冷漠、怠慢。训练有素的餐厅服务人员往往能记住回头客的名字、生日、称号甚至客人的喜好，这会让客人倍感荣幸。

（2）顾客至上的精神需求

"顾客至上"是服务企业的服务宗旨，反映在餐厅服务企业的日常经营中就是要求餐饮服务人员处处为客人着想，礼貌待客，尊重餐饮客人的各项权利。顾客对于"顾客至上"的心理需求表现在餐饮活动的多个层面：询问和祈求得到热情的对待；顾客间的交谈不被偷听和随意打断；服务人员没有催促和赶走用餐顾客的言行；任何顾客不被歧视；服务人员对顾客礼让三分，不许争吵；妇孺病残优先；尊重宗教信仰等。

（3）物有所值的心理需求

无论在酒店豪华包厢就餐，还是在大厅就餐，客人总希望优惠或者说超值的食品和服务。起码是物有所值。高价高质、低价高质和货真价实都是顾客正常的心理需求。因此，餐厅及其服务人员应把握顾客的心里，善意地介绍、推荐饭店的优良菜品饮料，不以次充好，不偷梁换柱，不漫天要价，不短斤缺两，尽量做到超值服务和质价相符，以免引起顾客的不满。

（4）追求气派而高雅的需求

大多数餐饮顾客在酒店用餐会追求一种气派、一种高雅的用餐氛围，甚或是摆阔，以此表明自己的身份、地位、富裕等。尤其是宴请客人的东道主，显示气派与高雅是其宴会的利益所在。而这种需求常常表现为对高档餐具、家具的摆饰、高级菜品饮料，甚至是服务人员在饭店里的职位及服务礼仪。寻找领袖或名人下榻过的酒店用餐也是这一需求的表现。

除了上述心理需求以外，顾客就餐还表现为追求方便的需求。饭店餐厅的服务设施必须从顾客的需求出发，强调方便实用，灯光设计、菜单及其他印刷品的设计都应该多样化，个性化，以满足不同层次，不同需求的顾客。饭店服务人员也应有多方面的知识和技能，随时为顾客提供餐厅以外的帮助。另外，就餐享受、认知、审美等也是顾客餐饮活动的心理需求。总之饮食活动发展到今天，虽然仍然是以满足人们体能、感官刺激等生理需求为主的，但就餐过程本身也是社会活动，其得到满足的需求内容也是多方面的，并且也体现出人的需求层次由低到高的递进和提升。在餐饮消费过程中顾客对于安全感、环境舒适感、信赖感、便利感、身份地位感、自我满足感等需要的逐步实现。这类需求通常是满足精神方面的需要，而在一般餐饮场所服务中经常被忽视。

（三）餐饮服务的特点

餐饮服务是依托在饭店特定的餐厅环境、餐饮设施、菜肴酒水等物质基础上的服务人员的物化劳动，目的是让就餐顾客有一个良好的就餐环境和满意的餐饮消费过程。因此，与其他服务相比，有其自身的特点。

1. 餐饮服务内容的综合性

餐饮服务是基于照顾与款待基础上的对客服务，是对就餐顾客进行多种环节的服务：顾客预订和咨询服务、进店服务、点菜服务、传菜服务、餐桌服务、结账服务和离店服务等等。并且，每一个环节又有多种服务，如餐桌服务包括摆台、引座、理盘、介绍、斟酒、派菜等，同时针对不同的顾客还要进行个性化服务。

2. 餐饮服务对象的广泛性

餐饮企业的客源来自于不同的国家和地区，其社会层次、职业、年龄、文化背景、消费水平差异较大，这就要求餐饮服务的程序、方法和菜品多种多样，以满足最广泛的餐饮顾客（群）。如餐厅的菜单要适应不同的顾客群体，制定出多种菜单：零点菜单、团队菜单、宴会菜单、套餐菜单、酒水单、每日特价菜单、儿童菜单等。

3. 餐饮服务质量内涵的多重性

饭店餐饮服务质量不仅仅取决于菜肴的质量的好坏，就餐环境、服务程序与态度等都是服务质量的重要构成部分，而且不可分割。在现代餐饮服务中，服务人员的态度更显重要。微笑服务态度的组成部分，是一种积极的服务态度。恰当的微笑会对顾客起到情绪上的诱导作用，因此受到餐饮业的重视。

4. 餐饮服务标准的相对性

尽管大多数国家和地区对餐饮服务制定了服务规范和标准，但在实际餐饮服务的操作中，由于顾客的背景不同、同一顾客在不同时间的就餐需求不同，再者餐饮类型如中式餐饮、西式餐饮等差异较大，因此，餐饮服务没有恒定标准。餐饮企业要关注服务标准的适宜性，多采取对客个性化服务。

5. 餐饮服务是即时、即地服务

一方面，餐饮服务是在特定的时间和空间内进行；另一方面，要按照顾客的需求进行即时的、主动地服务。

二、餐饮服务的基本原则

饭店餐饮服务的内容十分丰富，服务环节多，服务对象广泛。同时，不断变化的顾客消费需求对餐厅服务工作提出了更高的要求。服务质量的优劣直接影响到饭店的声誉乃至经济效益。因此,饭店餐饮服务工作必须建立在顾客至上的基础上,有章可循,有例可援,遵循一些基本原则。

（一）饭店餐饮服务奉行物有所值原则

饭店餐饮产品的出售价格是由实物成本、制作菜品劳务费用、餐厅服务费用及餐饮企业经营利润等构成。只有当顾客认为餐厅所提供的食物、环境、服务水平满意,与埋单时的价格相符时,才有公平感。有些顾客还需要有超值感。

（二）主随客便,热情周到的服务原则

饭店餐饮服务人员应当有娴熟的服务技能和敏锐的洞察力,关注消费者的需求变化,主动寻找服务项目,为客人着想,随时调整服务内容和方法;注意培养良好的服务礼仪,礼貌待客,态度宜人。

（三）服务规范化和个性化相结合原则

现代饭店餐饮服务的大多数环节都已形成服务操作规程和标准,但由于餐饮部门提供的就餐形式有差异,又由于就餐顾客的消费习惯、文化背景不同,在就餐过程中会提出许多个性化的要求,如品葡萄酒时,有人要加冰块,有人不需要加冰块;餐桌上的骨盘有的客人要求常换,有的则不需常换。因此,餐饮服务人员应该具有耐心,要有多种技能和真诚的服务意识,满足客人合理的个性化要求。

第二节　中餐服务

饭店中餐厅是提供中式菜点、饮料和用餐服务的餐厅。中餐厅的产品销售方式主要有零点餐饮、团队包餐、送餐和中式宴会等。因此,中餐服务主要有散餐服务(零点餐饮服务)、团队餐服务、送餐服务和中式宴会服务等。现代餐饮消费需求要求餐饮企业在经营中严格执行各种服务的规程,做到服务标准化,布置规范化,操作程序化。服务态度礼貌、热情、周到,体现人性化、个性化服务原则。

一、散餐服务

(一)散餐服务的概念

散餐服务也称零点服务,是指餐厅为零散客人提供的一种临时点菜、按数结账,自行付款的用餐服务。饭店零点餐厅通常设置散台,接受预约订餐、顾客点菜和结账服务。由于零点餐厅的主要任务是接待零星顾客就餐,因此这是一项具体而复杂的工作。零散服务有完整的服务规程,包括先后依次安排服务工作步骤、一定的服务程序和一系列的服务指标,而就餐顾客多而杂,人数不固定,用餐需求多样,标准不一、菜式多元、就餐时间交错。因此餐厅接待工作的波动性大,工作量大,营业时间长。要求服务员有较全面的服务知识和服务技能,动作迅速而不紊乱,更具有灵活性。

零点餐厅的散餐服务主要包括餐饮预订服务、餐前准备、接待服务、点菜服务、席间服务、结账服务和送客服务等服务环节,这些环节基本上有各自的服务规程。这里重点讲解预订服务、餐前准备和散客接待服务规程。

(二)预订服务

1.接待电话预订的程序和要求

(1)接听电话。电话铃响三声内接听电话,迟接应向客人道歉,并热情礼貌地问候。

(2)记录内容。仔细询问并记录下客人的单位、姓名、联系电话以及预订的人数、日期与就餐要求。

(3)确认需要。向客人复述记录的预订内容,获得客人的确定。

(4)语言语态。在预订中能较好地使用不少于三种的语言为客人服务,语音亲切柔和,态度热情大方,音量适中,表达流畅。

(5)礼貌告别。客人订餐结束时应礼貌告别,等客人挂电话后方可挂断电话。

(6)工作落实。认真做好交接工作,防止造成差错。

2.接待直接预订的程序和要求

饭店餐厅的就餐顾客,尤其是团队和包厢用餐通常是上门预订中、晚餐事。一方面为了察看饭店及其餐厅的就餐环境;另一方面来店初步选购菜肴和酒水。因此,餐厅服务人员的精神风貌和服务水平对留客和促进消费来说,是十分重要的。接待预订的程序和要求参照如下:

（1）客人上门预订，应礼貌热情地接待，请客人入座。

（2）预订开始。为客人提供茶水、毛巾等服务。

（3）仔细询问并记录下客人的单位、姓名、联系电话以及就餐人数、日期与要求。

（4）主动向客人展示菜单并推销菜品，带客人参观浏览餐厅。

（5）向客人复述记录的预订内容，获得客人的确定。

（6）客人订餐结束时应礼貌感谢与道别。

（7）认真做好交接工作，防止造成差错。

（三）餐前准备

餐前准备主要包括餐厅环境整理和餐具与服务设施的准备。

1.餐厅清理工作

饭店餐厅在无客和停业期间应保持清洁、整齐、美观的环境。这是优质餐饮服务的基本条件，是增强顾客就餐兴趣的主要工作。不同餐厅的餐前就餐环境整理工作的内容和要求有较大差异。但，一般从以下几条入手：

（1）地板（毯）、空调清洁。定期做好空调风机滤网、地毯的定期清洗以及地板、地面的定期打蜡等卫生工作。

（2）除尘保洁工作。在遵循从上到下、从里到外、环形清扫的原则下，利用餐厅的营业间隙或营业结束后进行日常的除尘工作；除尘后应该使用吸尘器（地毯）或尘推（地板或花岗岩地面）除尘，结束后喷洒香水或空气清新剂，保证餐厅空气的清新；餐厅不同的地方使用不同的抹布进行除尘，先湿擦后干擦，在开餐前一个小时左右完成整个餐厅的清洁工作；整理盆花等餐厅摆放的花卉植物，按植物特性进行理枝保洁，撤换枯萎植物。

（3）卫生间的清洁工作。注意餐厅附近的公共卫生间的清洁工作。保持卫生间地面洁净，便器无污染和堵塞，洗手台面干净、镜子光亮，卫生用品供应充足。

2.餐具准备（摆台）

（1）准备餐酒用品。主要包括各种瓷器、玻璃器皿及部件等。这些器皿通常指骨碟、翅碗、汤匙、味碟、筷子、筷子架、茶杯、杯碟、餐巾、玻璃水杯、牙签、烟灰缸及装饰桌花。

（2）准备服务用品。主要是各种托盘、开瓶器具、菜单、酒水单、茶叶、开水、牙签、点菜记录单、笔等。

（3）准备酒水。吧台酒水员应该在开餐前准备好酒水，做好瓶罐的清洁卫生，按规定陈列摆放或放入冷藏柜待用。

(4)摆台准备。

要求摆台的餐酒用品品种齐,数量足;台布完好,平整、干净统一;餐具完好、卫生;坚持使用托盘摆台,双手消毒;摆台时器皿拿取应规范:盘碗拿边,汤匙拿柄,水杯拿底部,高脚杯拿杯柄;摆放餐具时,要注意台面造型美观;摆放适量公筷。

(5)其他准备。比如计算机、账单、菜单价格等收款准备,以及根据客流量和季节的变化在衣帽间准备衣架和挂钩等。

3.出品工作准备

了解和熟悉当日菜单及当天供应品种及其他原材料的情况,并将特价、新增时令菜记录下来。特别是知晓当日不能供应的品种,以便在推销时向客人解释。由地喱部准备好酱汁佐料等调味品。

4.餐前例会和检查

餐前例会时每个工作人员必须参加,听取客源情况和菜点供应情况的介绍,并进行餐前工作的检查和仪容仪表的检查,做好上岗准备。

5.上岗

开餐前 3—5 分钟,服务员应站在自己负责的餐台旁靠墙的位置,注意仪表仪态,做好迎客准备。

(四)散客服务规程

1.客人入厅、入座——迎宾服务

(1)迎宾问候. 宾客来访时,微笑,欠身行礼。

(2)询问。站在客人对面礼貌询问是否预定或进餐人数等。

(3)引领。将客人引领到适当的(或预定)餐桌旁,要求服务员走在客人的右前方,相距 1 米远。

(4)拉椅让座。服务员双手轻拖椅背,然后右手示意,往前轻推。

(5)递上餐牌。服务员右手拿餐牌上部,递给女宾或主宾,也可每人一份。

(6)递上香巾。服务员用毛巾夹,从每位宾客右边递送。期间要热情招呼后到的客人和应答其他客人的要求,起码做到"声到"。

(7)问位开茶。服务员应向就餐客人问茶,在征询客人意见后,按需开茶,介绍适宜茶品。有时现沏,有时直接送上装有茶水的杯子或泡好壶茶,将餐桌上的茶杯翻起,再逐一斟茶。茶壶量一般 7 人一壶,8 人以上 2 壶。餐桌上茶是一种礼貌茶,注意上茶礼仪。

(8)根据需要加位或撤去余位。为客人脱去筷子套。动作应轻缓有序。

2.客人点菜——就餐服务

(1)听单。备好笔和单据，站在宾客桌旁，与主人相距一臂远，腰部稍弯，微笑倾听与应答。

(2)写单。点单上填明台号、人数、时间、书写清楚，缩语符合要求，冷、热分记，边记边重复。客人如自填菜单，服务员要在旁协助并按需介绍。有时，客人信任服务员，请其代为点菜。遇到这种情况，服务员应慎重，运用看、听、问的方式了解顾客。

(3)落单。要征得顾客对所点的菜品和酒水认可后落单。菜单留顾客一联，交传菜员一联。传菜员拿单后，加上餐台夹，及时送到各生产间；菜品做好后，附上餐台夹，盖上保温盖送出；酒水单也交顾客、账台各一联，直接送到吧台或销售处。

(4)小整餐台。

3.客人就餐——就餐服务

(1)摆放冷菜、小菜。

(2)送上酒水。数量较少时，可用托盘送；数量较多时可用小型酒水车送。根据酒水特点或宾客需求，对酒水作适当的餐前处理。

(3)上第一道菜。移妥台上物品，在方便处上菜，从顾客右侧上菜，摆放到位。介绍菜品。

(4)斟酒水。按斟酒规范为客人斟第一杯酒水，注意女士优先、主宾优先。以后可由客人自己斟酒水。

(5)按顺序上菜。菜盘排放要保持餐桌的美观。

(6)席间服务。服务员应恭立餐台一侧，留意客人的要求，施行餐间服务。主要是斟酒添水、添加调味品、撤换空盘余杯骨盘、分菜、处理意外事宜、帮助客人查询上菜情况等。要根据顾客需求，同时切忌侦听顾客交谈内容，更不要随意插话。

(7)续茶。续茶前可通知账台转账，倒掉冷茶，添上开水。

(8)续香巾。

4.客人结账——餐后服务

(1)核对账单。要仔细、无遗漏，避免差错。

(2)送账单。用小圆盘托送，或账单夹夹送。并将账单反放，小圆盘或账单夹可直接放在主人的餐位右边。

(3)接受款项。点清数目。

(4)账台交款。说明优惠、打折等事项。

(5)找余额。用托盘呈给顾客。

(6)拉椅送客。拉椅的同时检查有否客人的遗留物品。征询客人意见,将余菜等打包。

(7)整理餐桌。不要在仍有顾客用餐时整理餐桌和搞卫生。

二、团队用餐服务

团队用餐服务是指餐厅按固定的用餐标准为团队客人提供的餐饮服务。提供团队用餐服务的餐厅称团队包餐餐厅,主要适用于接待饭店的各种会议团队和旅游团队。团队用餐服务具有人数固定、用餐标准固定、用餐时间固定和服务方式固定的特点。

（一）餐前准备

与散客用餐准备不同的是:

首先,团队用餐的餐前准备主要是详细了解团队的情况,如名称、团队编号、人数、开餐时间和特殊要求,做好充分的服务准备,提供针对性的服务。

其次,安排餐桌、摆台并备齐酒水饮料和服务用具。特别是安排餐桌,应根据团队人数、身份、用餐标准来设置专用餐厅或合理桌位,尽可能使团队客人的桌位相对固定。

最后,熟悉菜单,上冷盘备好主食等。尤其在熟悉菜单的过程中要注意菜肴的名称和上菜的顺序、原料的构成和制作方式、口味特点和典故传说;在摆放冷盘时应注意根据荤素间隔合理、色彩分布美观,盘间距离相等的原则进行。

（二）团队用餐服务规程

1.引领服务

(1)问候客人

见到团队客人前来时,引领员应热情招呼,微笑问好。如客人穿戴较多,应为客人提供衣帽存放服务,其要求与散客服务相同。

(2)辨识团队

引领员应迅速、准确地辨认出团队名称或团队编号(必要时可礼貌询问),并及时将客人引入餐厅,以避免大批团队客人拥堵餐厅门口。在团队较多或人数较多时,这一点尤为重要。

(3)引领入座

辨识团队后,引领员应迅速引领客人至预先安排好的餐桌或专用餐厅,与值班员一起及时拉椅请客人入座,以免客人拥堵餐厅通道。

（4）复位记录

待客人入座后，引领员应迅速返回餐厅，记录团队名称和客人人数，做好迎候下一批客人的准备。

2.餐前服务

（1）按散客服务要求为客人铺餐巾、撤筷套、撤花瓶和桌号牌。

（2）要求为客人倒茶水，如不用茶水，则及时为客人按要求斟酒水。

（3）客人到齐后，应征询旅游团队领队和导游或会议团队工作人员的意见，是否可以上菜，待其表示同意后通知厨房出菜。

3.菜肴服务

（1）每道菜上桌后应主动介绍菜肴名称、风味或烹制方法，如桌上有茶杯，应先撤走茶杯（客人要求的除外）。

（2）菜肴上齐后，应先告知客人，并征询客人还有什么需要帮助。

（3）其他菜肴服务要求与散客大致相同。

4.餐中服务

（1）客人进餐的过程中，要勤巡视，勤服务，如撤换餐碟、斟酒水。

（2）应保证米饭、馒头等主食的及时、充足供应。

（3）如客人提出要增加用餐标准外的菜肴或酒水时，应向客人说明费用需外加，待客人认可，满足客人要求.及时结账收款。

（4）其他餐中服务要求与散餐服务大致相同。

5.结账服务

团队客人用餐的结账方法因团队的不同而不同。

（1）旅游团队的结账

旅游团队用餐完毕后，值台员应从账台取出账单，交给旅游团的领队或导游签单，再由账台将账单金额转入旅行团在饭店的总账中，最后由饭店向旅行社统一结账。

（2）会议团队的结账

会议团队在用餐结束后，餐厅账台应根据会议团队的预定和客人人数开具账单，请会务负责人在账单上签字，然后由收款员交前厅收款处计入会议团队总账，最后由饭店向会议主办单位或个人统一结账。

目前许多饭店将会议团队用餐改为自助餐形式，既方便客人就餐，又方便饭店提供服务，值得推广。

如团队客人使用现金结账，其要求与散餐服务相同。

6.送客服务和收台服务

收台服务与收台服务要求与散餐服务相同。

三、中菜知识

中国菜作为世界三大菜系之一,有着悠久的历史和独特的风格。中国菜肴在烹饪中有许多流派,主要有鲁、川、粤、闽、苏、浙、湘、徽、黔等菜系,即被人们所说的中国"九大菜系"。中国菜的特点主要表现在:选料广泛,刀工精细,配菜巧妙,烹饪多样,调味丰富,注意火候,造型美观,盛器考究。此外中国菜系讲究五品:色、香、味、意、形。

菜系介绍:

表 10-1　中国菜菜系分类表

菜系	发展来源	特点	代表菜
鲁菜	济南和胶东等地方菜发展而成	以下货(动物内脏)、河鲜为特色,味道清淡,讲究吊汤	清汤燕菜、奶汤鸡脯、德州扒鸡等
苏菜	扬州、南京、苏州等地方菜发展而成	以河鲜和蔬菜为主,味道清鲜,保持原味	煮三丝、三套鸭、叫花鸡、金陵烤鸭等
川菜	成都等地方菜发展而成	以味多、味广、味厚著称,以河鲜、菌类、干货为特色	宫保鸡丁、麻婆豆腐、回锅肉等
粤菜	广东菜、潮州菜及东江菜发展而来	以"生猛、鲜"为主,对原料的新鲜程度要求很严	烤乳猪、蚝油牛肉、冬瓜盅、烩蛇羹等
浙菜	杭州菜、宁波菜、绍兴菜发展而来	应时而变、简朴实惠、富有乡土气息,以河鲜家禽为主	西湖醋鱼、龙井虾仁、干炸响铃等
闽菜	福州菜、厦门菜发展而来	以海鲜和山珍为主,淡雅、鲜嫩、汤菜居多	佛跳墙、福寿全、干炸三干花卷等
徽菜	皖南、沿江、沿淮三种地方菜发展而来	擅长烧、炖,以火腿佐味,冰糖提鲜,注重原汁原味	红烧果子狸、火腿炖甲鱼、清蒸石鸡等
湘菜	湘江流域、洞庭湖区、湘西山区等地方菜发展而来	擅长香酸辣,油重色浓,注重酸辣、香鲜、软嫩,讲究实惠	麻辣仔鸡,霸王别姬、腊味合蒸、红煨鱼翅、金钱鱼等
黔菜	贵阳菜、黔北菜、少数民族菜(包括土司菜)	辣醇、香浓、酸鲜、味厚,辣、麻、酸是黔菜很突出的风味	糟辣脆皮鱼、八宝娃娃鱼、拔丝莲米奢香玉簪、夜郎面鱼、酸汤等

(资料来源:根据《中国食文化大辞典》等资料整理。)

第三节　西餐服务

一、西餐概述

欧美国家的餐饮习俗与中国餐饮差异较大,无论是餐制、餐具,还是主辅料、烹饪方法,都有其特点。西餐的菜系主要分为欧美式、俄式两大类。西餐传入我国已有一百多年的历史,最初出现于我国东南沿海和东北边疆的一些城市。这些城市的番菜馆大多制作和供应西餐菜品、洋酒。近年来,随着改革开放的不断深入,各大涉外宾馆、饭店纷纷开设"西餐厅"。西餐服务也成为我国餐饮服务的主要部分。

西餐的口味香醇、浓郁、爽口,多用奶制品和牛肉等大块切肉。主要特点主要表现在以下方面:

(1)选料精细

西餐选料特别精细,在原料质量和规格上都有严格要求,如牛肉要用黄牛、仔牛、乳牛的除皮去骨无脂肪的瘦肉;鸡选用雏鸡,且应去头爪;鱼选用剔净头尾和骨刺的净肉等。

(2)调料讲究

西餐所用调料十分讲究,除常用的盐、胡椒、酱酒、番茄酱、芥末、咖喱等调味品外,还在菜肴中添加香料,以增加菜肴香味,如桂皮、丁香、茴香、薄荷叶等。另外,烹制菜肴所用的酒类也是丰富多样的,如葡萄酒、白兰地、朗姆酒等,且不同的菜肴使用不同的调料用酒。

(3)沙司单独制作

沙司(Sauce)是西式菜肴的调味汁。沙司与菜肴主料分开烹饪是西餐的一大特点。西餐菜肴样式以大块为主,很少切成丝、片、丁状等细小形态。由于大块肉类不易入味,因此要浇上沙司以调制口味。沙司是西式菜肴的重要组成部分,将单独制作的沙司浇在单独制作的菜肴上面,可起到调味、增色、保温的作用。常见的沙司有:

冷沙司和冷调味汁。马乃司沙司(Mayonnaise Sauce),其主要用于鸡蛋、土豆、鸡肉色拉的调味;千岛汁(Thousand Islands Dressing),其主要适用于海鲜、鱼、虾类冷菜菜肴;醋油汁(oil Vinegar),其主要用于各式蔬菜色拉;芥末沙司(Mustard Sauce),其主要适用于热制冷吃的冷菜;法式汁;奶酪汁。

热沙司。布朗沙司,主要适用于各种牛扒,牛里脊等;苹果沙司,主要适用烤猪排,烤鸭等;咖喱沙司,主要适用于鱼虾、牛肉、鸡等。

(4)菜肴生熟程度不同

西餐中的一些食草类动物的肉(如牛、羊肉)、禽类(如鸭)和海鲜一般烹饪得较为鲜嫩以保持其营养成分,有的甚至生食,如蛤蜊。但杂食动物的肉及河鲜必须全熟方能食用。烹制牛、羊肉时的生熟程度一般分为一成熟(Rare),三成熟(Medium Rare),五成熟(Medium),八成熟(Medium Well),全熟(well—done)。因此,服务员在点菜时,一定要问清客人的要求。

(5)搭配丰富,营养全面

西式热菜在主料烹制好装盘后,还要在盘子边上配上少许加工成熟的蔬菜,米饭或面食,才能组成一道完整的菜肴,这样的搭配一方面可增加菜肴的美观程度,并使菜肴富有风味特色;另一方面可使菜肴的营养搭配更为合理,从而达到营养平衡的要求。

二、西餐的服务流程

(一)早餐服务

西式早餐选料精细,营养全面合理,主要分为英美式早餐和大陆式早餐。英美式早餐比较流行,供应品种比大陆式早餐丰富,而大陆式早餐又称欧陆式早餐,在欧洲各国比较流行,比较简单。

1.早餐菜品种类

(1)蛋类:美式早餐通常包括鸡蛋两只,制作方法可由客人选择。一般有:

煎蛋。煎蛋有老煎蛋和嫩煎蛋两种,煎嫩蛋只要煎一面,把蛋清煎到刚好凝固,蛋黄还是稀的就行,很多西方人喜欢这种口味。而老煎蛋主要是要求蛋黄和蛋清都要是熟的。

煮蛋。煮蛋也因客人要求不同而嫩老不一,煮制2—3分钟的为嫩蛋,煮至5—7分钟的为老蛋,所以应向客人问清煮制时间,煮蛋应放在蛋盅内奉客人,同时送上垫碟和咖啡匙。

炒蛋。也称溜糊蛋,要求鸡蛋熟但无凝结的块,炒蛋时一般加少许的牛奶调匀,以确保成品的质量。炒蛋通常放在烤面包上提供给客人,也可直接装盘。

水波蛋。它与我国一些地区的"糖氽蛋"类似,先将鸡蛋打入碗中,轻轻倒入少许盐和白醋的沸水锅内煮制三分钟捞出沥干水分,放在烤面包上装盘,服务时应随上糖浆或蜂蜜。

蛋卷。又称奄列蛋,是将蛋液倒入少许油,但油温较高(六七成熟)的煎锅内摊成饼形,再加入不同原料后卷成棱子形。因加入原料不同而有不同的名称,如清蛋卷,洋葱蛋卷,番茄蛋卷,火腿蛋卷等。

(2)肉类

一般有火腿、香肠、腌肉三种。服务前后应在油锅中略煎,通常和蛋类一起装盘。

(3)饮料类

早餐常见的饮料有咖啡,红茶,果汁,牛奶和可可等,饮料在服务时应随上淡奶壶及糖缸。

(4)谷物和面包

一般有吐司和面包卷。还有燕麦片和玉米片加水煮成的粥。上桌时,随上糖浆和蜂蜜。

2.早餐服务规程

(1)餐前准备

服务员须在早餐开始前半小时全部到岗,简短的碰头会,检查员工仪容仪表,布置当日工作,分配员工工作岗位,介绍厨房当日菜肴和推销菜肴;领班和服务员按区域检查台子、台布、口布、餐用具、玻璃器皿、不锈钢器皿、各种调味品、托盘、烟缸、火柴、花瓶等是否齐全清洁、明亮,摆放是否规范,整个餐厅是否统一;准备好菜单、饮料单,其中饮料单、菜单须清洁;配合厨房摆放自助餐用具和食品,所有用具要保证一定的周转量,以备更换。

(2)餐中点菜

客人就座后,服务员应表示欢迎,并从客人右边递上菜单 和饮料单,客人点菜时,服务员应在客人斜后右方,上身微躬,如果客人不能确定菜肴,应主动的向客人介绍菜肴,帮助客人选择菜肴,入厨单一式三联,饮料单一式两联,书写字迹要清楚,如有特殊要求,须加以说明,客人点完单后,应重复点单内容,以请客人确认,如客人所点菜肴出菜时间较长,应及时提醒客人,并征求客人意见,是否需要更换。

(3)及时上菜

根据客人所点菜肴,调整桌面原有的餐用具,上饮品、菜肴或撤碟时一律使用托盘;除自助餐外,无论客人吃美式套餐、欧陆式套餐还是零点,都应在客人确定好饮料和菜肴后,尽快为客人提供饮料;上菜时,应检查所上菜肴与客人所点菜肴是否一致,调味品与辅料是否跟全;西餐早餐上菜顺序为先冷后热。欧陆式早餐上菜顺序为:自选果汁、各色早餐包点、咖啡或茶;美式早餐的上菜顺序为:自选果汁或水果、鲜蛋配火腿、咸肉或香肠、咖啡或茶。从客人右侧上菜,从客人左侧撤碟。上菜时要报菜名,放菜要轻,每上一道菜,都须将前一道用完餐的用具撤掉。咖啡或茶只有在客人结账离去后才可撤走。

(4)餐间服务

早餐就餐客人多,周转快,须不断的与厨房联系,以确保供应,保证出品质量,控制出菜时间,每个服务员应对自己所分管台面负责,要注意客人的表情,尽可能的解决和满足客人提出的要求,经常为客人添加咖啡或茶,在就餐过程中要避免发生送错菜或冷落客人,让客人久等的现象,及时撤去餐后盆、碟,勤换烟缸,做好台面清洁。

(5)征询意见

在不打扰客人的情况下,主动征求客人对服务和出品的意见,如客人满意,应及时表示感谢,如客人提出意见和建议,则应认真加以记录,并表示将会充分考虑他的意见。

(6)结账致谢

只有在客人要求结账时,服务员方可结账。多位客人一起就餐时,应问清统一开账单还是分开账单,凡住店客人要求签房账时,服务员应请客人在账单上签上姓名和房号,并由收银员通过电脑查询核实后方能认可,结账要迅速准确,认真核实账单无误后,将账单夹在结账夹内交给客人,结账后,应向客人表示感谢。

(二)正餐服务

西餐的正餐主要包括了午餐和晚餐,特点是内容复杂、服务技术要求高。按照传统习惯,英国人较为重视晚餐,而欧洲大陆国家较重视午餐。随着生活节奏的加快,人们普遍把晚餐变成正餐。

1.正餐构成的主要内容:

(1)头盆。它是开餐的第一道菜,也称作开胃菜,通常是水果蔬菜和肉禽海鲜为主。

(2)汤羹。汤含有鲜香物质和有机酸,能刺激胃液的分泌,从而汤在西餐中占有重要地位。

(3)色拉。又称沙律,是由各种熟透了的熟原料抑或是可直接食用的生原料加工成较小的形状,加入调味品,浇上各种调味汁和沙司搅拌制成。

(4)主菜。主要有鱼类菜肴和肉类菜肴。

(5)甜点。它是正餐结束前的最后一道菜,主要有奶酪和甜品,奶酪是用牛奶加入酵母菌后经发酵自然凝固成的奶制品,既是西餐烹调的配料,又可佐餐,还可单独食用。而甜品包括各式蛋糕、布丁、比萨、煎饼、冰淇淋和各式水果等甜味食品。

2.正餐的服务规程

(1)餐前准备工作:跟西餐早餐准备工作基本相同。

(2)开餐点菜:与西餐早餐点菜服务基本相同。

(3)开胃酒服务。在中餐消费中,通常上各类饮料,而西餐则上低度酒类。

开胃酒或其他饮料服务:客人就座后,服务员应表示欢迎,然后站在客人右侧,递上酒水单,礼貌地征询客人需要什么酒水,如客人不需饮料,则为客人倒上冰水,客人点单后,应重复客人点单内容,然后开单,上饮料时要用托盘,服务时左手托托盘,右手拿饮料,从客人左侧为客人斟饮料,名贵酒要先给客人过目后,方可打开酒瓶。

(4)餐中上菜传菜:根据客人所点菜肴,适当调整桌面原有的餐具;上菜或撤碟时一律使用托盘,左手托盘,右手上菜或撤盘;上菜时检查所上菜肴与客人所点是否相同,调味品和辅料是否跟全;西餐上菜顺序为:面包、黄油、开胃头盆、汤、色拉、主菜、甜品、咖啡或茶。

上菜时,应先宾后主,先女后男,从客人右侧上菜,从客人左侧撤盘;上菜时报菜名,并做适当介绍;除面包黄油外,其他菜肴、汤、甜品等上桌时,须将前一道用餐完毕的用具撤去;菜肴全部上完后,应向客人示意,并询问客人还需要什么,然后退至值台位置;咖啡或茶待客人结账离去后方可撤去。

(5)席间服务:及时与厨房联系,反馈客人意见,控制出菜时间,记住每位客人的菜单;按顺序上菜,不要将送菜顺序颠倒或送错菜;注意随时添加酒、饮料、面包、黄油等;及时撤去餐后的盆、碟等,做好台面清洁;服务员不能随便离开工作区域,要注意观察客人的表情,及时解决和满足客人的需求。

(6)征询意见:同西餐早餐服务程序相同。

(7)结账埋单:同西餐早餐服务程序相同。

(8)打包送客:同西餐早餐服务程序相同。

(9)撤台清场:同西餐早餐服务程序相同。

三、咖啡厅服务规程

(一)引领服务

看到客人前来,咖啡厅引领员应微笑待客、主动问候,并礼貌地引领客人进入咖啡厅,必要时应接挂衣帽。对于餐桌的选择,可由客人自行决定。如是 VIP 前来就餐,咖啡厅经理必须亲自引领,待客人选定餐桌,引领员与值台员一起为客人拉椅让座。然后引领员应迅速返回引领区域,记录客人的桌号及人数后,继续引宾。

(二)递送菜单

待客人坐定,值台员应及时将零点菜单和套菜菜单(有的饭店两者是合在一起的)及今日特菜菜单(或特别介绍)(有的饭店直接放在每张餐桌上,或插在桌号牌内,或帐篷式的)一起递给客人,方法与西餐服务相同,同时主动向客人介绍、推荐菜点。

(三)接受点菜

值台员应站在客人一侧,待客人开始点菜时,左手拿点菜单,右手握笔,稍稍弯腰,仔细倾听客人点菜诉求,准确记录,及时复述。点菜单一般一式三份:一份送账台,一份送厨房(应先送账台,由收款员签字),一份自留备查。在接受点菜同时接受客人点酒。其他要求与西餐点菜(酒)服务相同。

(四)调整餐具

根据客人所点菜点内容及时撤走多余的餐酒用品,补充相应的餐酒用品;同时准备相应配料,如面包、黄油等。

(五)用餐服务

客人用餐过程中的酒水服务、菜肴服务与西餐服务相同,其中应特别注意服务速度与态度。因为多数客人在西餐厅就餐追求的是舒适的情景享受;选择在咖啡厅就餐通常是为追求那种宁静、简单、快捷的餐饮氛围,尽管也有客人来此商谈事务,因此,酒店的咖啡厅服务要求值台员在服务中表现出较好的语言行为涵养,娴熟的服务技巧,能随机应变地提供及时、细致的服务。

(六)结账送客服务

当值台员看到客人用餐完毕示意结账时,应迅速去账台取来账单,按要求收款找零后向客人表示谢意。客人起身离去时,应拉椅送客,礼貌道别。

(七)整理桌面

客人离去后,服务员应迅速收台检查(方法与西餐服务相同),然后及时重新摆台,准备迎接下一批客人。

四、西菜知识

西餐是所有外国菜肴的统称,而传统的西餐主要还是指欧洲国家的主流用餐方式和菜肴。虽然,由于文化交流频繁,烹饪技术和菜品在各地区间相互渗透、融合,但从菜品发展流变的基础上讲,西餐的餐制、菜品制作方式、餐具器皿、用餐方式及其服务礼仪等,仍然保持其独特性。西餐的主要特点是主料突出,形色美观,口味鲜美,营养丰富,供应方便等。西餐大致可分为法式、英式、意式、俄式、美式、地中海式等多种不同风格的西餐做法和菜点。现今欧陆各国西餐菜品中的主体菜式大致有以下几类:

表 10-2　主要国家西餐菜点略表

特点	烹饪方法	菜单举例	
英国菜	油少、清淡,少用酒调料	清蒸、烤、清烩、煎、炸	冷盘:虾仁汤 汤:青豆泥子汤 主菜:糖油烤腌火腿 饮料:牛油布丁、咖啡、水果
法国菜	选料广泛、用料新鲜、烹调讲究、花色品种繁多	烤、炸、焖、扒、烩	冷盘:烤蛤蜊 汤:葱头汤 主菜:芥末牛里脊片 饭点:香草苏夫力、小杯咖啡,鲜水果
意大利菜	味浓、原汁原味、口味喜辣和酸甜	炒、煎、炸、红烩、红焖	冷盘:什锦拼盘 汤:蔬菜汤 主菜:清煎小牛肉片 饮料:三色慕斯、小杯咖啡
俄罗斯菜	油大、味重、喜酸、辣、甜、咸	煎、炸、烤、炖、煮	冷盘:肉冻全乳猪 汤:莫斯科红菜汤 主菜:白葡萄酒汁白鲑鱼、炸里脊 饮料:普留母布丁、华沙风味咖啡
日本菜	品种多、量少、味全、色泽自然、口味咸甜清淡少油腻	生、蒸、煮、炸、烤、焖	菜单: 白菜菠菜芝麻小菜、烤加级鱼、油皮卷汤香菇、生鱼片、砂锅杂煮、日式烧猪肉、大虾团不拉、马哈鱼卷、醋酸菜

(资料来源:(美)罗妮·费恩著《西餐》,辽宁教育出版社)

第四节 宴会服务

一、中餐宴会服务

中餐宴会是指使用筷子等中国餐具,食用中国传统菜肴,采用典型的中国式服务的宴会。它对环境布置的要求、台面的设计、菜肴酒水等服务要求比较高,对宴会礼仪比较讲究。礼仪和菜品上应显示出中国传统文化和民族特色。

(一)中餐宴会的准备工作

1.场景设计

宴会场景设计,就是对宴会举办场地进行选择和利用,并对环境进行艺术加工和布置的创作。良好的宴会设计会使宴会达到更好的效果,使客人更加满意。

宴会设计须注意几个方面:首先,必须把握客人的需求;其次,立意清晰、突出主题;最后,合理布置场地。突出主桌;桌子之间的距离要适当,松紧适度,整齐有序;要避免干扰。

2.台形和台面设计

所谓台形就是指餐台的形状和餐台摆放的形状。一般中餐宴会的台面,使用圆桌,而西餐的台面一般使用长条形。一般而言,中餐宴会厅的台形排列有以下规律:第一,主桌明显突出。第二,其他餐桌按客人身份高低,从右向左,由近及远排列。第三,一般情况下,主桌的主人位应正对大门,正背对主席台,其他桌的主人位要面向主桌。

宴会台面设计,又称餐桌布置艺术。它是根据宴会主题,对宴会台面用品进行合理搭配、布置和装饰,以形成一个完美台面组合形式的艺术创造。宴会的台面不能是什么都没有,必须根据宴会的主题和规格,进行美化设计。一般有五种装饰方法:一是花卉造型;二是雕塑造型;三是果品造型;四是彩碟造型;五是鱼缸造型。在台面设计时,要注意以下几点:首先要突出主桌的设备和装饰;其次,花台设计要美观大方,重在台面的美化造型;第三,宴会台面设计,必须紧扣宴会主题,掌握宴会规格档次,了解客人的文化背景和风俗习惯。

3.餐具和餐巾设计

台面的装饰,除了台面中心造型外,还可利用餐具的精心配置,达到红花配绿叶之效果。一般情况下,宴会的餐具都按常规摆台,但要注意一种整体美、统一美,器皿与菜点在色彩上要相互衬托,形成明暗反差,色彩对比,另外餐具的质地档次应与宴会的规格相适应。

按不同性质的酒席宴会,选择与之相适应的花形,可起到锦上添花的作用。一般在餐巾花的设计时,主桌应该与其他桌有区别,应更加突出,更加精美。

4.中餐宴会的席位安排

宴会座次的排列,尤其是主桌席次的排列,首先应该征求主办单位的要求和意见,国宴和正式宴会一般由礼宾部门和外事部门负责安排。餐桌上的座位通常是根据身份、地位、年龄和任职年限来确定的。客人的顺序排列后,在餐桌的座位安排上,按照顺序进行安排。一般的宴会,十人桌席位也有固定的安排方法:主人位在上首,其右为主宾,副主人在主人位对面,副主宾在副主人右侧,翻译在主宾右侧,其他陪同人员一般无严格的规定。席次的安排,如果是多桌宴会,一般应绘制一张席次分配图,客人们在进入宴会厅之前,就可以从这张图上了解到自己桌次的位置,避免到宴会厅里寻找。

(二)中餐宴会的服务

1.餐前准备

(1)参加班前会,了解宴会的具体任务,使服务工作做到"九知""四了解"。"九知"即知出席宴会人数、桌数、主办单位、邀请对象、知宾主身份(主办主人)、知宴会的标准及开宴时间、菜式品种、出菜顺序、收费办法;"四了解"即了解客人的宗教信仰、风俗习惯,了解客人的生活忌讳,了解宾客的特殊需要,了解会议、客房的安排等。

(2)做好准备工作:熟悉菜单,计算餐具的用量,备足酒水饮料,准备特色佐料;选配器皿、用具,餐具要备用2/10;酒水按要求擦干净在工作台摆放整齐;根据宴会的类别、档次进行合理布置,确保灯光、室温、音响、家具、设施完好;搞好宴会厅的卫生,按摆台标准摆好餐台,做好摆台后检查,要摆放整齐、符合要求。

(3)进行自查,检查个人仪表仪容,复查餐台、台布、台面餐具、各种调味品、烟缸、牙签等放置是否齐全整洁、符合要求,椅子与所铺的席位是否对应等;菜单、托盘、备用餐具、小毛巾、工作台内储存物品等是否齐全、清洁;接受领班检查。

(4)宴会开始前8分钟,按要求摆上冷盘。若知宴会酒水,也提前5分钟,斟上红酒和白酒(按斟酒要求);准备就绪后,开餐前30分钟,站立在餐厅门口,迎候宾客。

2.餐中服务

中餐宴会的餐中服务是一种过程服务,具有不可逆性,体现着餐饮服务素质。因此,应具有零差错观念;态度热情,语言恰当且礼貌;服务主动,动作优雅,技术娴熟。

(1)迎客入座:客人进入餐厅,迎宾员按迎宾规范进行服务,领至宴会厅,值台员应面带微笑,热情迎接,躬身行礼,问好:"您好,欢迎光临";主动接挂衣物,"请将衣物给我,我为你保管",挂衣时,应握衣领,避免衣袋里物品滑出或碰坏;热情地为客人拉椅让座(将椅子拉开,当客人坐下时,用膝盖顶一下椅背,双手同时送一下,让客人坐在离桌子合适的距离10—15厘米为宜),并用手势示意:"您请坐"。

(2)宾客坐好后,可致开场白:站在副主人处,面带微笑至所有宾客:"各位先生、小姐(领导):中午(晚上)好,欢迎光临本店,我是×号服务员,今天由我为诸位服务,祝大家就餐愉快,谢谢!"

(3)撤花瓶(席位签),为客人铺餐巾、去筷子套,从主宾右侧开始顺时针转,撤去冷菜的保鲜膜(用服务夹操作);送香巾,席间送香巾三次,客人入座后一次,上完热菜后一次,客人用餐完毕再送一次,(上特殊的手剥菜时,应再跟一次),并及时收回。送香巾时,要从客人右侧提供服务,并说:"请用香巾";斟茶,斟七八成即可,为宾客斟茶时,不得用手触摸杯口。

(4)斟酒服务:按斟酒服务规范操作,第一次斟倒时,用托盘斟酒,席间服务时可用徒手斟酒;开餐前若已斟上红酒和白酒,则从主宾开始斟倒饮料,征求客人意见:"请问您喜欢用哪种饮料?"宴会若未提前定好酒水,客人入座后,应先问酒:"请问今天用什么酒,我们这有……"客人选定后,按规范进行操作;宴会过程中,应注意随时添酒,不使杯空。

(5)上菜服务:依菜单顺序上菜,按上菜、分菜的规范进行上菜、分菜;上菜时,每道菜都要报菜名,并做适当介绍,特色菜要重点介绍"各位来宾,这是本店特色菜XX,请品尝"如客人表现出对此菜的较大兴趣,可适当介绍此菜的特点;放菜时要轻,有造型的菜注意看面朝向主宾;要掌握好上菜的时机,快慢要适当;菜上齐后,视情况可轻声告诉主人,也可说:"您的菜已上齐了"。

(6)分菜时,可用转台式分菜、勺式分菜和工作台分菜几种方式结合起来服务(宴会服务中,要将1/3的菜进行分派)。

(7)席间服务:要做到一快,服务快;三轻,走路轻、说话轻、操作轻;四勤,勤问斟、勤换烟缸(不超过三个烟头)、勤换餐碟(不超过1/3杂物时);当宾客吸烟时,立即上前站在宾客右侧为其点烟,并说:"您请";撤换烟缸时,把干净的烟缸倒扣在用过的烟缸上,一起撤下放进托盘,然后再把干净的烟缸摆回餐桌;换碟时,服务员用右手从主宾的右边依次撤去同时换上干净的碟,并用礼貌用语(伸手示意):"打扰一下,给您换一下骨碟可以吗?"当客人帮着拿骨碟(及提供了帮助)时应说声:"谢谢"。

(8)宾客席间离座,应主动帮助拉椅、整理餐巾;待宾客回座时应重新拉椅、落餐巾;宾客祝酒时,服务员应立即上前将椅子向外稍拉,坐下时向里稍推,以方便宾客站立和入座;服务中要保持转台、餐台的整洁;宴会服务中,服务员要按规定姿势站立于离客人桌面 1.5 米处,应用眼光注视全部客人的情况,出现问题及时处理。

(9)根据客人要求上饭、面点、汤,要先分汤,再将面点规整的摆上转台;上水果前,撤去所有餐具,换上干净盘子,视情况摆上刀叉等,端上水果,并说:"水果拼盘,请慢用";整个宴会服务过程,值台员必须坚守岗位。

3.餐中服务注意事项:

(1)宴会服务中,若有两个服务员服务时,不应在宾客的左右同时服务,也严禁左右开弓;要及时调换碰脏的餐具、失落的刀、叉、筷等;服务过程中,要微笑服务,运用相应技巧进行全方位服务。每进行一道服务必须说:"您请。"当某个客人需要打电话时,应主动领其至电话旁;当客人上卫生间时,若需要,应主动领其到卫生间前;当客人特别喜欢吃某道菜时,应多给他分几次。在服务过程中,如不小心将客人酒杯或茶杯打翻,应马上道歉:"非常抱歉,不好意思。"将酒具或茶具扶起,给客人重新换个酒杯或茶杯,并斟上酒水或茶水,然后将溢湿的桌面垫上香巾或口布;若汤汁等洒在客人身上应马上道歉:"非常抱歉,这是我工作失误,不好意思,我帮您擦一下吧。"

(2)服务过程中应主动灵活,做到察言观色,因势而动;若客人唱歌,应马上递话筒,说:"您请",积极为客人点歌;若客人特别喜欢吃×道菜,而此菜品已吃完时,征询客人意见是否需要再加一道;因客人比较集中,菜上得慢一些时,应向宾客解释:"非常抱歉,因今天客人比较集中,菜上得慢了一些,请您原谅",等菜上来之后:"非常抱歉,让你久等了";当客人对您这道菜品称赞时,服务生应主动说:"谢谢您的夸奖,欢迎您下次来时,再点这道菜"。(注:零点服务同样注意以上事项)

4.餐后服务

(1)客人用餐完毕,送上香巾,并征求客人意见(零点服务亦同);对宾客提出的意见要虚心接受,记录清楚,并感谢:"非常感谢您的宝贵意见";为客人拉开座椅让路,递送衣帽、提包,在客人穿衣时主动配合协助;送客道别(按送客服务规范进行)。

(2)收台工作:客人离开后,要及时翻台;收台时,按收台顺序依次先收玻璃器皿、银器、口布、毛巾、烟缸,然后依次收去桌上的餐具;整理清洁宴会厅,使其恢复原样。

二、西餐宴会服务

西餐宴会是使用刀叉等西式餐具,采用西式摆台,品尝欧陆式或美式、俄式等西式菜肴,按西餐礼仪提供西式服务的宴会。它体现了以"西洋文化"为主的异域餐饮文化。

(一)西餐宴会准备

1.台形设计

西餐宴会通常用长台,西餐宴会餐台是用小方台拼接而成的,餐台的台型和大小可根据宴会厅的形状、出席的人数和宾客要求摆设成"一"字台型、"T"字型、马蹄形、山字型和中空型、工字型等等。一般20人左右的酒席可摆成一字型长台或T型台,40人左右可摆成工字型或门字型,60人左右可摆成M型等。

2.桌面布置

西餐宴会餐桌的台布折纹一般要居中,桌布自然下垂至椅面稍高处;餐桌中央不摆菜肴,多摆放花瓶、花篮和烛台,以装饰台面,烘托气氛;根据菜单摆放餐具,每次最多摆放七件,即三刀、三叉、一汤匙,如上菜较多可追加;每一席位的酒水杯最多摆放三只。

3.席位安排

主人和女主人通常对坐在餐桌的两边,最好是坐在餐桌宽边的中间,当然分别坐在狭长形餐桌的两端也是可以的。在大型宴会上应把若干餐桌排列成一定的形状,在马蹄型或梳齿形餐桌上,男主人和女主人应坐在无缺口一方的顶端,两人不能紧挨着坐,而应把贵宾排在他们的中间。首席女宾应坐在男主人的右侧,第二女宾坐在他的左侧,首席男宾按国际惯例应坐在女主人右侧,第二男宾坐在她的左侧,第二男宾坐在女宾的右侧,而他的夫人(或女伴)则坐在首席男宾的右侧。男女座次最好一一隔开,特别要注意,只要男客人的人数足以把女客人间隔开,就不要把两个女客排在相邻的座位上,把男客排在相邻的位子则不会受到非议。

(二)西餐宴会服务

1.引宾入席

(1)离开宴5分钟左右,餐厅服务负责人应主动询问主人是否可以开席。

(2)经主人同意后即通知厨房准备上菜,同时请宾客入座。

(3)值台服务员应精神饱满地站在餐台旁。

(4)当来宾走近座位时,服务员应面带笑容拉开座椅,按宾主次序引请来宾入座。

2.服务程序

(1)在宴会开始前几分钟摆上黄油,分派面包,面包作为佐餐食品可以在任何时候与任何菜肴搭配进行,所以要保证客人面包盘总是有面包,一旦盘子空了,应随时给客人续填。

(2)托盘斟红、白酒及开胃品。

(3)按汤、鱼等顺序上菜。顺序是:酒、鱼类、副盘、主菜、甜食、水果、咖啡或茶。每上一道菜都带垫盘。上鱼后,要马上浇汁,鱼腹对客人。

(4)按菜单顺序撤盘上菜。

①每上一道菜之前,应先将用空的前一道菜的餐具撤下。

②客人如果将刀叉并拢放在餐盘左边或右边或横于餐盘上方,是表示不再吃了,可以撤盘。

③客人如果将刀叉呈"八"字型搭放在餐盘的两边,则表示暂时不需撤盘。

④西餐宴会要求等所有宾客都吃完一道菜后才一起撤盘。

(5)上肉菜的方法。

①肉的最佳部位对着客人放,而配菜自左向右按白、绿、红的顺序摆好。

②主菜后的色拉要立即跟汁,色拉盘应放在客人的左侧。

(6)上甜点水果。

①先撤下桌上酒杯以外的餐具:主菜餐具、面包碟、黄油盅、胡椒盅、盐盅。

②换上干净的烟灰缸,摆好甜品叉匙;水果要摆在水果盘里,跟上洗手盅、水果刀叉。

③喜欢喝酒的人大多需要奶酪;女客多喜食甜点心;上乳酪应先出示一下,征询宾客的意见。

(6)上咖啡或茶前放好糖缸、淡奶壶。

①在每位宾客右手边放咖啡或茶具,然后拿咖啡壶或茶壶依次斟上。

②有些高档宴会需推酒水车,并问询客人是否送餐后酒和雪茄。

(7)结束收台工作。内容与中餐宴会相同。

3.席间服务注意事项

(1)经常需增添的小餐具:上点心要配上饼叉;上水果前要摆水果碟、水果刀。

(2)递洗手盅和香巾。

①时机:宴会中在客人吃完剥蟹、剥虾、剥蚧后或在吃水果之前和餐毕时,递送洗手盅与香巾。

②方法:盅内盛凉开水,有时用花瓣或柠檬汁装饰。用托盘送至客位右上方,即酒杯上方。

三、酒会服务

西餐中的冷餐酒会通常分为站立式用餐和坐着用餐两种。菜点丰盛,酒水饮料品种繁多,具有品尝性。它是目前饭店业中较为流行的一种宴会形式,多为政府部门或外国的企业、银行、贸易界举行出席人数众多的盛大庆祝会、欢迎会等活动所采用。酒店冷餐酒会服务工作的重点是酒会环境的设置和菜品酒水的及时配备。酒会环境主要包括餐台(包括吧台)的设计、餐具的合理摆放、餐厅饰物(包括灯饰)的布置。

(一)酒会服务的准备

1.餐台设计

冷餐酒会也称自助餐会,主要是由客人从陈列好的餐台上自取食物,所以餐台的设计非常重要。餐台设计应根据客人人数及宴会厅的面积与形状灵活而定,一般有正方形、圆形、"一"字形、"T"形等多种形式。人数多的冷餐酒会应分设冷菜台、热菜台、甜点台等,既方便客人取食,又可使客人分流。餐台应铺好台布,围好桌裙,台面中央放置装饰品,如花篮、黄油雕刻等。热菜台上应放好保温炉。

2.吧台设计

冷餐酒会必须设置吧台。吧台数量应视客人人数而定,一般是每100位客人设置一个吧台。吧台位置一般在宴会厅靠门口的一侧。吧台调酒师应提前2h左右开始各项准备工作,主要是拼摆台形(也应铺台布、围桌裙),并根据客人要求或消费标准准备各种酒类饮料、调酒用具和各式酒杯等。酒杯种类应根据酒水品种配备,其数量应是来宾人数的三倍,如150人参加的冷餐酒会应配备各式酒杯450只。普通酒水数量一般为每人3杯左右。

3.致词台和签到台

致词台一般设在靠墙边的中央位置,以便能环视整个宴会厅。设置要求与宴会相同。签到台一般设在宴会厅门外一侧,应根据主办单位要求备好签到簿和笔。

4.准备餐用具

主要有餐盘、餐刀、餐叉、汤匙、面包盘、黄油刀、筷子、餐巾、托盘、盐盅、胡椒盅、牙签筒、榨汁机等。

立式酒会的餐用具摆放在餐台上。坐式酒会的餐用具部分摆在餐台上,如餐盘等,部分摆在餐桌上。摆台方法与西餐宴会大致相同。

5.餐桌椅的准备

立式冷餐酒会应在宴会厅四周摆放一些座椅,并摆上适量的小方桌或小圆桌,主要是供客人放置用过的餐酒用具,也可供老、弱、病、残客人坐餐。

坐式冷餐酒会应设计好台形,摆好餐桌、座椅,并进行席位安排。具体方法和要求与中西餐宴会相同。

冷餐酒会开始前,传菜员与餐台服务员应将大部分菜点在餐台上分类陈列完毕,注意菜类的摆放顺序。部分主菜和热菜可在客人进入宴会厅后再摆上。应注意热菜、汤等的保温。酒会菜点一般较为丰盛,既有中菜中点,也有西菜西点。

同时也应将餐盘、刀叉、汤匙、筷子等餐具陈列在餐台上(数量应比来宾人数略多)。另外,取菜用的服务叉、匙等也应放好;做好衣帽间准备;打开所有灯光,播放背景音乐,调试好麦克风,控制好宴会厅室温;检查个人仪表仪容;各就各位,面带微笑、精神饱满地恭候客人的到来。

四、筵席知识介绍

(一)筵席的起源与发展

中国的筵席起源于四千多年前,从古时祭祀开始,祭品慢慢转化为筵席上的菜品,礼器演变成筵席餐具,筵宴初具雏型。经过夏商周三代孕育,到春秋战国已初具雏型。汉魏六朝,它在席位、陈设、礼仪以及菜点的质与量上不断演化,进入隋唐宋元已初具规模。明清两代有了较大发展,更为强调席面编排,菜肴制作,接待礼仪和燕饮情趣,充分显示出中华民族饮食文明一个侧面的特点。

(二)筵席的分类

筵席种类繁多,大致可分中式筵席和西式筵席。

中式筵席自古到今有周代八珍席、春秋战国时期王公贵族的筵宴、战国时代的楚宫盛宴、汉代楚地的王宫筵宴、唐中宗时的烧尾宴、宋皇寿宴、张俊供奉宋高宗的御宴、元代大型烤肉宴、大都贵族官僚的赏花宴、明代乡试典礼大看席、清廷千叟宴、清宫除夕宴、孔府向慈禧拜寿的贡席、清代扬州满汉宴、晚清的改良筵席等。而地方风味筵席更是多样:巴蜀相间田席、江苏八仙宴、西湖十景宴、湖南熏烤腊筵席、福建十二名席、安徽家筵席、山东筵席、岭南荔枝筵、全聚德烤鸭席、长安八景宴、盖州三套碗、洛阳水席、桂林展销筵席、香港大同酒家满汉筵等。

西式筵席主要有英国菜、法国菜、意大利菜、俄罗斯菜、日本菜筵席。

（三）筵席的设计

筵席的设计是一种创造性的劳动。其要求是将经过精选的菜点组合成综合性整体，牵涉面广、难度大、技术处理要求高，同时对每一种菜点要从整体上着眼，从数量、质量、色泽形态、味觉变化以成菜后的质感属性等关系出发，精心配置。做到均衡、协调、多样化。

筵席属于高级的宴饮形式。按照我国的文化传统，筵席与宴会一样，一般都有主题，如庆功、婚庆等，筵席布置很重视菜点的组合和进餐的节奏，还要求"境由心造"、"聊欢共乐"，内发外铄、各成体系，形成千姿百态的格局。故在内容上，通常要有冷盘、热炒、大菜、甜食、汤品、饭点蜜果、茶酒诸方面的食品，这些食品大体上分三个梯次，有计划按比例地依次上席。所以，不论何种席面，它的组合内容一般都是三大部分，如同雄浑和谐的交响乐一般，从序曲经高潮到尾声，分层推进，前后呼应，一气呵成。

（四）筵席的组织实施

1. 准备工作

周密的准备工作是筵席成功的保证。饭店制作筵席菜肴需要较早地进行大量准备工作：制定菜单、备料、切配、烹调、服务等，必须落实各个环节。以免临场忙乱，出现差错，影响整个筵席的菜肴质量和服务质量。

（1）筵席菜单的制定

制定筵席菜单对筵席组织与实施有着指令性的作用。筵席应根据主办单位和客人的意图、要求及规格水平，按照筵席菜的配置要求，分清主次、突出重点、发挥所长、显示独特风味、注重"荤素搭配"。然后根据成本核算要求，正确掌握毛利幅度，制定价格。检查原料是否配齐，各种海味和干货的发料和加工是否准备，炉灶和餐具的清洁工作是否完备。

（2）筵席摆台

筵席摆台，就是为客人就餐确定席位，提供必需的就餐用具工作，是筵席的重要组成部分，它包括：铺放台布、安排席位、摆放餐具、美化台面等。铺设后的餐台要求台面整洁卫生、餐具、调味品摆放得当，同时台面造型应根据主办筵席性质合理安排，使台面图案与筵席性质相吻合。筵席环境应让来宾有清新舒畅，气氛强烈的感觉。

（3）上菜程序

筵席菜肴的上席是根据筵席规格和菜品的组合内容与进餐的节奏,有计划、按比例地依次上席。服务人员对上菜过程中的每一个环节正确操作,对提高筵席服务的质量,增进人们食欲都有着十分重要的意义。按照我国传统的饮食惯制,中式筵席的上菜原则是:先冷后热、先炒后烧、先上咸的后上味淡的菜,再后上甜的味浓的菜。具体上菜程序是:冷盘、热炒菜、头菜、大菜、甜食、饭菜、水果。西餐筵席的顺序是面包白脱、果盘、上鱼、副菜、主菜、点心、干酪、水果、咖啡或茶水。

（4）席间服务与结束收尾

筵席的席间服务与散席收尾服务工作,与宴会大致相同。特别注意的是要回绕筵席主题进行。

第五节　其他餐饮服务

随着现代餐饮消费需求的扩展,饭店及其他餐饮企业经营的餐饮服务产品不断衍生出新的类型。除上述介绍的中餐、西餐、宴会服务以外,饭店提供的餐饮服务还有自助餐、送餐等服务产品。

一、自助餐服务

自助餐目前已成为较为流行的用餐方式,它是把事先准备好的菜点饮料摆在餐台上,客人进入餐厅后,便可自己动手选择符合自己口味特点的食物,数量由己,然后拿到餐桌上食用的用餐方式。餐厅根据客人需要提供就餐服务。根据客人就餐的组织形式,自助餐可分为散客自助餐和自助宴会。两者的餐厅布置和服务流程大致相同。

就某次自助餐饮来讲,自助餐厅服务员的服务人数相对较少,通常自助餐厅各类服务岗位的人数分别是就餐人数的1/30,主要有餐厅迎宾员、酒台服务员、菜点服务员、巡视员、菜点制作员及清台员等。工作主要是餐前布置,集中撤掉用过的餐具和酒杯,补充餐台上的菜肴等。作为服务员,也要熟知自助餐的服务知识。服务员有向客人介绍菜品的义务。客人来到菜台前,负责分菜的服务员有向客人介绍菜品的义务,便于客人选用。在客人用餐的过程中,服务员要向客人递送餐具;当菜盘里的菜剩下三分之一时,服务员应该及时撤下餐盘,拿到厨房添满,满足客人需要。一旦饮料和菜品洒在菜台上,要及时清理干净,不能影响客人的就餐心情。饮料要放在饮料台上,各种酒品整齐摆放,方便客人拿取。

餐厅服务人员在进行自助餐服务中,通常按照以下规程进行:

(一)餐前准备

按照客人的要求,根据自助餐的主题布置自助餐厅,具体到餐桌的布置。首先,自助餐台的摆放应保证有足够的空间,以便布置菜肴。按照人们正常的步幅,每走一步就能挑选一种菜肴,应考虑所供应的种类与规定时间内服务客人人数间的比例问题,否则进度缓慢会造成客人排队或坐在自己座位上等候的时间过长;自助餐餐台有菜品台、点心水果台、酒水饮料台、明档台、进餐台、签名台、礼品台等,其设置形式可以成"T"形、"S"形、"V"形、"L"形、"C"形、"Z"形及四分之一圆形、椭圆形,都应根据自助餐的人数和客人要求来定。为了方便客人,增添用餐气氛,避免拥挤,将一些现场制作的品种,以及特别推荐的菜肴,设置独立的明档台。明档台上的品种应随时满足客人的现点现做。其次,餐桌转盘中心应放置花瓶,要有单支鲜花对台面进行点缀,鲜花应鲜艳、无枯萎。最后,准备酒水台,根据客人要求、根据人数布置酒水台、酒具、品种摆放合理,酒具整齐、充分,并且配有小件酱料、醋、辣椒油、餐巾纸、毛巾等,所需餐具备齐,餐具消毒干净,检查到位。

(二)上菜

自助餐菜肴在开餐前 30 分钟出菜。先上凉菜,再上热菜、汤、主食,最后出青菜。现代饭店的自助餐厅常配置盛放菜点、汤汁、水果的保暖锅、箱,因此,食品一般在开餐前 30 分钟就已全部装盆摆台。传统的菜肴布置如下:

1.凉菜摆在凉菜吧上,荤素、颜色搭配开,有佐料的跟上佐料和汤汁,摆放要求有立体感,美观实用,方便客人。

2.布置热菜前,应将所有的布菲炉酒精点燃或通电,以保持菜肴的温度适宜。热菜的出品应荤素搭配,颜色调开。应先上炸的菜肴,再上其他荤素菜肴。青菜要最后上,青菜在客人进餐前 5 分钟再炒,以保证青菜的新鲜度和色泽的美观。

3.主食的布置以便于客人取用为主,土特产和风味小吃穿插开。面食装盒配垫巾,以保证其软度。

4.汤炉的布置,汤的摆放要集中,便于服务员为客人盛汤,汤的温度要保证,甜汤、咸汤插开摆放。

5.明档台的布置要格局合理、美观、整齐。面食的现场制作,要摆盘,格局合理。明档品种牌上标明每一盘的名称、卤、佐料等摆放整齐,一目了然,水果、点心盘的摆放要使视觉上有丰盛感、有食欲。现场炸、煎、切、片的特别推荐食品要将炉灶拉开距离,卫生、干净,装饰美观。例汤、炖品集中摆放,加热适中,便于客人取用。

6.餐具的配备。菜台上所上菜肴配备自助餐夹、勺等一菜一用,汤配上汤勺。顾客使用的盘碟筷等器皿应保证足量,通常是就餐人数的2—3倍。

（三）自助餐餐中服务

1.客人到门口时迎宾员主动问好,如果是会议或者团队客人,要问清客人所参加的会议或团队名称,按照要求,出示会议代表证或交餐票,散客应先交钱再就餐,然后引领客人就餐。

2.客人进餐厅自行取菜,服务员应及时准确地为客人介绍菜肴,当客人打菜时若有疑问的地方,服务员及时解决。

3.加菜及时,特别在就餐客人比较集中的情况下,更要确保加菜及时到位,要勤加少加,根据就餐人数的变化及时增（减）加菜量,以免造成浪费。

4.派送酒水,酒水应有专人派送,托盘询问客人应及时到位,服务员上前使用敬语询问需要什么酒水,立即提供服务。

5.在客人取菜时,服务员应主动派汤,帮助客人盛好后,有需要时帮助客人送汤。

6.注意保持所提供食品应具有的温度,不断地检查酒精的燃烧情况。

7.明档台的服务,凡是客人所点的食品制作完成了,服务员要准确及时地送到位,提前记下客人点的品种及台号。

8.收台、巡台服务。收台要及时,服务员要有准确的判断力,确定客人已走后方可收撤餐具,不要让客人造成误会。在收台巡视的过程中不断添加餐巾纸、牙签,为客人点烟换烟缸等服务。要求在操作中,收台的动作尽量放轻,不可影响客人就餐。

9.客人用餐中收撤的餐具要分类摆放。

10.当就餐将近结束时,当班领班及时开酒水单,做好账单。

11.餐厅领班要及时征询宾客的用餐情况和对菜肴服务的意见,若对服务有意见及时反馈餐厅主管;若对饭菜有意见及时反馈到后厨厨师长,做好沟通,以便改进,使下餐的工作做得更好。

（四）收尾工作

当最后一位客人用餐结束后,确定无人用餐时,方可关闭灯。关掉酒精炉,将菜撤掉,可回收的食品要及时退回厨房,以更好的控制成本。将自助餐炉内的水倒掉,擦洗干净.将所有消毒后的餐具进行检查,备回自助餐台,整理好台面、地面及其他卫生区域的卫生。做到彻底收尾,小件餐具统一摆放,椅子排列整齐划一。

二、客房送餐服务

在浙江人民出版社出版的《四、五星级饭店业务知识》一书中,对客房送餐服务的概念是这样描述的:客房送餐服务(Room Service)是指根据客人要求在客房中为客人提供的餐饮服务。它是四、五星级饭店为方便客人、增加收入、减轻餐厅压力、体现饭店等级而提供的服务项目。由此可见,客房送餐服务是高星级酒店必备的一项服务项目。这一点在国家颁布的一系列行业规范中也有具体描述。

《旅游饭店星级的划分与评定》(GB/T14308－2003)对四星级酒店要求:有送餐菜单和饮料单,24h提供中西餐送餐服务。送餐菜式品种不少于八种,饮料品种不少于四种,甜食品种不少于四种,有可挂置门外的送餐牌。

(一)客房送餐服务礼仪规范

在2007年10月中国饭店行业协会颁布的《中国饭店行业服务礼仪规范(试行)》第十三章《客房送餐服务礼仪规范》中,对客房送餐服务礼仪规范的相关规定,主要是对送餐中的送餐车、送餐员送餐进房时应注意的细节规定。如:

"第八十一条 送餐车应干净整洁,符合卫生要求。车轮转动灵活,推动方便,无噪声。餐具应与食物匹配,干净、整齐、完好。"

"第八十二条 送餐员应站在离餐车一定距离处介绍菜品。送餐完毕,祝客人用餐愉快。"

"第八十三条 送餐时,如遇客人着装不整,送餐员应在门外等候,等客人穿好衣服后再进房送餐。"

但,饭店送餐服务涉及多个服务环节,每个环节又具有情景性:从接预订电话开始,经过接受订餐、记录、交单、配备餐食酒水到送餐、结账收尾等几个环节都应有规范的程序和标准。

(二)送餐服务程序和标准

以某客房送餐服务工作程序和标准为例说明。下面是一份客房送餐服务的规范表:

表 10-3 客房送餐服务的规范表

题　目:客房送餐服务工作程序和标准	
政策编号:FB/2003—R027	批准人:
起草日期:2003.09	生效日期:2004.3
致:餐厅服务员	页数:2
抄送:人力资源部	起草人:餐饮部总监

内容	标准
接受客房送餐服务预订电话程序	1.接电话,不得使电话铃声响三次; 2.接电话前,如正在与人讲话,应立即结束此讲话,拿起听筒,应向客人说明让客人等的原因; 3.听电话时,应用标准用语如:"早上好! 客房送餐服务,有什么需要"; 4.问清客人的姓名、房间号码,尽可能地称呼客人的姓名; 5.等客人放下电话,然后再轻轻放下听筒。
接受客房餐饮服务点菜程序	1.问清客人姓名并写在订菜单上; 2.问清客人房号并写在订菜单上; 3.问清要几份菜、几个人用餐; 4.问明所要的菜后,再问明具体的要求,如肉排的 老、嫩,配菜的品种等,用标准的缩写记下; 5.向客人推荐其他小菜,建议要大分量的,建议点甜食和饮料,推荐餐厅的特种菜; 6.重复客人的点菜; 7.对客人的点菜表示感谢; 8.告知客人菜点将尽快送到。
送餐服务程序	1.电话预定员将订餐单交服务员,服务员按照要求准备相应的餐具,面包、黄油、果汁、咖啡或茶等; 2.厨房备好的食品,需采取保温措施,然后迅速送到客房; 3.敲房门三下,说明是送餐服务,客人打开房门后,服务应主动问候,并说出订餐单上所写客人姓名,以证实没有敲错门; 4.进入房间后,应询问客人喜欢在什么地方进餐,然后将餐盘摆好,请客人过目; 5.将账单和笔交给客人,请其签字;如果客人付现金,将账单请客人过目,并告知账单金额,收款后,在账单上写明"现金"及金额; 6.告知客人如要增添菜点或收去用完餐的空盘,请打电话给客房送餐服务(一般 1 小时后); 7.向客人道谢,离开房间; 8.及时将记账单交预订员,过机后,再交收银处,以备客人离店结账;如付现金,将账单和钱款交餐厅收银员,找回的零钱,退还客人。

续表

送酒水饮料的服务程序	1.一般的饮料或鸡尾酒接到订单后,去酒吧取回,送至客人房间即可; 2.订红葡萄酒时,酒的温度要求和室温相同,准备好干净的红葡萄酒杯,放在有杯垫的托盘上,红葡萄酒杯放在装饰好的甜食盘上,备好酒刀(开瓶器)、餐巾等; 3.订白葡萄酒和香槟,应经过冰镇处理,从酒吧取回酒后,斜插在一个装有冰的冰桶里,把冰桶放在装饰过的大盘上,用叠成约2寸宽的长条形餐巾搭在酒瓶和冰桶上; 4.酒送至客房后,先给客人看一下酒的商标,右手握瓶的上端,左手拿餐巾托瓶底;商标面向客人,询问客人是否马上用,如要,马上开瓶,开瓶后用餐巾擦瓶口、向主人杯中倒大约一口量的酒,供其品尝,确认没有质量问题后,先给客人斟酒,再给主人斟酒; 5.香槟酒开瓶时,不要上下晃动,瓶口的方向不要对着客人。
客房送餐服务记录	如客房餐饮服务工作较大,应使用送餐部服务记录(见表)以便检查服务效率,它可以起到如下作用: 送餐服务记录 班次_____　星期_____　　日期_____ 房号(1)　服务员号(2)　订菜时间(3)　回来时间(4)　收回餐具(5)　食品内容(6) 注:(1)当班时,填好前三项; (2)记清房号及服务员号; (3)记清客人订菜时间; (4)记下服务员送完餐返回的时间; (5)记下收回餐具的时间; (6)记下所送食品的内容。 服务标准:1.迅速地送餐及收回空餐具; 2.记录所有要求送到房间的点菜; 3.核对服务员的账单; 4.检查服务人员的工作情况; 5.控制餐具、用具。

思考题:

(1)什么是餐饮服务?它有什么特点?

(2)试从餐饮服务的内涵理解饭店经营中良好的餐饮服务的重要性。

(3)试分析现代餐饮消费者的生理与心理需求。

(4)在餐饮服务中如何做到:"顾客至上"原则?

(5)什么是散餐服务?接待散餐预订有哪些程序?

(6)比较团队用餐与散餐的不同。团队用餐服务的基本程序是怎样的?

(7)简述西餐的特点和正餐构成。

(8)中餐宴会的服务工作主要包括哪些环节？何谓"九知"、"四了解"？

(9)自助餐服务中,菜肴如何布置？

(10)试述西餐宴会的服务程序。

附录　浙江省旅游局星级饭店餐厅服务员操作考核标准

表 1　饭店餐厅服务员操作考核要求

一、二星级饭店：

初级工：铺台布
　　　　餐碟定位
　　　　餐巾折花

中级工：餐巾折花
　　　　斟酒、分菜
　　　　中餐宴会摆台

高级工：餐巾折花
　　　　斟酒、分菜
　　　　中餐宴会摆台
　　　　西式早餐摆台

三星级饭店：

初级工：餐巾折花
　　　　斟酒、分菜
　　　　中餐宴会摆台

中级工：中餐宴会摆台
　　　　餐巾折花
　　　　斟酒、分菜
　　　　西式早餐摆台

高级工：中餐宴会摆台
　　　　斟酒、分菜
　　　　西式正餐摆台

四、五星级饭店：

初级工：中餐宴会摆台
　　　　餐巾折花
　　　　斟酒、分菜

西式早餐摆台

中级工：中餐宴会摆台

斟酒、分菜

西式正餐摆台

高级工：西餐宴会摆台

红葡萄酒服务

白葡糖酒服务

口试

表 2　铺台布评分表

编号：　　　姓名：　　　单位：　　　工种：　　　得分：

内容	配分	操作标准	扣分	得分
仪表 仪容 (10)	2	头发干净整齐		
	2	面部：男剃须；女淡妆		
	2	双手干净，指甲不长，不涂指甲油		
	2	店服干净，鞋子干净，袜子无破损		
	2	配挂名牌，不戴饰物		
铺台布 (45)	5	台布应干净、无破损		
	5	台布规格适宜，下垂桌面部分为 30cm 左右		
	5	站在主人位开始铺设		
	10	台布正面朝上，台布凸缝正对主人位		
	10	台布应十字取中，四角下垂相等		
	10	动作规范、熟练，铺好的台布应舒展平整		
放转盘 (15)	5	转盘表面干净		
	5	转盘放在餐桌中央		
	5	转盘转动灵活		
摆花瓶 (20)	5	花瓶外表干净		
	5	鲜花艳丽、无枯萎、滴水现象		
	5	使用托盘摆放花瓶，托盘姿势规范		
	5	花瓶放在转盘中央		
其他 (10)	5	操作轻		
	5	表情自然		
	/	违例每次扣 3 分		
时间	/	规定时间为 3 分钟，可延超时限为 1 分钟		
	/	实用时间：　　　分　秒		
	/	每超过 15 秒钟扣 0.5 分		
合计	100			

注：

1.下列两种情况属违例：

(1)考生示意操作结束后再有任何操作动作；

(2)考评员示意因超时该结束后再有任何操作动作；

2.可延超时限是指在规定时间后可操作的时间。

3.使用十人桌面，并码放好餐椅。

考评员：

年　　月　　日

表3　餐碟定位评分表

编号：　　　姓名：　　　单位：　　　工种：　　　得分：

内容	配分	操作标准	扣分	得分
仪表仪容(10)	2	头发干净整齐		
	2	面部：男剃须；女淡妆		
	2	双手干净，指甲不长，不涂指甲油		
	2	店服干净，鞋子干净，袜子无破损		
	2	配挂名牌，不戴饰物		
摆放餐碟(80)	5	站在主人位开始铺设		
	10	操作时手拿餐碟的边缘部分		
	10	使用托盘摆放		
	5	餐碟店徽在上方		
	10	餐碟离桌边1.5cm		
	40	各餐碟间距离均匀、相对餐碟与花瓶三点一线		
其他(10)	5	操作轻		
	5	表情自然		
	/	餐碟落地每件扣2分，打碎每件扣5分		
	/	违例每次扣3分		
时间	/	规定时间为4分钟，可延超时限为2分钟		
	/	实用时间：　　　分　秒		
	/	每超过15秒钟扣0.5分		
合计	100			

注：

1.下列两种情况属违例：

(1)考生示意操作结束后再有任何操作动作；

(2)考评员示意因超时该结束后再有任何操作动作；

2.可延超时限是指在规定时间后可操作的时间。

3.使用十人桌面，并码放好餐椅。

考评员：

年　　月　　日

表 4　餐巾折花评分表

编号：　　　　姓名：　　　　单位：　　　　工种：　　　　得分：

内容	配分	操作标准	扣分	得分
仪表 仪容 （10）	2	头发干净整齐		
	2	面部：男剃须；女淡妆		
	2	双手干净，指甲不长，不涂指甲油		
	2	店服干净，鞋子干净，袜子无破损		
	2	配挂名牌，不戴饰物		
餐巾 折花 （60）	5	自选盘花 2 种，每种折叠 5 个		
	10	折叠动作熟练、规范、优美		
	5	在平瓷盘内操作		
	5	只用双手操作，避免口叼牙咬		
	10	花型选择合理，造型美观		
	20	线条清楚，折花挺括		
	5	餐巾正面在外		
折花 摆放 （20）	5	使用托盘摆放，托盘姿势规范		
	5	两种花型间隔摆放		
	5	站立正、稳		
	5	折花观赏面朝向客人		
其他 （10）	5	操作轻		
	5	表情自然		
	/	折花掉地每个扣 2 分		
	/	翻托盘每次扣 5 分		
	/	违例每次扣 3 分		
时间	/	规定时间为 8 分钟，可延超时限为 2 分钟		
	/	实用时间：　　　分　秒		
	/	每超过 15 秒钟扣 0.5 分		
合计	100			

注：

1.下列两种情况属违例：

（1）考生示意操作结束后再有任何操作动作；

（2）考评员示意因超时该结束后再有任何操作动作；

2.可延超时限是指在规定时间后可操作的时间。

考评员：

　　年　　　月　　　日

表5 中餐宴会摆台评分表

编号：　　　　姓名：　　　　单位：　　　　　工种：　　　　得分：

内容	配分	操作标准	扣分	得分
仪表仪容（10）	2	头发干净整齐		
	2	面部：男剃须；女淡妆		
	2	双手干净，指甲不长，不涂指甲油		
	2	店服干净，鞋子干净，袜子无破损		
	2	配挂名牌，不戴饰物		
铺台布（8）	2	站在主人位开始铺设		
	2	台布正面朝上，台布凸缝正对主人位		
	2	台布应十字取中，四角下垂相等		
	2	动作规范、熟练，一次铺成，铺好的台布应舒展、平整		
放转盘（4）	2	转盘放在餐桌中央		
	2	转盘转动灵活		
摆花瓶（2）	1	鲜花艳丽，无枯萎、滴水现象		
	1	花瓶放在转盘中央		
摆放餐碟（10）	2	操作时手拿餐碟的边缘部分		
	1	餐碟店徽在上方		
	2	餐碟离桌边1.5cm		
	5	各餐碟间距离均匀、相对餐碟与花瓶三点一线		
摆放味碟（5）	2	味碟摆放在餐碟的正上方，距离餐碟1cm		
	1	店徽应在上方		
	2	操作时手拿味碟的边缘部分		
摆放酒杯（20）	4	先摆红酒杯，再摆白酒杯，最后放水杯，装盘时杯口朝上		
	3	红酒杯放在味碟正上方，距离味碟1cm		
	3	白酒杯放在红酒杯正左侧，距离红酒杯1cm		
	3	水杯放在红酒杯正左侧，距离红酒杯1cm		
	5	三只酒杯的杯心成一直线		
	2	手拿杯底或杯柄		
摆放筷架、筷子(80)	3	在味碟右侧放筷架，筷架上方筷长5cm		
	3	筷子尾端距离桌边1.5cm，距离餐碟5cm		
	2	商标图案向上，中文说明面向客人		
摆用具（10）	2	菜单摆在正、副主人右侧，距离筷子1cm		
	2	菜单底边中央距桌边1.5cm		
	2	在主、副人位左、右侧第一、二餐位之间各放两只烟缸		
	2	四只烟缸放在酒杯形成的圆弧线上：手指不伸入烟缸内		
	2	在主人位右侧第二、三餐位之间摆放牙签筒		

续表

内容	配分	操作标准	扣分	得分
拉椅 (8)	2	从主人位开始按顺时针方向进行		
	2	椅背中心正对餐碟		
	2	椅面内沿距离下垂台布 1cm		
	2	餐椅之间距离均等		
托盘 使用 (4)	2	托盘动作准确、平稳、规范		
	2	按顺序摆放餐酒用品,装盘合理,杯口朝上		
	/	翻托盘每次扣 5 分		
台面 效果 (5)	2	台面餐酒用具洁净、无破损		
	3	台面餐酒用具间距均等,摆放整齐一致,布局合理美观		
其他 (6)	2	操作轻		
	2	表情自然		
	2	按程序操作		
	/	从主人位开始按顺时针方向摆放餐酒用具,违者每次扣 1 分		
	/	餐酒用具落地每件扣 2 分,打碎每件扣 5 分		
	/	违例每次扣 3 分		
时间	/	规定时间为 10 分钟,可延超时限为 2 分钟		
	/	实用时间:　　分　秒		
	/	每超过 15 秒钟扣 0.5 分		
合计	100			

注:

1.下列两种情况属违例:

(1)考生示意操作结束后再有任何操作动作;

(2)考评员示意因超时该结束后再有任何操作动作;

(3)在椅背内操作.

2.可延超时限是指在规定时间后可操作的时间。

考评员:

年　　月　　日

表6　斟酒、分菜评分表

编号：　　　　姓名：　　　　单位：　　　　工种：　　　　得分：

内容	配分	操作标准	扣分	得分
仪表 仪容 （10）	2	头发干净整齐		
	2	面部：男剃须；女淡妆		
	2	双手干净，指甲不长，不涂指甲油		
	2	店服干净，鞋子干净，袜子无破损		
	2	配挂名牌，不戴饰物		
斟酒 （44）	4	右手持握酒瓶的中下部，商标朝向客人		
	2	从主宾位开始按顺时针方向进行斟酒		
	2	先斟黄酒，后斟白酒，最后斟啤酒		
	4	倒黄、白酒时左手拿干净的餐巾；倒啤酒时应使用托盘		
	2	瓶口不碰杯口，两者相距2cm左右		
	5	每斟完一杯均需按顺时针方向转动酒瓶		
	5	每斟完一杯黄、白酒时均需用餐巾擦拭瓶口		
	5	托盘保持在椅背外		
	5	每斟完一杯均需绕开餐椅		
	/	一律八分满，不足或超过八分满每杯扣0.5分		
	10	滴出扣0.5分/滴，溢酒扣2分/次，扣完为止		
分菜 （40）	2	在主人位左或右侧第二、三餐位间上菜		
	4	上菜后报菜名并转一圈，撤菜及时		
	2	持握分菜用具正确		
	2	从主宾位开始按顺时针方向分菜		
	5	在客人左侧绕椅分菜		
	10	分菜数量均匀		
	5	分完后剩菜量为1/3左右		
	5	手法卫生		
	5	整理余菜，重新上菜，转至主宾位前面		
其他 （6）	2	操作轻		
	2	表情自然		
	2	操作熟练，姿态优美		
	/	违例每次扣3分		
时间	/	规定时间为7分钟，可延超时限为2分钟		
	/	实用时间：　　　分　秒		
	/	每超时15秒钟扣0.5分		
合计	100			

　　注：1.考生示意操作结束后再有任何操作动作；考评员示意因超时该结束后再有任何操作动作属违例。2.可延超时限是指在规定时间后可操作的时间。

考评员：

年　　　月　　　日

表 7　西式早餐摆台评分表

编号：　　　　姓名：　　　　单位：　　　　工种：　　　　得分：

内容	配分	操作标准	扣分	得分
仪表仪容（10）	2	头发干净整齐		
	2	面部：男剃须；女淡妆		
	2	双手干净，指甲不长，不涂指甲油		
	2	店服干净，鞋子干净，袜子无破损		
	2	配挂名牌，不戴饰物		
摆放餐具（50）	5	按规定摆放两个餐位		
	5	装饰垫放在餐位正中，距离桌边 2cm		
	5	操作时手拿瓷器餐具的边缘、金属餐具的尾部		
	5	在餐位右侧摆放餐刀，刀口向左，距离桌边 2cm		
	5	在餐位左侧摆放餐叉，叉尖朝上，距离桌边 2cm		
	5	餐刀和餐叉之间相距 30cm		
	5	在餐刀的右侧 1cm 处摆放咖啡碟、咖啡杯和咖啡匙		
	5	咖啡杯和咖啡匙的柄朝向右侧		
	5	在刀、叉之间的装饰垫上摆放餐巾折花		
摆放用品（10）	2	在餐位的正上方摆放花瓶、烛台		
	4	在烟缸左两侧摆放盐盅、胡椒盅		
	4	在盐盅、胡椒盅的右侧摆放糖缸和奶壶		
拉椅（10）	6	从主人位开始按顺时针方向进行，椅背中心正对装饰盘		
	4	椅面内沿距离下垂台布 1cm		
托盘使用（10）	5	托盘动作准确、平稳、规范		
	5	按顺序摆放餐酒用品，装盘合理，杯口朝上		
	/	翻托盘每次扣 5 分		
台面效果（10）	5	台面餐酒用具洁净、无破损		
	5	台面餐酒用具间距均等、摆放整齐一致、布局合理、美观		
其他（6）	4	操作轻表情自然		
	2	按程序操作		
	/	从主人位开始，按顺时针方向摆放餐酒用具，违者扣 1 分/次		
	/	餐酒用具落地每件扣 2 分，打碎每件扣 5 分		
	/	违例每次扣 5 分		
时间	/	规定时间为 4 分钟，可延超时限为 1 分钟		
	/	实用时间：　　　分　秒		
	/	每超时 15 秒钟扣 0.5 分		
合计	100			

注：1.考生示意操作结束后再有任何操作动作；考评员示意因超时该结束后再有任何操作动作属违例。2.可延超时限是指在规定时间后可操作的时间。

考评员：

年　　月　　日

表8　西式正餐摆台评分表

编号：　　　　姓名：　　　　单位：　　　　工种：　　　　得分：

内容	配分	操作标准	扣分	得分
仪表仪容（10）	2	头发干净整齐		
	2	面部：男剃须；女淡妆		
	2	双手干净，指甲不长，不涂指甲油		
	2	店服干净，鞋子干净，袜子无破损		
	2	配挂名牌，不戴饰物		
铺台布（4）	1	台布正面朝上		
	1	四角（边）下垂均等		
	2	铺好的台布应平整		
摆放餐酒具（50）	2	按规定摆放两个餐位		
	3	在餐位正中摆放装饰盘，距离桌边2cm		
	5	操作时手拿瓷器餐具的边缘、金属餐具的尾部及玻璃器皿的下部		
	5	在装饰盘右侧处放餐刀，离桌边2cm		
	5	在餐刀右侧0.5cm处摆放汤匙，离桌边2cm		
	5	在装饰盘左侧1.5cm处摆放餐叉，距离桌边2cm		
	5	在餐叉的左侧1cm处摆放面包盘，离桌边2cm		
	5	面包盘上放黄油刀，刀口向左		
	4	在餐刀刀尖上方2cm处放红葡萄酒杯		
	4	在汤匙上方2cm处放白葡萄酒杯		
	4	在红、白葡萄酒杯外侧摆放水杯		
	3	在装饰盘上摆放餐巾折花		
摆放用品（10）	2	在餐桌正中摆放花瓶、烛台		
	2	在装饰盘右上方3cm处摆放烟缸		
	2	在装饰盘右上方摆放盐盅、胡椒盅		
	2	在盐盅、胡椒盅的左侧摆放牙签筒		
	2	盐盅、胡椒盅、牙签筒之间各相距2cm		
拉椅（6）	2	从主人位开始按顺时针方向进行		
	2	椅背中心正对装饰盘		
	2	椅面内沿距离下垂台布1cm		
托盘使用（4）	2	托盘动作准确、平稳、规范		
	2	按顺序摆放餐酒用品，装盘合理，杯口朝上		
	/	翻托盘每次扣5分		
台面效果（10）	5	台面餐酒用具洁净、无破损		
	5	台面用具间距均等，整齐一致，布局合理，美观		

续表

内容	配分	操作标准	扣分	得分
其他 (6)	2	操作轻		
	2	表情自然		
	2	按程序操作		
	/	从主人位开始,按顺时针方向摆放餐酒用具,违者扣1分/次		
	/	餐酒用具落地每件扣2分,打碎每件扣5分		
	/	违例每次扣3分		
时间	/	规定时间为4分钟,可延超时限为1分钟		
	/	实用时间:　　　　分　　秒		
	/	每超时15秒钟扣0.5分		
合计	100			

注:1.下列两种情况属违例:

(1)考生示意操作结束后再有任何操作动作;

(2)考评员示意因超时该结束后再有任何操作动作。

2.可延超时限是指在规定时间后可操作的时间。

考评员:
年　　　月　　　日

表 9　西餐宴会摆台评分表

编号:　　　　姓名:　　　　单位:　　　　工种:　　　　得分:

内容	配分	操作标准	扣分	得分
仪表 仪容 (10)	2	头发干净整齐		
	2	面部:男剃须;女淡妆		
	2	双手干净,指甲不长,不涂指甲油		
	2	店服干净,鞋子干净,袜子无破损		
	2	配挂名牌,不戴饰物		
铺台布 (8)	2	台布正面朝上		
	2	铺好的台布应平整		
	2	台布中线正对餐台中央位置		
	2	台布四周下垂部分一致		

续表

内容	配分	操作标准	扣分	得分
摆放餐酒用具（36）	2	按规定摆放六个餐位		
	2	在餐位正中摆放装饰盘，距离桌边 2cm		
	4	操作时手拿瓷器餐具的边缘、金属餐具的尾部及玻璃器皿的下部		
	2	在装饰盘右侧 1.5cm 处放餐刀，离桌边 2cm		
	2	在餐刀右侧 0.5cm 处摆放鱼刀，离桌边 5cm		
	2	在鱼刀右侧 0.5cm 处摆放汤匙，离桌边 2cm		
	2	在汤匙右侧 0.5cm 处摆放头盘刀，离桌边 2cm		
	2	在装饰盘左侧 1.5cm 处摆放餐叉，距离桌边 2cm		
	2	在餐叉左侧 0.5cm 处摆放鱼叉，离桌边 5cm		
	2	在鱼叉右侧 0.5cm 处摆放头盘叉，离桌边 2cm		
	2	在装饰盘正上方 3cm 处摆点心叉、匙，叉在上，匙在下，叉柄朝左，匙柄朝右，两者相距 0.5cm		
	2	在头盘叉的左侧 1cm 处摆放面包盘，盘心与装饰盘的盘心成一横直线		
	2	面包盘上放黄油刀，刀口向左		
	2	在黄油刀尖上方 1cm 处摆放黄油碟		
	2	在餐刀刀尖上方 10cm 处开始成斜线依次摆放水杯、红葡糖酒杯、白葡糖酒杯		
	2	三杯间距离为 1cm，斜线与桌边成 45°角		
	2	在装饰盘上摆放餐巾折花		
摆放用品（14）	2	在餐桌正中摆放花瓶		
	2	在花瓶左、右两侧 20 处各摆放一个烛台		
	2	在烛台左、右两侧 10cm 处各摆放一只烟缸		
	2	在烟缸左、右两侧各摆放一对盐盅、胡椒盅		
	2	烟缸、盐盅、胡椒盅之间的距离各为 2cm		
	2	在盐盅、胡椒盅的左、右两侧各摆放一只牙签筒		
	2	盐盅、胡椒盅、牙签筒之间的距离各为 2cm		
拉椅（6）	2	从主人位开始按顺时针方向进行		
	2	椅背中心正对装饰盘		
	2	椅面内沿距离下垂台布 1cm		
托盘使用（10）	5	托盘动作准确、平稳、规范		
	5	按顺序摆放餐酒用品，装盘合理，杯口朝上		
	/	翻托盘每次扣 5 分		

续表

内容	配分	操作标准	扣分	得分
台面效果(10)	5	台面餐酒用具洁净、无破损		
	5	台面餐酒用具间距均等,摆放整齐一致,布局合理、美观		
其他(6)	2	操作轻		
	2	表情自然		
	2	按程序操作		
	/	从主人位开始,按顺时针方向摆放餐酒用具,违者扣1分/次		
	/	餐酒用具落地每件扣2分,打碎每件扣5分		
	/	违例每次扣3分		
时间	/	规定时间为4分钟,可延超时限为1分钟	/	/
	/	实用时间: 分 秒	/	/
	/	每超时15秒钟扣0.5分		
合计	100			

注:1.下列两种情况属违例:

(1)考生示意操作结束后再有任何操作动作;

(2)考评员示意因超时该结束后再有任何操作动作。

2.可延超时限是指在规定时间后可操作的时间。

考评员:

年　　　月　　　日

表 10　红葡萄酒服务评分表

编号:　　　姓名:　　　单位:　　　工种:　　　得分:

内容	配分	操作标准	扣分	得分
仪表仪容(10)	2	头发干净整齐		
	2	面部:男剃须;女淡妆		
	2	双手干净,指甲不长,不涂指甲油		
	2	店服干净,鞋子干净,袜子无破损		
	2	配挂名牌,不戴饰物		
准备(10)	5	从吧台取红葡萄酒,瓶身洁净,放入垫了餐巾的酒篮		
	5	在取送过程中,应避免摇晃		
示酒(10)	5	将红葡萄酒在酒篮中向点酒客人展示		
	5	商标朝向客人		

续表

内容	配分	操作标准	扣分	得分
开瓶 (20)	5	客人确认后,从酒篮中取出酒瓶,在餐桌上开瓶		
	5	用小刀沿瓶口外圈割开封口,用干净的餐巾擦拭瓶口		
	5	用开塞钻从木塞中部缓缓旋入至适当位置(不钻透)		
	5	慢慢拔出瓶塞		
闻塞 (10)	3	取下木塞后先闻一下,检查有无异味		
	3	将木塞放在餐碟中送至客人面前		
	4	用干净餐巾擦拭瓶口内侧		
试酒 (10)	5	为点酒客人斟倒 30ml 供试尝		
	3	倒酒过程中应注意商标朝向客人		
	2	倒完后应轻转酒瓶		
斟酒 (26)	3	从客人右侧斟倒		
	3	从主宾位开始按逆时针方向依次斟倒		
	5	瓶杯不碰,商标朝客		
	5	每倒一杯应轻转瓶口,并用餐巾擦拭瓶口		
	5	斟倒 1/2 杯,斟倒 6 个餐位		
	5	斟倒完毕将酒瓶放在点酒客人右侧,商标朝向点酒客人		
其他 (6)	2	操作轻		
	2	表情自然		
时间	/	规定时间为 4 分钟,可延超时限为 1 分钟		
	/	实用时间:　　分　秒		
	/	每超时 15 秒钟扣 0.5 分		
合计	100			

注:1.下列两种情况属违例:

(1)考生示意操作结束后再有任何操作动作;

(2)考评员示意因超时该结束后再有任何操作动作。

2.可延超时限是指在规定时间后可操作的时间。

考评员:

年　　月　　日

浙江省旅游局星级饭店餐厅服务员操作考核标准

表11 白葡萄酒服务评分表

编号：　　　　姓名：　　　　单位：　　　　工种：　　　　得分：

内容	配分	操作标准	扣分	得分
仪表仪容（10）	2	头发干净整齐		
	2	面部:男剃须;女淡妆		
	2	双手干净,指甲不长,不涂指甲油		
	2	店服干净,鞋子干净,袜子无破损		
	2	配挂名牌,不戴饰物		
准备（10）	5	准备一冰桶,桶内放2/3满的碎冰和冰水		
	3	将白葡萄酒瓶放在冰桶中,上盖一块叠成条状的餐巾		
	2	把冰桶放在点酒客人右后侧(用冰桶支架)		
示酒（12）	2	从冰桶取出酒瓶擦干		
	5	用另一餐巾(叠成条状)包裹瓶身(露出商标)		
	5	左手托瓶底,右手持瓶颈,商标朝上,从右侧向点酒客人展示		
开瓶（20）	5	在冰桶中开瓶		
	5	用小刀沿瓶口外圈割开封口,用干净的餐巾擦拭瓶口		
	5	用开塞钻从木塞中部缓缓旋入至适当位置(不钻透)		
	5	慢慢拔出瓶塞		
闻塞（10）	2	取下木塞后先闻一下,检查有无异味		
	2	将木塞放在餐碟中送至客人面前		
	4	用干净餐巾擦拭瓶口内侧		
试酒（10）	5	为点酒客人斟倒30ml供试尝		
	5	倒酒过程中应注意商标朝向客人,倒完后应轻转酒瓶		
斟酒（26）	5	用叠成条状的餐巾裹住酒瓶(露出商标)从客人右侧斟倒		
	2	从主宾位开始按逆时针方向依次斟倒		
	5	瓶杯不碰,商标朝客		
	5	每倒一杯应轻转瓶口,并用餐巾擦拭瓶口		
	5	斟倒2/3杯,斟倒6个餐位		
	4	斟倒完毕将酒瓶放回冰桶,用餐巾盖住		
其他（6）	2	操作轻		
	2	表情自然		
时间	/	规定时间为4分钟,可延超时限为1分钟		
	/	实用时间:　　分　秒		
	/	每超时15秒钟扣0.5分		
合计	100			

注:1.下列两种情况属违例:

(1)考生示意操作结束后再有任何操作动作;

(2)考评员示意因超时该结束后再有任何操作动作。

2.可延超时限是指在规定时间后可操作的时间。

考评员:

年　　月　　日

表 12　口试评分表

编号:　　　姓名:　　　单位:　　　工种:　　　得分:

内容	配分	操作标准	扣分	得分
仪表仪容(10)	2	头发干净整齐		
	2	面部:男剃须;女淡妆		
	2	双手干净,指甲不长,不涂指甲油		
	2	店服干净,鞋子干净,袜子无破损		
	2	配挂名牌,不戴饰物		
第一题(45)	5	反应敏捷		
	25	答案基本正确或恰当		
	5	逻辑严密,表达流畅		
	5	对答机智灵活		
	5	表情自然		
第二题(45)	5	反应敏捷		
	25	答案基本正确或恰当		
	5	逻辑严密,表达流畅		
	5	对答机智灵活		
	5	表情自然		
时间	/	规定时间为 6 分钟,可延超时限为 2 分钟	/	/
	/	实用时间:　　　分　秒	/	/
	/	每超时 15 秒钟扣 0.5 分		
合计	100			

考评员:

年　　月　　日

参考书目

[1] 蒋丁新:旅游饭店管理概论,北京:高等教育出版社,1998

[2] 徐文苑,贺湘辉,章建新等:酒店餐饮管理实务,广州:广东经济出版社,2005

[3] 孙一慰:烹饪原料知识,北京:高等教育出版社,1997

[4] 周妙林:中餐烹调技术,北京:高等教育出版社,1998

[5] 赵建民:厨房作业指导书,沈阳:辽宁科学技术出版社,2004

[6] [美]Jack D. Ninemeier 著,张俐俐、纪俊超主译:餐饮经营管理,北京:中国旅游出版社,2002

[7] 宋锦曦:筵席的知识,北京:中国商业出版社,1995

[8] 李勇平:现代饭店餐饮管理,上海:上海人民出版社出版,2004

[9] 浙江省旅游局人事劳动教育处编:四五星级饭店服务(前厅、客房、餐饮),杭州:浙江人民出版社,2000

[10] 唐美雯:烹饪原料加工技术,北京:高等教育出版社,1995

[11] 陈觉:餐饮营销经典案例与点评,沈阳:辽宁科学技术出版社,2003

[12] 李力:现代饭店经营管理总论,大连:东北财经大学出版社,1999

[13] 陈多友编译:日本酒店餐饮管理实务,广州:广东旅游出版社,1997

[14] 滕宝红,刘慧明:餐饮、娱乐管理问答一本通,广州:广东经济出版社,2006

[15] 傅启鹏:餐饮服务与管理,北京:高等教育出版社,1991

[16] 浙江省旅游局人事教育处编:三星级饭店业务知识,杭州:浙江人民出版社,2001

[17] [美]A. G. 西博格著,李婉君、崔功射编译:菜单设计与制作,杭州:浙江摄影出版社,1992

[18] 温俊伟著:中小餐馆赚钱金点子,广州:中山大学出版社,2005

[19] 国家旅游局人教司编:厨房管理,北京:中国旅游出版社,1996

[20] 黄文波:餐饮管理,天津:南开大学出版社,2006

[21] 蔡万坤:餐饮管理,北京:高等教育出版社,2006

[22] 邹金宏:现代餐饮服务与培训,广州:广东经济出版社,2004

［23］宿荣江,朱士兰:餐饮特许经营,沈阳:辽宁科学技术出版社,2002

［24］蒋丁新:饭店管理,北京:高等教育出版社,2006

［25］王天佑,侯根全:西餐概论,北京:旅游教育出版社,2000

［26］邵万宽:美食节策划与运作,沈阳:辽宁科学技术出版社,2000

［27］施涵蕴:餐饮管理,天津:南开大学出版社,1998

［28］何海蓝:餐饮成本核算,北京:高等教育出版社,1998

［29］王天佑:酒水经营与管理,北京:旅游教育出版社,2006

［30］千高原策划,苏伟伦主编:宴会设计与餐饮管理,北京:中国纺织出版社,2001

［31］［美］杰克·D.奈迷尔著,张俐俐、纪俊超译:餐饮经营管理(第三版),北京:中国旅游出版社,2002

［32］杨欣主编:现代饭店管理学,北京:中国铁道出版社,2004

［33］陈觉、何贤满编著:餐饮管理经典案例及点评,沈阳:辽宁科学技术出版社,2003